이제 온 천하는 **잠잠하라**

창초 이래 처음 열리는 **천국의 비밀**

KB202569

창초 이래 처음 열리는 천국의 비밀

이제 온 천하는
잠잠하라

바른기업

책을 내면서

성경은 비밀이다. 성경은 하나님께서 열어 주셔야만 그 비밀을 알 수 있고, 문자적으로, 사람이 누구나 알 수 있는 본능적인 말로 해석하면 절대 그 비밀을 알 수 없다. 그래서 성경은 반드시 성경으로 해석해야 하며, 신령한 것은 신령한 것으로 해석해야 한다고 말씀하신 것이다[고전2:13~14]. 또한 전 성경을 조각으로, 혹은 부분으로만 보던 것을 이제는 폐해야 한다. 전 성경을 통으로 보아야 하나님 나라의 비밀, 즉 천국의 비밀을 깨닫게 된다.

2008년 6월 16일은 전 인류에게 가장 중요하고 영원히 기념해야 하는 기념비적인 날이다. 이날은 창세 이래 처음으로 은혜로교회 신옥주 목사님께서 종로 5가 한국교회 100주년 기념관에서 "이 비밀은 만세와 만대로부터 옴으로 감추었던 것인데 이제는 그의 성도들에게 나타났고"[골1:26]라고 하신 말씀이 실상이 되어 "천국의 비밀"을 선포하신 날이기 때문이다. 신옥주 목사님께서는 2천 년 전 예수 그리스도께서 요한복음 14장, 15장, 16장에서 직접 약속하신 "또 다른 보혜사 진리의 성령"이시며, 히브리서 8장의 전대미문의 새 언약을 선포하신 분이시다. 기독교인들 가운데 왜 성령이 사람이냐고 반문하는 이들이 많을 것이다. "성령"은 하나님의 영, 진리의 영, 진리의 성령으로 진리인 하나님의 말씀으로 충만한 "사람"이다. 흔히 상상하듯이 성령은 형체를 띠지 않는 "영"이 아니라 하나님의 아들 예수 그리스도께서 육체를 입고 이 땅에 사람으로 오셨듯이, 진리의 성령 또한 육체를 입은 "사람"으로 오신다. 창세기부터 요한계시록까지 전 성경에 진리의 성령은 반드시 21세기 지금 이 세대에 사람으로 오시며, 육으로 보기에 "여자 목사님"으로 오실 것이 예언되어 있다.

> [22]그러나 성경이 모든 것을 죄 아래 가두었으니 이는 예수 그리스도를 믿음으로 말미암은 약속을 믿는 자들에게 주려 함이니라 [23]믿음이 오기 전에 우리가 율법 아래 매인바 되고 계시될 믿음의 때까지 갇혔느니라 [갈3:22~23]

그러나 이러한 사실이 이제까지 밝혀지지 않은 이유는 하나님께서 정하신 때가 될 때까지 성경이 모든 것을 죄 아래 가두었기 때문이며, 반드시 예수 그리스도를 진실로 믿는 "믿음"이 오셔야만 믿음의 때가 열린다고 기록되어 있다[갈3:22~23]. "믿음" 또한 사람들이 일반적으로 생각하는 믿음이 아니다. 예수 그리스도께서 부활 승천하시고 2천 년이 지나는 동안 "나는 부활이요 생명이니 나를 믿는 자는 죽어도 살겠고 무릇 살아서 나를 믿는 자는 영원히 죽지 아니하리니 이것을 네가 믿느냐"[요11:25~26]라고 하신 말씀이 실상이 된 사람이 단 한 명도 없었다. 다른 말로 하면 아무도 하나님을, 예수 그리스도를 성경대로 믿지 않았다는 뜻이다. 반드시 "믿음"이 실상으로 오셔서 "믿음이란 이런 것이다"라고 모범을 보여 주시며, 진리 가운데로 인도하실 때 비로소 "복음에는 하나님의 의가 나타나서 믿음으로 믿음에 이르게 하나니 기록된 바 오직 의인은 믿음으로 말미암아 살리라 함과 같으니라"[롬1:17]라고 하신 말씀이 사실이 되는 것이다. 그래서 "믿음" 또한 진리의 성령을 여러 부분, 여러 모양으로 말씀하신 것이다[히1:1].

예수 그리스도께서 또 다른 보혜사 진리의 성령에 대해 이렇게 말씀하셨다.

> [16]내가 아버지께 구하겠으니 그가 **또 다른 보혜사를 너희에게 주사 영원토록 너희와 함께 있게 하시리니** [17]저는 진리의 영이라 세상은 능히 저를 받지 못하나니 이는 저를 보지도 못하고 알지도 못함이라 그러나 너희는 저를 아나니 저는 너희와 함께 거하심이요 또 너희 속에 계시겠음이라 [요14:16~17]

또 다른 보혜사 진리의 성령은 반드시 예수 그리스도를 진실로 믿는 분으로 오시기에 "내가 아버지께 구하겠으니"라고 하신 것이다. 예수 그리스도께서 진리의 성령을 보내시는 것이 아니라, 성부 하나님께서 이미 만세 전에 정하신 대로 정하신 때가 되어 보내시는 것이며, 진리의 성령이 오시면 영원토록 "너희"와 함께 있겠다고 하신다. 이 말씀을 사람들은 상상한다. 성령은 "영"이기 때문에 기도 중에, 예배 중에, 혹은 능력 있는 목사가 "성령이 지금 임하십니다"라고 할 때 임한다고 생각하고, 그렇게 내 마음에 함께 동행하신다고 생각한다. 절대 아니다. 그것은 어디까지나 사람 생각일 뿐이다. 그래서 하나님의 생각과 사람의 생각이 다르다고 하셨다[사55:8~9]. 진리의 성령께서 사람으로 오실 것을 증명하신 말씀을 보자.

> 보혜사 곧 아버지께서 내 이름으로 보내실 성령 **그가 너희에게 모든 것을 가르치시고 내가 너희에게 말한 모든 것을 생각나게 하시리라** [요14:26]

진리의 성령이 오시면 모든 것을 가르치시고 모든 것을 생각나게 하신다. 가르치고, 생각나게 하는 것은 육체를 입은 "사람"만이 하는 것이다. 형체를 입은 사람이 실상으로 가르치고, 예수 그리스도께서 말씀하신 모든 것, 즉 신약 성경과 예수 그리스도에 대해 예언한 구약 성경의 모든 말씀들을 생각나게 하신다. 다른 말로 깨닫게 하신다는 뜻이다. 만약 사람들이 상상하는 성령이라면 이미 전 성경에 감추어 두신 모든 것을 깨달아 알아야 한다. 그러나 그렇게 된 사람은 이제까지 단 한 명도 없었다.

> 내가 아버지께로서 너희에게 보낼 보혜사 곧 아버지께로서 나오시는 진리의 성령이 오실 때에 **그가 나를 증거하실 것이요** [요15:26]

"증거"란 "어떤 사실을 증명할 수 있는 근거", "법원이 법률 대상이 되는 사실의 유무를 확정하는 재료"를 뜻한다. 이것은 전 성경을 가지고 구체적으로 성경 말씀에 근거하여 예수 그리스도가 누군지, 이 땅에 육체를 입고 오신 이유는 무엇이며, 십자가의 도의 비밀은 무엇인지 구체적으로 밝혀 알게 하신다는 뜻이다.

> [7]그러하나 **내가 너희에게 실상을 말하노니 내가 떠나가는 것이 너희에게 유익이라** 내가 떠나가지 아니하면 보혜사가 너희에게로 오시지 아니할 것이요 가면 내가 그를 너희에게로 보내리니 [8]**그가 와서 죄에 대하여, 의에 대하여, 심판에 대하여 세상을 책망하시리라** [9]죄에 대하여라 함은 저희가 나를 믿지 아니함이요 [10]의에 대하여라 함은 내가 아버지께로 가니 너희가 다시 나를 보지 못함이요 [11]심판에 대하여라 함은 이 세상 임금이 심판을 받았음이니라 [12]내가 아직도 너희

에게 이를 것이 많으나 지금은 너희가 감당치 못하리라 ¹³그러하나 진리의 성령
이 오시면 그가 너희를 모든 진리 가운데로 인도하시리니 그가 자의로 말하지
않고 오직 듣는 것을 말하시며 장래 일을 너희에게 알리시리라 ¹⁴그가 내 영광을
나타내리니 내 것을 가지고 너희에게 알리겠음이라 ¹⁵무릇 아버지께 있는 것
은 다 내 것이라 그러므로 내가 말하기를 그가 내 것을 가지고 너희에게 알리리
라 하였노라 [요16:7~15]

성령이 상상하는 성령이 아니라는 증거가 예수 그리스도께서 "내가
너희에게 실상을 말하노니 내가 떠나가는 것이 너희에게 유익이라"고 하신 것
이다. "실상"이란 실제의 상태, 실제의 상황, 실제의 모습, 만물이 있는
그대로의 모습을 말하는 것이다. 상상은 현재의 지각 속에는 없는 사
물이나 현상을 과거의 경험, 관념에 근거하여 재생시키거나 만들어 내
는 마음의 작용으로, 머리 속으로 그려서 생각하는 것이다. 그러나 하
나님 나라는 기록된 진리대로 반드시 이 땅에서 실상이 되는 것이다.
"진실로 너희에게 이르노니 천지가 없어지기 전에는 율법의 일점 일획이라도
반드시 없어지지 아니하고 다 이루리라"[마5:18]고 하신 대로 하나님의 말
씀은 반드시 이 땅에 사실로 이루어진다. 그래서 하나님의 행하시는
것은 영원히 있을 것[전3:14]이라고 하신 것이다.

성경은 하나님의 말씀이 기록된 대예언서다. 기록된 하나님의 말씀
은, 곧 진리는 반드시 이 땅에서 실상이 되는 것이다. 그러므로 예수 그
리스도께서 실상을 말한다고 하신 것은 진리의 성령이 사실이 되어 이
땅에 오신다는 뜻이다. 진리의 성령이 오시면 죄에 대하여, 의에 대하

여, 심판에 대하여 세상을 책망하시고, 자의로 말하지 않고 오직 듣는 것을 말씀하신다고 하셨다. 사람만이 듣고 말을 한다. 그러나 진리의 성령께서 실상으로 오시는 때를 예수 그리스도도, 요한복음을 기록한 사도 요한도 그때가 언제인지 알지 못했다.

> 그러나 그날과 그때는 아무도 모르나니 하늘의 천사들도, 아들도 모르고 오직 아버지만 아시느니라 [마24:36]

초림 이후 2천 년이 지나야 진리의 성령께서 실상으로 오셔서 모든 진리 가운데로 인도하시며 장래 일을 알게 하시는 것이 하나님의 뜻이다. "그날과 그때"를 이제 우리는 안다. 구약 4천 년, 신약 2천 년이 지나고 "주께는 하루가 천 년 같고 천 년이 하루 같은 이 한 가지를 잊지 말라"[벧후 3:8]고 하신 말씀으로 성경을 성경으로 해석하면 6천 년, 즉 6일이 지나고 21세기 지금은 "일곱째 날", 신약으로부터 "삼 일째" 되는 날이다. 이를 다른 말로 하면 "전 우주적인 일곱째 날"로 하나님께서 복 주신다고 하신 날[창2:2~3]이며, "여호와의 날, 인자의 날, 심판날"이라고 하신 것이다. 이때가 되어야 진리의 성령께서 실상으로 오신다. 마가의 다락방에 임한 성령은 진리의 성령의 표상이요 그림자다. 그때 임한 성령이 온전한 성령이라면 이미 모든 진리 가운데로 인도함을 받았어야 하고, 죄에 대하여, 의에 대하여, 심판에 대하여 성경대로 알아야 할 뿐만 아니라 장래 일에 대해서도 알아야 하며, 무엇보다 죄를 짓지 않아야 하고 육체도 죽지 않아야 한다. 그러나 실상은 어떠한가? 예수 그리스도께서 십자가에 죽으시므로 우리의 죄를 다 사하시고 죽으셨다는 성경과 다른 거짓말에 2천 년을 속아 왔으며, "저는 죄인입니다. 이 시간 예수님을 나의 구원자, 또 주님으로 내 마음에 모시기를 원합니다. 주 예수님 지금 내 마음에 들어와 주십시오. 나의 모든 죄를 십자가 위에서 다 해결해 주신 예수님, 나를 용서하시고 내게도 영생을 주옵소서"라고 기도하면 구원을 받았다고 하는 새빨간 거짓말에 모두 속아 왔다. 구원을 이렇게 얻는 것이라면 왜 성경에는 물과 성령으로 거듭나야 한다고 말씀하시고, "너희가 나를 사랑하면 나의 계명을 지키리라"[요14:15]고 하시고, "내 율례를 파하며 내 계명을 지키지 아니하면 내가 지팡이로 저희 범과를 다스리며 채찍으로 저희 죄악을 징책하리로다"[시89:31~32]라고 하셨을까? 하나님께서 "내 백성이 지식이 없으므로 망하는도다"[호4:6]라고 하신 말씀은 어떻게 해석할 것인가?

모두 입으로, 혀로 시인하였지만 단 한 명도 하나님을, 예수 그리스도를 온전히 믿은 사람이 없었으며 죄에서, 원욕에서 벗어난 사람 또한 단 한 명도 없었다는 것은 역사가 증명해준다. 그래서 진리의 성령이 오시면 죄에 대하여, 의에 대하여, 심판에 대하여 세상을 책망하신다고 말씀하셨으며, 신옥주 목사님께서 14년째 하신 일이 바로 이 말씀대로 실행하신 일이다.

그렇다면 진리의 성령께서 왜 "여자 목사님"으로 오셔야 하는지 증명한다. 진리의 성령은 다른 말로 하나님의 영이시며, "무릇 하나님의 영으로 인도함을 받는 그들은 곧 하나님의 아들이라"[롬8:14]고 말씀하신 대로 진리로 "하나님의 아들들"을 해산하는 분이시다. 그래서 해산하는 남자가 있는가 보라[렘30:6]고 하셨고, 하나님의 영으로 충만한 진리의 성령은 다른 모양으로 "해를 입은 여자"[계12:1]라고 하셨다. 하나님께서 친히 가르치시는 말씀[요6:45]을 대언하시는 "온전한 것"[고전13:10]이며, "현숙한 여인"[잠31장]이며, "나의 비둘기, 나의 완전한 자는 하나 뿐이로구나 그는 그 어미의 외딸이요 그 낳은 자의 귀중히 여기는 자로구나 여자들이 그를 보고 복된 자라 하고 왕후와 비빈들도 그를 칭찬하는구나"[아6:9]라고 하신 대로 어미의 외딸이며, 아들 하나를 낳으셨고, "과부로 명부에 올릴 자는 나이 육십이 덜 되지 아니하고 한 남편의 아내이었던 자로서"[딤전5:9]라고 하신 그대로 실제 한 남편이 있었고, 사망하여 과부가 되었으며 영적으로 한 남편 예수 그리스도를 믿는 기독교인이어야 하고, 선한 행실[딤전5:10]이 있어야 하니 하나님의 일을 하는, 목회를 하는 "목사"이어야 한다. 실제 나이 육십이 되던 해인 2018년 7월 24일에 자칭 기독교인, 자칭 목사, 사단의 회인 예장합신에 의해 진리의 도를 훼방받고 세상 법에 고소당해 송사에 걸리신 "참 과부"이시다. 진리의 성령은 반드시 "내가 네게 장가들어 영원히 살되 의와 공변됨과 은총과 긍휼히 여김으로 네게 장가들며 진실함으로 네게 장가들리니 네가 여호와를 알리라"[호2:19~20]고 하신 말씀이 실상이 되신 분이시며, 열면 닫을 사람이 없고 닫으면 열 사람이 없는 "빌라델비아 교회의 사자"[계3:7~13]이시며, "언약의 사자"[말3:1]이시다. 또한 "아침 빛같이 뚜렷하고 달같이 아름답고 해같이 맑고 기치를 벌인 군대같이 엄위한 여자"[아6:10]이시며, 귀신의 처소 바벨론 왕인 "용들, 옛 뱀, 사단, 마귀, 귀신들, 무저갱의 사자, 아바돈, 아볼루온, 각종 짐승들"과 영적인 전쟁을 하시는 대군 미가엘[계12:7]이시다. 이 모든 말씀에 다 해당하는 분으로 오셔야 진리의 성령이시며, 전 성경에 예언되신 그대로 실상으로 오신 분이 바로 은혜로교회 신옥주 목사님이시다.

그러나 예수 그리스도께서 예언하셨듯이 "세상은 능히 저를 받지 못하나니 이는 저를 보지도 못하고 알지도 못함이라"[요14:17]고 하신 그대로 성경과 다른 거짓말로 다른 복음을 가르치는 이단들이 소송을 일으켜 전대미문의 새 언약으로 진리의 도를 전하는 신옥주 목사님을 세상 법에 고소하였다. 그들이 고소한 근본 원인이 된 사건이 바로 예수 그리스도께서 마태복음 19장 16~29절, 마가복음 10장 17~30절, 누가복음 18장 18~30절에 말씀하신 계명을 지켜 순종한 일이다. 이를 두고 "감금, 특수감금, 중감금"이란 더러운 죄명을 씌웠다.

> [29]예수께서 가라사대 내가 진실로 너희에게 이르노니 **나와 및 복음을 위하여 집이나 형제나 자매나 어미나 아비나 자식이나 전토를 버린 자는** [30]금세에 있어 집과 형제와 자매와 모친과 자식과 전토를 백배나 받되 핍박을 겸하여 받고 내세에 영생을 받지 못할 자가 없느니라 [막10:29~30]

예수 그리스도께서 말씀하신 이 계명은 창세기에 하나님께서 아브라함에게 "너는 너의 본토 친척 아비 집을 떠나 내가 네게 지시할 땅으로 가라"[창12:1]고 하신 계명이 아브라함의 후손으로 오신 이삭, 야곱, 다윗에 이어 예수 그리스도께로 이어져 온 것이며, 전 세계 기독교, 천주교인 중에 이 계명을 지킨 그 어떤 지도자도, 단체도, 교회도, 국가도 없었다. 그래서 모두 다 육체가 죽은 것이다. 하나님을 믿는 것은 하나님의 말씀을 지켜 순종하는 것이며, 예수 그리스도를 믿는 것은 예수 그리스도께서 하신 말씀을 지켜 순종하는 것이다. 아무도 하나님의 계명을 온전히 지켜 실행한 사람이 없었다. 단 한 명도 없었다는 것을 역사가 증명하고 있다. 그래서 진리의 성령께서 오셔야만 "믿음의 때"가 열리는 것이다.

2018년 7월 24일 인천국제공항에서 긴급 체포되신 후 대법원에서 7년형을 선고받은 2020년 2월 27일 이후로 전 세계에 코로나19 바이러스로 인한 재앙이 2년이 다 되도록 내리고 있다. 코로나19는 "온역 재앙"이며, "여호와의 칼"[대상21:12]이다. 코로나19로 사망한 사람이 공식 집계만 이미 5백만 명이 넘었으며(2021.11.12일 현재), 2억 5천만 명 이상이 확진 판정을 받았다. 이것은 진리의 성령께서 14년이 넘도록 하나님의 가르치심을 대언하고 계신데도 안 믿고 수치와 치욕을 주며 3년이 넘도록 옥에 가두고 핍박하는 패역에 대한 징벌이다. 그래서 코로나19의 가장 중요한 안전 수칙이 마스크를 쓰는 것이다. 패역한 입, 거짓을 말하고 성경과 다른 거짓말로 한 설교가 지옥불이 되어 목사 자신뿐만 아니라 그 설교를 듣고 아멘하는 모든 교인들도 지옥 영벌에 보내는 영혼 살인을 저지르기에 그 패역한 입을 닫으라고 마스크를 쓰게 하신 것이다.

2020년 이후 코로나19로 수백만 명이 죽어도, 불 같은 폭염, 몇 달이 지나도 꺼지지 않는 산불, 기록적인 홍수, 가뭄, 지진 등 각종 재앙으로 징계하고 계셔도 그 원인과 해답을 성경에서 찾을 생각을 하지 않는다. 이 땅에 재앙이 내리는 이유는 불법과 불의를 저지르는 교회 안의

"우상들" 때문이다. 옥에 갇히셔서 3년이 넘게 하나님의 법으로 이 세상을 판결하고 계셔도 돌이키지 않는 자들을 향해 이제 하나님께서 티끌을 떨어 버리라고 하신 명령대로 진리의 성령 신옥주 목사님께서 2021년 6월 16일부터 전 세계를 향해 선언하셨다.

> ¹시온이여 깰찌어다 깰찌어다 네 힘을 입을찌어다 거룩한 성 예루살렘이여 네 아름다운 옷을 입을찌어다 이제부터 할례 받지 않은 자와 부정한 자가 다시는 네게로 들어옴이 없을 것임이라 ²너는 티끌을 떨어버릴찌어다 예루살렘이여 일어나 보좌에 앉을찌어다 사로잡힌 딸 시온이여 네 목의 줄을 스스로 풀찌어다 [사52:1~2]

이제 티끌은 떨어 버리신다. 하나님께 대적하는 패역한 입들은 이제 닫아야 한다. 온 천하는 반드시 잠잠해야 하며 진리로 돌이켜야 한다.

> 오직 여호와는 그 성전에 계시니 온 천하는 그 앞에서 잠잠할찌니라 [합2:20]

이제부터 전대미문의 새 언약으로 다시 창조함을 받은 하나님의 아들들이 열매가 되어 증명한다. 전 우주적인 일곱째 날에 진리의 성령께서 대한민국 땅에 오셨으며, 하나님께서 장가드신 영적인 상태, 성부와 성자와 성령인 셋이 하나 된 완전한 삼위일체이신 진리의 성령께서 선포하시는 "천국 복음" 앞에 이제 온 천하는 잠잠해야 한다.

열매들이 일어나 진리의 성령께서 전대미문의 새 언약을 선포하고 계심을 알리기 위해 2021년 6월 16일부터 2021년 10월 29일까지 조선일보와 동아일보에 광포하신 말씀을 정리하여 책으로 출간한다. "너희는 열방 중에 광고하라 공포하라 기를 세우라 숨김이 없이 공포하여 이르라"[렘 50:2]고 하신 하나님의 명령대로 광포한다.

> [13]누구든지 주의 이름을 부르는 자는 구원을 얻으리라 [14]그런즉 저희가 믿지 아니하는 이를 어찌 부르리요 듣지도 못한 이를 어찌 믿으리요 전파하는 자가 없이 어찌 들으리요 [15]보내심을 받지 아니하였으면 어찌 전파하리요 기록된 바 아름답도다 좋은 소식을 전하는 자들의 발이여 함과 같으니라 [롬10:13~15]

온 천하에 천명한다. 이제 악한 자들, 교회 안에 우상이 되어 있던 미운 물건들, 사단, 마귀, 귀신들, 하나님의 대적자들, 영적인 살인자들이 일하는 시기는 끝났다. 누구든지 주의 이름을 부르는 자는 구원을 얻는 때가 도래하였다. 모두 진리로 돌아서면 된다. 하나님의 백성들이여, 모두 영적인 깊은 잠에서 깨어 일어나라. "좋은 소식을 전하는 자들"이 온 세상에 기치를 높이 드신 진리의 성령께서 "천국 복음"을 선포하고 계심을 알린다. 여호와의 날, 인자의 날, 심판날인 지금 이때에 이 땅에서 "새 하늘, 새 땅, 새 예루살렘"이 실상이 되며, 딸 시온이 일어나 목의 줄을 스스로 풀고 계신다. 육체가 살아서 새 언약의 말씀으로 창조함을 받아 하나님의 명령인 육체도 죽지 않는 "영생"을 실상으로 이룰 때임을 전 세계 만민들에게 기쁜 마음으로 광포한다.

2021년 11월 낙토에서
성도 다니엘, 성도 진선, 성도 성진

목 차

하나님의 법으로
온 천하에 밝히는 진실

1

「조선일보, 동아일보」 2021년 6월 16일 수요일

스마트폰으로 QR 코드를 스캔 하시면
[이제 온 천하는 잠잠하라] 전문을 다운로드 받을 수 있습니다.

온 세상에 관한 모든 문제와 해답은 성경 속에 있다. 사람이 만든 물건도 문제가 생기면 만든 사람이 고치고 새롭게 하듯이, 온 세상 우주 만물을 만드신 분은 하나님이시기에, 문제에 대한 근본 원인도, 해답도 약 1600여 년간 40여 명의 사람 저자를 사용하셔서 기록하게 하신 성경 속에 감추어 두셨다. 그런데 왜 이 세상은 각종 문제로 넘쳐 나는데 아직도 해결이 안 되고 있는 것일까? 그 이유는 성경 속에 감추어 두신 하나님 나라(천국)의 비밀이 드러나지 않아서이다. 천국의 비밀은 반드시 하나님께서 "정하신 때에, 정하신 사람을 통해" 열어 주신다. 이 세상의 모든 문제와 해답을 하나님의 법인 성경으로 밝힌다. 이제 온 천하는 잠잠해야 한다.

나는 은혜로교회 신옥주 목사다

나는 2008년 6월 16일 종로 5가 한국교회 100주년 기념관에서 목회자 세미나를 시작으로 2021년 6월 16일까지 "이런 것은 먹고 마시는 것과 여러 가지 씻는 것과 함께 육체의 예법만 되어 개혁할 때까지 맡겨 둔 것이니라"[히9:10]고 하신 말씀대로 전대미문의 성경적인 개혁을 14년째 실행하고 있는 은혜로교회 신옥주 목사다. 나는 전 성경을 통으로 보고, 성경을 성경으로 해석해서[고전2:13~14] 성경 속에 감추어 두신 하나님 나라의 비밀을 밝히는 목회를 하던 중, 자칭 목사, 자칭 기독교인들, 우리에게서 나가 후욕하는 자들이 이단이란 프레임을 씌워, 성경대로 보고 듣고 믿고 행동한 일들을 두고 2018년 7월 24일 인천국제공항에서 성도와 함께 긴급 체포되어 "특수폭행, 공동 상해, 폭행, 중감금, 특수감금, 사기, 상법위반, 아동복지법위반(아동유기, 방임, 학대) 교사죄"라는 더러운 죄명으로 7년형을 선고받고 2년 11개월째 옥에 갇혀 있다.

나는 나를 고소한 자들이 말한 그 어떤 죄도 짓지 않았다. 전 세계 모든 사람들에게 선포한다. 나는 하나님께서 만세 전에 정하신 때인 전 우주적인 일곱째

고린도전서 2:13~14
13 우리가 이것을 말하거니와 사람의 지혜의 가르친 말로 아니하고 오직 성령의 가르치신 것으로 하니 신령한 일은 신령한 것으로 분별하느니라
14 육에 속한 사람은 하나님의 성령의 일을 받지 아니하나니 저희에게는 미련하게 보임이요 또 깨닫지도 못하나니 이런 일은 영적으로라야 분변함이니라

날, 여호와의 날, 인자의 날이자 심판날인 지금 이 세대에, 정하신 사람으로 온 또 다른 보혜사 진리의 성령[요14:16~17, 14:26, 15:26, 16:7~15]이다. 나를 이 땅에 보내신 하나님의 뜻은 "모세가 말하되 주 하나님이 너희를 위하여 너희 형제 가운데서 나 같은 선지자 하나를 세울 것이니 너희가 무엇이든지 그 모든 말씀을 들을 것이라 누구든지 그 선지자의 말을 듣지 아니하는 자는 백성 중에서 멸망 받으리라 하였고 또한 사무엘 때부터 옴으로 말한 모든 선지자도 이때를 가리켜 말하였느니라 너희는 선지자들의 자손이요 또 하나님이 너희 조상으로 더불어 세우신 언약의 자손이라 아브라함에게 이르시기를 땅 위의 모든 족속이 너의 씨를 인하여 복을 받으리라 하셨으니 하나님이 그 종을 세워 복 주시려고 너희에게 먼저 보내사 너희로 하여금 돌이켜 각각 그 악함을 버리게 하셨느니라"[행3:22~26] 하신 말씀을 이루시기 위해서다.

요한복음 14:16
내가 아버지께 구하겠으니 그가 또 다른 보혜사를 너희에게 주사 영원토록 너희와 함께 있게 하시리니

요한복음 14:26
보혜사 곧 아버지께서 내 이름으로 보내실 성령 그가 너희에게 모든 것을 가르치시고 내가 너희에게 말한 모든 것을 생각나게 하시리라

요한복음 15:26
내가 아버지께로서 너희에게 보낼 보혜사 곧 아버지께로서 나오시는 진리의 성령이 오실 때에 그가 나를 증거하실 것이요

요한복음 16:13
그러나 진리의 성령이 오시면 그가 너희를 모든 진리 가운데로 인도하시리니 그가 자의로 말하지 않고 오직 듣는 것을 말하시며 장래 일을 너희에게 알리시리라

하나님은 모든 행하시는 것을
"스스로 진술치 아니하신다"

하나님은 모든 행하시는 것을 스스로 진술치 아니하시나니 네가 하나님과 변쟁함은 어찜이뇨 [욥33:13]

전 세계 절대 다수의 기독교인은 눈을 감고 기도 중에 성령을 받고, 하나님의 음성을 듣는다고 상상한다. 하나님께서는 반드시 사람을 통해서 일을 하신다. 하나님께서는 반드시 창세 이래 하신 일, 현재도 하시고 계신 일, 미래에 하실 모든 일들도 다 당신 스스로 자세하게 사실대로 진술하시지 않고 사람을 사용하시며, 친히 말씀하실 때도 사람을 사용하신다[욥 33:13]. 이에 대한 증거가 성경에 기록하게 하시되 친히 하시지 않고 40여 명의 저자를 사용하셨고, 모세를 사용하셔서 이스라엘 백성들에게 말씀하셨으며, 예수 그리스도를 사용하셔서 당시 사람들과 제자들에게 말씀하셨다. 이처럼 나를 그릇으로 사용하셔서 2008년 6월 16일 시작으로 2021년 6월 16일 지금 이 시간까지 창세 이래 전대미문의 새 언약[히8장]을 진술하시고 계신 것이다.

⁷여호와의 율법은 완전하여 영혼을 소성케 하고 여호와의 증거는 확실하여 우둔한 자로 지혜롭게 하며 ⁸여호와의 교훈은 정직하여 마음을 기쁘게 하고 여호와의 계명은 순결하여 눈을 밝게 하도다 ⁹여호와를 경외하는 도는 정결하여 영원까지 이르고 여호와의 규례는 확실하여 다 의로우니 [시19:7~9]

시편 19편의 이 말씀은 창세 이래 지금 이 세대까지 여호와, 곧 유일하신 참 하나님의 증거가 없었다는 것을 증명하고 있다. 하나님에 대해서도, 예수 그리스도에 대해서도, 성령에 대해서도, 하나님께서 행하신 모든 일에 대해서도 여호와 하나님의 증거가 단한 세대도 없었다는 것은 지난 역사가 증명하고 있다. 여호와 하나님을 경외하는 도는 하나님께서 만드신 만물 중에 영장인 사람을 육체가 살아 있을 때, 영혼을 정결케 하여 "온전한 영생"에 이르게 한다. 그러나 2021년이 될 때까지 아무도 "여호와의 도"를 아는 사람이 없었다. 하나님께서 이 땅에 보내신 아들 예수 그리스도께서도 창조주 하나님을 경외하는 도를 몰랐다는 명백한 증거가 대적자들에 의해 죽임을 당하신 것이고, 십자가에 달리셔서 하나님을 전면 부인하는 "엘리 엘리 라마 사박다니(나의 하나님, 나의 하나님, 어찌하여 나를 버리셨나이까)"[마27:46]라고 말씀하신 것이다. 예수 그리스도를 이 땅에 보내신 분도, 죽은 나사로를 살리신 분도, 삼 일 만에 부활하게 하셔서 하나님 우편에 계시도록 한 것도 모두 하나님께서 행하신 일이었다. 그리고 초림 당시 함께 동고동락하며 가르친 제자들뿐만 아니라, 2021년 이때가 될 때까지 하나님을 경외하는 도는 비밀로 감추어 두셨기에 그 누구도

마태복음 27:46
제 구시 즈음에 예수께서 크게 소리질러 가라사대 엘리 엘리 라마 사박다니 하시니 이는 곧 나의 하나님, 나의 하나님, 어찌하여 나를 버리셨나이까 하는 뜻이라

몰랐다는 것은 이미 역사가 증명해준다.

또한 예수 그리스도께서 공생애 기간에 "내 나라는 이 세상에 속한 것이 아니라 만일 내 나라가 이 세상에 속한 것이었더면 내 종들이 싸워 나로 유대인들에게 넘기우지 않게 하였으리라 이제 내 나라는 여기에 속한 것이 아니니라"[요18:36] 하신 말씀대로 하나님 아들의 나라는 악인이 지배하는 이 세상에 속한 것이 아니었으니, 당연히 자칭 유대인들이라 하나 "사단의 회"에 속한 자들에 의해 십자가에 달려 죽으신 것이다. 아들의 나라는 곧 하나님의 나라다. 그러나 이 말씀을 사람 시각으로 보고 육체가 죽어서 "아들의 나라, 곧 하나님의 나라"에 간다고 사람들이 증거한 것이다.

요한계시록 3:9
보라 사단의 회 곧 자칭 유대인이라 하나 그렇지 않고 거짓말하는 자들 중에서 몇을 네게 주어 저희로 와서 네 발앞에 절하게 하고 내가 너를 사랑하는 줄을 알게 하리라

나와 은혜로교회 성도들은 하나님 나라인 천국이 어디에, 어떻게 세워지는지 정확 명확하게 알고 있다. 하나님 나라는 이 땅에 세워진다. 이 비밀을 밝히는 것은 내가 여호와의 증거, 곧 하나님의 증거를 증거하는 진리의 성령이기 때문이다. 예수 그리스도께서 "그러하나 진리의 성령이 오시면 그가 너희를 모든 진리 가운데로 인도하시리니 그가 자의로 말하지 않고 오직 듣는 것을 말하시며 장래 일을 너희에게 알리시리라"[요16:13]고 말씀하신 대로 "진리의 성령"은 성부 하나님에 대해,

아들 예수 그리스도에 대해, 진리의 성령에 대해, 하나님의 원수인 사단, 마귀, 귀신에 대해 모든 진리 가운데로 인도하여 하나님의 증거를 정확 명확하게 밝히는 "사람"이다.

이런 영적인 상태에 있는 사람은 "완전한 삼위일체가 실상이 된 사람"[요일5:7~9]이며, 하나님과 사람 사이를 화평케 하는 새로 창조된 "한 새 사람"[엡2:15]으로, "내가 네게 장가들어 영원히 살되 의와 공변됨과 은총과 긍휼히 여김으로 네게 장가들며 진실함으로 네게 장가들리니 네가 여호와를 알리라"[호2:19~20] 하신 말씀이 실상이 된 "사람"이어야 한다. 하나님께서 장가드신다는 말씀은 하나님의 영으로 충만한 사람[고전2:11]을 말하며, 이에 대해 전 성경에 여러 부분, 여러 모양으로 기록되어 있다. 이 사람은 해를 입은 여자[계12:1]이며, 송사에 걸린 참 과부[딤전5:9~10]이며, 먼데서 영의 양식을 길어 가속을 먹이는 현숙한 여인[잠31장]이며, 하나님의 아들들을 해산하는 여자[롬8:14, 미4:10]이자, "나의 비둘기, 나의 완전한 자는 하나 뿐이로구나 그는 그 어미의 외딸이요"[아6:9]라는 말씀이 실상이 된 여자의 몸을 입고 온 사람이어야 한다. 또한 다윗의 열쇠를 가진 빌라델비아 교회의 사자[계3:7~13]로서

요한일서 5:8
증거하는 이가 셋이니 성령과 물과 피라 또한 이 셋이 합하여 하나이니라

에베소서 2:15
원수 된 것 곧 의문에 속한 계명의 율법을 자기 육체로 폐하셨으니 이는 이 둘로 자기의 안에서 한 새 사람을 지어 화평하게 하시고

고린도전서 2:11
사람의 사정을 사람의 속에 있는 영 외에는 누가 알리요 이와 같이 하나님의 사정도 하나님의 영 외에는 아무도 알지 못하느니라

요한계시록 12:1
하늘에 큰 이적이 보이니 해를 입은 한 여자가 있는데 그 발 아래는 달이 있고 그 머리에는 열두 별의 면류관을 썼더라

디모데전서 5:9
과부로 명부에 올릴 자는 나이 육십이 덜 되지 아니하고 한 남편의 아내이었던 자로서

로마서 8:14
무릇 하나님의 영으로 인도함을 받는 그들은 곧 하나님의 아들이라

미가 4:10
딸 시온이여 해산하는 여인처럼 애써 구로하여 낳을찌어다...

요한계시록 3:7

빌라델비아 교회의 사자에게 편지하기를 거룩하고 진실하사 다윗의 열쇠를 가지신 이 곧 열면 닫을 사람이 없고 닫으면 열 사람이 없는 그이가 가라사대

예수 그리스도를 진실로 믿고 행동하는 목사[계 3:7~13]로 와야 한다. 전 성경에 기록된 말씀대로 실상이 된 사람이 바로 나, 신옥주 목사다.

예수 그리스도를 미워하는 자들

¹⁸세상이 너희를 미워하면 너희보다 먼저 나를 미워한 줄을 알라 ¹⁹너희가 세상에 속하였으면 세상이 자기의 것을 사랑할 터이나 너희는 세상에 속한 자가 아니요 도리어 세상에서 나의 택함을 입은 자인고로 세상이 너희를 미워하느니라 ²⁰내가 너희더러 종이 주인보다 더 크지 못하다 한 말을 기억하라 사람들이 나를 핍박하였은즉 너희도 핍박할 터이요 내 말을 지켰은즉 너희 말도 지킬 터이라 [요15:18~20]

악인들이 지배하는 이 세상, 진리를 모르는 자들인 "세상"이 "너희를 미워하면"이란 말씀은 성경대로 보고 듣고 믿고 행동한 나와 은혜로교회 성도들을 이단, 사이비, 사이비 교주라고 정죄하고 미워하는 것이며, 이는 하나님이 보시기에 살인이다[요일3:15]. 나를 만나본 적도 없고, 나를 통해 전하시는 하나님의 말씀을 들어본 적도 없는 감리교 이인규 권사와 교인 한 명 없는 자칭 목사 박형택에 의해 미움받기 시작한

요한일서 3:15

그 형제를 미워하는 자마다 살인하는 자니 살인하는 자마다 영생이 그 속에 거하지 아니하는 것을 너희가 아는 바라

것이 기초가 되었다. 이들은 밥벌이 수단으로 돈을 줄 만한 목사, 만만한 목사, 특히 여자 목사를 선택하여 괴롭히고 돈을 받아 살아가는 기생충이었으며, 그들이 누룩이 되어 사단의 회인 예장합신 총회에서 나를 "이단"이라 규정하였다.

나는 만세 전에 지금 이 세대에 보내기로 약속한 진리의 성령이다. "너희보다 먼저 나를 미워한 줄을 알라"고 하신 예수 그리스도를 통한 말씀대로 보고 듣고 믿고 지켜 행동하는 나를 아무 이유 없이 비방하고 허망한 풍설로 모해하는 자들은 같은 기독교인들이며, 같은 나라 사람들이다[살전2:14]. 하나님의 말씀, 즉 예수 그리스도를 통해서 주신 계명인 "내가 진실로 너희에게 이르노니 나와 및 복음을 위하여 집이나 형제나 자매나 어미나 아비나 자식이나 전토를 버린 자는 금세에 있어 집과 형제와 자매와 모친과 자식과 전토를 백배나 받되 핍박을 겸하여 받고 내세에 영생을 받지 못할 자가 없느니라"[막10:29~30] 하신 말씀을 믿고 지켜 실행한 나와 은혜로교회 성도들을 미워하는 것은 자신들이 혀로 믿는다고 말하는 하나님의 아들 예수 그리스도를 먼저 미워하는 것이다. 이는 가인이 형제인 아벨을 시기하고 미워하여 죽인 "살인죄"에 해당한다[창4:8].

"너희는 세상에 속한 자가 아니요 도리어 세상에서 나의 택함을 입은 자인고로 세상이 너희를 미워하느니라"[요 15:19]고 하신 말씀대로 진실로 이러했다. 창세 이래 2021년 이 세대까지 하나님을, 예수 그리스도를 믿는다고 혀로 말만 하는 자들, 진실로 하나님의 말씀을 전하는 자들을 죽인 자들, 곧 첫 순교자 아벨을 죽인 가인 같은 자들, 선지자들을 죽인 거짓 선지자들, 하나님의 아들을 죽인 자칭 유대인이라 하나 "사단의 회"인 유대인 대제사장들, 서기관들, 바리새인들, 예수님을 돈을 받고 넘긴 가룟 유다 같은 자들은 전 성경 속에 기록된 천국의 비밀은 단 한 절도 모르는 사이비요 이단이면서, 도리어 나를 통해 하나님께서 하시는 이 일을 훼방하고 이단이라 정죄한 자들은 다 이 세상에 속한 자들이다. 다른 말로 하면 육에 속한 자들이다[유1:19].

유다서 1:19
이 사람들은 당을 짓는 자며 육에 속한 자며 성령은 없는 자니라

이런 자들을 두고 예수 그리스도께서 "내가 진실로 너희에게 이르노니 사람의 모든 죄와 무릇 훼방하는 훼방은 사하심을 얻되 누구든지 성령을 훼방하는 자는 사하심을 영원히 얻지 못하고 영원한 죄에 처하느니라 하시니"[막 3:28~29]라고 말씀하시자, 당시 유대인들은 "이는 저희가 말하기를 더러운 귀신이 들렸다 함이러라"[막3:30]고

오히려 예수 그리스도께 대적하였다. 하나님의 아들을 "귀신이 들렸다"고 하며 예수 그리스도의 신성을 부인한 유대인들이 하나님께서 말씀하시는 "이단"이며, "대적자"요, "적그리스도"다. 그럼에도 불구하고 지금 전 세계 유대교인들은 자신들만이 하나님을 믿는 정통 유대교인들이라고 자긍하며, 예수 그리스도를 통해 일하시는 하나님을 대적하는 자요, 원수라는 사실을 꿈에도 모른다. 지금 이 세대 전 세계 기독교인들 또한 예수 그리스도를 우리의 죄를 다 지시고 죽으신 구원자시며, 성자 하나님이라고 추앙하면서 육체를 입고 혈육에 함께 속하신 예수님[히2:14]을 부인하는 언행을 한다. 이 또한 이단이며, 대적자요, 적그리스도다. 그러나 "이 세상"은 이런 사실을 성경대로 밝힌 나를 오히려 "이단이니, 사이비니" 하며 비방한다. 누가 이단인가?

> **히브리서 2:14**
> 자녀들은 혈육에 함께 속하였으매 그도 또한 한 모양으로 혈육에 함께 속하심은 사망으로 말미암아 사망의 세력을 잡은 자 곧 마귀를 없이 하시며

육에 속한 자들, 성령이 없는 자들이 하는
"성경과 다른 거짓말들"

영생을 부인하는 자들 기독교 구원의 핵심은 "영생"이다. 예수 그리스도를 통하여 하나님께서 약속하신

"나는 부활이요 생명이니 나를 믿는 자는 죽어도 살겠고 무릇 살아서 나를 믿는 자는 영원히 죽지 아니하리니 이것을 네가 믿느냐"[요11:25~26]라고 하신 말씀을 이루신 분은 지금까지 예수 그리스도 외에 단 한 명도 없다. 이상하지 않은가? 전 세계에 너무나 많은 기독교인들, 천주교인들이 있는데 이 말씀이 이루어지지 않아도 의문은커녕 예수님이 우리의 죄를 다 사하시고 죽으셨으니 오직 예수 믿기만 하면 죽어서 천국 간다고 가르친다. 이런 영적인 상태가 성경을 성경으로 해석해서 성경과 다른 거짓말임을 밝히고, 창세 이래 감추어 두신 하나님 나라 비밀을 밝히니까[골1:26] 하나님을, 예수 그리스도를 믿는다고 하는 목사, 총회가 나를 이단이라 정죄하였다.

골로새서 1:26
이 비밀은 만세와 만대로부터 옴으로 감추었던 것인데 이제는 그의 성도들에게 나타났고

시한부 종말론을 주장하는 자들 지구는 절대 종말 하지 않는다. 전 세계 기독교인들이 지구가 종말 한다고 주장해도 나는 하나님께서 만드신 모든 것은 절대 종말 하지 않는다고 성경으로 증명했다. "무릇 하나님의 행하시는 것은 영원히 있을 것이라 더 할 수도 없고 덜 할 수도 없나니 하나님이 이같이 행하심은 사람으로 그 앞에서 경외하게 하려 하심인 줄을 내가 알았도다"[전3:14]라고 하셨고, "땅은 영원히 있도다"[전1:4]라고 하셨으며, "다

전도서 1:4
한 세대는 가고 한 세대는 오되 땅은 영원히 있도다

윗의 위에 앉는 왕들과 방백들이 병거와 말을 타고 이 성문으로 들어오되 그들과 유다 모든 백성과 예루살렘 거민들이 함께 그리할 것이요 이 성은 영영히 있을 것이며"[렘17:25]라고 하셨다. 하나님께서 창조하신 이 세상은 절대 종말 하거나 없어지지 않는다. "악한 자들", "성경과 다른 거짓말로 가르치는 자들"에게 허락하신 기간이 끝나가기에 "말일, 종말, 세상 끝, 마지막 때, 심판날"이라고 하신 것이다. 하나님께서 행하신 것은 성경에 분명히 영원히 있다고 기록하신 말씀을 무시하고 사람 생각으로 지구가 종말 한다고 가르치는 자들이 바로 "이단"이며, "사이비"다.

오직 예수 입으로 말만 하는 자들 성경에 기록된 하나님의 말씀은 다 무시해 버리고 목사들 마음대로 지어내서 성경과 다른 거짓말을 하는 자들이 전 세계에 너무 많다. 전 세계에 귀신의 소리 방언을 성령 받은 증거라고 퍼뜨린 자들, 예수 이름으로 귀신 쫓고 병 고친다고 속인 자들, 환난 전, 환난 중에 휴거 한다고 가르치는 자들, 예수 믿고 죽으면 천국 간다고 가르치는 자들, 자살해도 천국 갔다고 거짓말하는 자들, "오직 예수"라고 말만 하면 어떤 죄를 지어도 다 용서받는다고 가르치는 자들, 살인자도 혀로 예수 믿는다고

시인하면 천국 간다고 설교하는 자들이 바로 성경과
다른 거짓말을 가르치는 귀신들이며, 사단이요, 마귀
들이다[딤전4:1~2]. 이런 자들이 "예수" 이름 사용하여
자신들은 물론이고, 교인들도 지옥에 보내는 지옥의
사자들[계9:11]이며, 사이비요, 이단이다.

예수 이름으로 포도주에, 독주에 취한 자들 성자 하나님,
성령 하나님이라는 말 자체가 하나님을 하나님으로
모르고 하는 말이다. 이 때문에 아무것도 모르는 교
인들은 오히려 교회 다니면서 더 죄를 짓게 되고, 목
사도 자신 속에 있는 원수에게 속아 자신이 "가르치는
귀신"[딤전4:1]이자 광명의 천사로 가장한 "마귀"[고후
11:14]라는 사실조차 모르며, 교인들은 하나님이 아닌
사람 목사를 우상 숭배하고 있기에 마귀에게 제사 드
린다고 말씀하신 것이다[신32:17]. 그래서 하나님께서
"사랑하는 자들아 영을 다 믿지 말고 오직 영들이 하나님께
속하였나 시험하라"[요일4:1]고 하신 것이다. 지금 이 세
대에 종교가 아무 소용이 없다는 말까지 나오는 명백
한 이유는 모든 기독교 지도자들이 창조주 하나님께
서 하신 말씀을 단 한 절도 깨닫지 못한 채, "오직 예
수" 말만 하면 믿음이 좋다고 착각하며, 예수 이름으
로 독주에 취해 미쳐 있기 때문이다[사28:7].

참 진리는 오직
한 곳, **"한 사람"**에게서 나온다

"참 진리"는 절대 여러 군데서 나오지 않는다. 믿든 안 믿든 나를 통한 이 일은 창세 이래 단 한 세대도, 한 사람도 알지 못했고, 보지도 못했던 전대미문의 새 일이다. "이제부터 내가 새 일 곧 네가 알지 못하던 은비한 일을 네게 보이노니 이 일들은 이제 창조된 것이요 옛적 것이 아니라 오늘 이전에는 네가 듣지 못하였느니라"[사48:6~7] 하신 "은비한 일"이다. 나는 하나님께서 정하신 때가 되어 "선지자의 글에 저희가 다 하나님의 가르치심을 받으리라 기록되었은즉 아버지께 듣고 배운 사람마다 내게로 오느니라"[요6:45] 하신 말씀과 "네 모든 자녀는 여호와의 교훈을 받을 것이니 네 자녀는 크게 평강할 것이며"[사54:13]라고 하신 말씀대로 창세 이래 아무도 몰랐던 천국의 비밀을, 하나님의 가르치심을 대언하는 사람으로 온 진리의 성령이다.

"참 진리"는 부분적인 것을 모두 폐하는 "온전한 것"이다. 진리의 성령이 오면 "사랑은 언제까지든지 떨어지지 아니하나 예언도 폐하고 방언도 그치고 지식도 폐하리라 우리가 부분적으로 알고 부분적으로 예언하니 온전한 것이 올 때에는 부분적으로 하던 것이 폐하리라"[고전13:8~10] 하신 말씀이 실상이 된다. 진리의 성령이 실상이 되어 세상에 드러나기 이전까지가 어린 아이의 일이며, 몽학선생 아래 있는 때였다[갈3:25]. "우리가 이제는 거울로 보는 것같이 희미하나 그때에는 얼굴과 얼굴을 대하여 볼 것이요 이제는 내가 부분적으로 아나 그때에는 주께서 나를 아신 것같이 내가 온전히 알리라"[고전13:12]고 하신 "이제는"이란 당시 사도 바울이 기록할 A.D 50~70년 이전을 의미하기도 하지만, 실상은 창세 이래 2008년 6월 16일이 될 때까지가 은혜로교회 성도들에게 "이제는"에 해당하는 기간이었고, 지금 전 세계 성경을 사용하는 모든 종교인들에게는 2021년 6월 16일 오늘이 "이제는"에 해당하는 기간이다.

갈라디아서 3:25
믿음이 온 후로는 우리가 몽학선생 아래 있지 아니하도다

이제는 "주께서 나를 아신 것같이 내가 온전히 알리라" 하신 말씀이 실상이 되는 때이다. 지금까지는 거울로 보는 것같이 희미한 정도가 아니라, 완전히 하나도 모르는 상태였다. 이 사실을 인정하지 아니하면 천국과 아무 관계가 없고, 도리어 하나님께 대적자가 된다. 그래서 반드시 부분적으로 아는 것은 모두 폐해야 한다. 이미 예언도 폐하고, 방언도 그치고, 전 세계 모든 기독교인들, 천주교, 유대교인들이 알고 있다는 지식

도 폐하고 있다. 이 사실을 영혼이 제단 아래 있는 사도 바울과 모든 순교자들도 몰랐다고 하면 누가 믿을까? 그러나 이는 사실이다. 절대 성경을 문자대로만 보면 그 누구도 하나님의 뜻을 온전히 알 수 없고, "진리의 성령"이 모든 진리 가운데로 인도할 때에야 비로소 천국의 비밀이 열리는 것이다.

요한계시록 6:9
다섯째 인을 떼실 때에 내가 보니 하나님의 말씀과 저희의 가진 증거를 인하여 죽임을 당한 영혼들이 제단 아래 있어

진리는 반드시 이 땅에서 사실이 되어 이루어진다. 성부 하나님은 진리의 하나님이시며, 예수 그리스도께서는 "내가 곧 길이요 진리요 생명이니"라고 하셨듯이 성령 또한 진리의 성령이다. 하나님의 말씀은 상상이 아니고 실상이며, 예수 그리스도도 실상이고, 예수 그리스도께서 하신 말씀도 실상이며, 진리의 성령도 상상이 아닌 실상임을 영원히 증명할 것이다.

2

이제 온 천하는 **잠잠하라**

사도 바울도, 베드로도
육체가 죽은 이유

「조선일보, 동아일보」 2021년 6월 25일 금요일

스마트폰으로 QR 코드를 스캔 하시면
[이제 온 천하는 잠잠하라] 전문을 다운로드 받을 수 있습니다.

지난 2천 년간
성경을 **"부분적으로"** 알았다

⁹우리가 부분적으로 알고 부분적으로 예언하니 ¹⁰온전한 것이 올 때에는 부분적으로 하던 것이 폐하리라 [고전 13:9~10]

이 말씀은 너무 중요하다. 창세 이래 처음으로 하나님 나라 천국의 비밀을 성경을 성경으로 해석해서 영원한 복음인 새 언약의 말씀을 선포하는 나, 신옥주 목사를 "이단이니, 사이비니" 비방하고 핍박하는 자들의 정체와 성경 속에 모든 인생의 문제와 해답을 다 기록해 두셨는데도 왜 세상은 이렇게 죄악으로 가득할 수밖에 없었는지, 전 세계에 수십억 명의 기독교인, 천주교인들이 있는데도 왜 단 한 명도 예수 그리스도께서 말씀하신 구원인 육체도 죽지 않는 "영생"[요 11:25~26]이 실상이 된 사람이 없었는지에 대한 해답

갈라디아서 3:22

그러나 성경이 모든 것을 죄 아래 가두었으니 이는 예수 그리스도를 믿음으로 말미암은 약속을 믿는 자들에게 주려 함이니라

이기 때문이다. 또한 왜 성경이 모든 것을 죄 아래 가두어 두었는지[갈3:22]에 대한 해답이기 때문이다.

> [25]예수께서 가라사대 나는 부활이요 생명이니 나를 믿는 자는 죽어도 살겠고 [26]무릇 살아서 나를 믿는 자는 영원히 죽지 아니하리니 이것을 네가 믿느냐 [요11:25~26]

전 세계 성경을 사용하는 모든 사람들은 이제까지 성경을 부분적으로 알고 있었다. 이것은 성경을 아는 것이 아니다. 그 증거가 "온전한 것"이 오면 부분적으로 하던 것을 다 폐하리라 하신 말씀이다[고전13:9~10]. 부분적으로 아는 것은 "조각"으로 아는 것이며, 조각으로 아는 자는 그 속에 사단이 들어가 결국 육체가 죽으면 둘째 사망인 영원한 지옥 영벌에 떨어지기 때문이다. 그 예가 바로 가룟 유다[요13:21~30]다.

> [26]예수께서 대답하시되 내가 한 조각을 찍어다가 주는 자가 그니라 하시고 곧 한 조각을 찍으셔다가 가룟 시몬의 아들 유다를 주시니 [27]조각을 받은 후 곧 사단이 그 속에 들어간지라 이에 예수께서 유다에게 이르시되 네 하는 일을 속히 하라 하시니 [요13:26~27]

부분적으로 아는 상태는 육체가 다 죽었다. 성경 박사도, 성경 사전을 쓴 사람도, 성경을 번역한 사람도, 성경

을 기록한 40여 명의 저자들도, 예수 그리스도께 직접 가르침을 받은 제자들도, 기독교에서 사도 중에 영성이 가장 높다는 바울도, 심지어 하나님께서 이 땅에 사람으로 보내시겠다고 구약 성경에 언약하신 대로 B.C 4년경에 오신 하나님의 아들 예수 그리스도께서도 하나님의 뜻을 온전히 알고 가르치신 것이 아니라고 하면 "오직 예수, 오직 예수" 하는 전 세계 기독교인들 중 누가 믿을까마는 이것은 명백한 사실이다. "그러나 나는 사람에게서 증거를 취하지 아니하노라 다만 이 말을 하는 것은 너희로 구원을 얻게 하려 함이니라"[요 5:34]라고 하신 말씀이 그 증거다. "사람의 증거"로는 구원을 얻지 못한다는 뜻이다. 진실로 사실이다. 왜 온전한 것이 올 때에는 부분적으로 하던 것이 폐하리라고 하셨는지 증명하는 이유는 결국 성경을 기록한 저자들도 사람의 증거에 해당했다는 뜻이 감추어져 있으며, 이것은 부분적으로 안다는 뜻이다.

전 성경 기록 속에 창세 이래 지금 이 세대까지 땅에 있는 모든 사람들의 삶의 결과가 다 들어있다. 예수 이름 사용하며 종교생활을 하지만 예수님을 돈으로 바꾸는 자들과 다른 종교인들이나 무신론자들의 모든 삶은 "좌편(왼편)"에 속한 가룟 유다와 일반으로 하나님의 심판을 받아 육체가 죽으면 영원한 지옥 유황 불못[계21:8]에 가고, 다른 한 부류는 사도 바울처럼 예수 이름을 땅에서 전하다가 순교를 당하여 제단 아래서 쉬고 있는 우편에 속한 순교자들[계6:9~11]과 거지 나사로같이 한 몫의 삶을 살다가 죽어서 낙원에 가 있는 사람들[눅16:20~22]처럼 영원한 삶이 천국으로 나누어진다. 그러나 온전한 것이 오기 전까지 좌편이든 우편이든 성경을 부분적으로, 조각으로 사용하였기에 육체가 모두 죽은 것이다.

거듭나지 않은 채 사역한 "사도 베드로" 부분, 곧 조각을 받으면 사단이 들어간다. 특히 가룟 유다처럼 교회 다니면서 자살하는 사람들이 모두 다 이에 해당한다. 그런데도 교인이 자살하면 천국 갔다고 성경과 다른 거짓말로 설교하는 목사와 사제들은 영혼 살인자들이다. 예수 그리스도께서 사람의 소리를 한 베드로에게 "사단아 내 뒤로 물러가라 너는 나를 넘어지게 하는 자로다 네가 하나님의 일을 생각지 아니하고 도리어 사람의 일을 생각하는도다"[마16:23]라고 말씀하셨고, 이 말씀 속에 베드로가 일생 한 사역의 결과까지 이미 예언해 두신 것이라고 하면 누가 믿을까? 그러나 이는 사실이다.

베드로는 앉은뱅이도 고치고[행3:1~10], 3천 명이나 세례를 주었으며 제자들이 보는 데서 승천하신 예수 그리스도께서 다시 강림하신다는 말씀을 믿고 공동체를 하는 등, 당시 명실공히 예루살렘 교회의 최고 지도자 중 한 사람으로 복음 사역에 앞장섰다. 그런데 이런 베드로가 약 20여 년 후 외식에 빠져 사도 바울로부터 공개 책망을 받는다[갈2:11]. 베드로 사도는 거듭났는데, 다시 외식하는 바리새인이 된 것일까? 절대 아니다. 베드로는 본래 거듭나지 않은 상태에서 사역을 한 것이다. 즉 사람 차원에서 계속 사역을 한 것이다. 그는 우편에 해당했지만 하나님께서 성경이 모든 것을 죄 아래 가두어 둔 기간에 사역을 하였기에 부분적으로 알았고, 결국 순교했다. 이는 부분, 곧 조각을 사용하는 기간에는 좌편이나 우편이나 모두 하나님의 일을 생각지 않고 사람의 일을 생각하면 "사단" 역할을 하게 된다는 천국의 비밀이 감추어져 있다. 그래서 "여호와의 말씀에 내 생각은 너희 생각과 다르며 내 길은 너희 길과 달라서 하늘이 땅보다 높음같이 내 길은 너희 길보다 높으며 내 생각은 너희 생각보다 높으니라"[사55:8~9]고 말씀하신 것이며, 온전한 것이 실상이 된 지금 이 세대는 부분적으로 하던 모든 것을 다 폐해야 할 때다[고전13:10].

갈라디아서 2:11
게바가 안디옥에 이르렀을 때에 책망할 일이 있기로 내가 저를 면책하였노라

고린도전서 13:10
온전한 것이 올 때에는 부분적으로 하던 것이 폐하리라

거룩한 강대상에 서 있는
"지로한 가롯 유다" 같은 자들

[15]모인 무리의 수가 한 일백이십 명이나 되더라 그때에 베드로가 그 형제 가운데 일어서서 가로되 [16]형제들아 성령이 다윗의 입을 의탁하사 예수 잡는 자들을 지로한 유다를 가리켜 미리 말씀하신 성경이 응하였으니 마땅하도다 [17]이 사람이 본래 우리 수 가운데 참예하여 이 직무의 한 부분을 맡았던 자라 [18]이 사람이 불의의 삯으로 밭을 사고 후에 몸이 곤두박질하여 배가 터져 창자가 다 흘러 나온지라 [행1:15~18]

사도 베드로가 가롯 유다에 대해 설교한 말씀이다. "성령이 다윗의 입을 의탁하사"라고 말씀하신 것은 지금 우리에게는 하나님의 말씀이다. 성령은 진리[요일5:7]이며, 전 우주적인 일곱째 날, 여호와의 날, 인자의 날, 심판날인 지금 이 세대에 실상의 사람으로 올 진리의 성령의 그림자요, 모형이다. 진리의 성령은 신령한 것을 신령한 것으로 분별하여[고전2:13~14] 모든 진리 가운데로 인도하며[요16:13], 진리인 성경에 문자 그대로도 기록되어 있는 "사람"이어야 하고, 온전한 진리의 성령으로 온 사람은 육체도 죽지 않는 "온전한 영생"에 이르러야 진리의 성령이라고 하는 것이다

요한일서 5:7
증거하는 이는 성령이시니 성령은 진리니라

고린도전서 2:13~14
13 ...신령한 일은 신령한 것으로 분별하느니라
14 ...이런 일은 영적으로라야 분변함이니라

요한복음 16:13
그러하나 진리의 성령이 오시면 그가 너희를 모든 진리 가운데로 인도하시리니 그가 자의로 말하지 않고 오직 듣는 것을 말하시며 장래 일을 너희에게 알리시리라

[요14:16~17]. 따라서 "다윗의 입을 의탁하사"라고 하신 말씀을 이성을 가지고 보면 지금 전 세계 기독교인들이 상상하는 성령이 아니라 "사람"임을 알게 된다.

요한복음 14:16
내가 아버지께 구하겠으니 그가 또 다른 보혜사를 너희에게 주사 영원토록 너희와 함께 있게 하시리니

"지로한 유다"는 예수 그리스도를 죽는 데 내어주는 "길 안내자, 길잡이 역할"을 한 가룟 유다를 말한다 [행1:15~18]. 자살한 가룟 유다의 결과를 기록해 두신 것은 예수 그리스도께서 재림하는 오는 세상이 될 때까지 2천 년 동안 예수 이름 사용하는 지도자들의 언행과 결과에 대한 교훈을 감추어 두신 말씀이다. 전세계에 얼마나 지로한 유다 같은 자들이 많은지 "자칭 목사가 된 자들"[왕상12:31]과 그 아래서 "하인 노릇하는 교인들"이 안다면 기절할 것이다.

열왕기상 12:31
저가 또 산당들을 짓고 레위 자손 아닌 보통 백성으로 제사장을 삼고

전 세계 기독교인들은 "예수께서 대답하시되 내가 너희 열둘을 택하지 아니하였느냐 그러나 너희 중에 한 사람은 마귀니라"[요6:70]고 기록해 두신 말씀은 안 믿고 모두 다 사단, 마귀, 귀신을 상상한다. 가룟 유다가 사단이요, 마귀이며, 귀신이 주인인 자다. 성경을 가지고 성경과 다른 거짓말로 가르치는 불의한 자가 바로 마귀이며, 사단이다. 성경을 가지고 하나님의 일을 생각지 아니하고, 사람의 일로 보고, 듣고, 가르치는 지도자들을 마귀라고 하셨으며, 이런 목사와 함께 신앙생활하는

신명기 32:17
그들은 하나님께 제사하지 아니하고 마귀에게 하였으니 곧 그들의 알지 못하던 신, 근래에 일어난 새 신, 너희 열조의 두려워하지 않던 것들이로다

하박국 2:18
새긴 우상은 그 새겨 만든 자에게 무엇이 유익하겠느냐 부어 만든 우상은 거짓 스승이라 만든 자가 이 말하지 못하는 우상을 의지하니 무엇이 유익하겠느냐

이사야 58:4
보라 너희가 금식하면서 다투며 싸우며 악한 주먹으로 치는도다 너희의 오늘 금식하는 것은 너희 목소리로 상달케 하려 하는 것이 아니라

빌립보서 3:2
개들을 삼가고 행악하는 자들을 삼가고 손할례당을 삼가라

역대상 21:12
혹 삼 년 기근일찌, 혹 네가 석달을 대적에게 패하여 대적의 칼에 쫓길 일일찌, 혹 여호와의 칼 곧 온역이 사흘 동안 이 땅에 유행하며 여호와의 사자가 이스라엘 온 지경을 멸할 일일찌 하셨나니 내가 무슨 말로 나를 보내신 이에게 대답할 것을 결정하소서

교인들을 두고 하나님께 제사하지 않고 마귀에게 하였으니[신32:17]라고 하셨으며, "우상 숭배"[합2:18] 한다고 판결하신다.

오직 예수 믿기만 하면 과거에 지은 죄도, 현재의 죄도, 심지어 미래에 지을 죄도 다 용서하시고 죽으면 천국 간다고 거짓말로 가르치며, 원하는 것은 무엇이든지 예수 이름으로 구하라고 말하는 자들이 바로 "악한 주먹으로 치는 자들"[사58:4]이며, 손으로 안수하며 예수 이름으로 귀신 쫓고, 병 고치는 표적과 기사를 구하는 "행악하는 자들"[빌3:2]이다. 이런 귀신의 처소 바벨론 같은 교회를 향해 "힘센 음성으로 외쳐 가로되 무너졌도다 무너졌도다 큰 성 바벨론이여 귀신의 처소와 각종 더러운 영의 모이는 곳과 각종 더럽고 가증한 새의 모이는 곳이 되었도다"[계18:2]라고 하신 말씀이 실상이 되어 여호와의 칼인 **코로나19 온역 재앙**[대상21:12]으로 1년이 넘게 전 세계를 징계하시며, 교회 문을 닫고 계신다. 코로나19의 최고 예방 수칙이 손을 씻고, 마스크를 하는 이유는 불법과 불의를 저지른 손을 씻고, 성경과 다른 거짓말하는 악한 입을 닫으라는 "하나님의 경고"이기 때문이다. 그러나 교회 지도자들은 이를 깨닫기는커녕 기도하자고만 한다. 이것은 말씀을 안

믿는 것이다. 사람이 만든 백신에만 의존하고, 나라마다 지도자들은 온갖 부정부패가 다 드러나도 부끄러운 줄도 모르고, 전 세계가 전체주의로 가고 있으며, 모두 돈에 미쳐 있는 세상이다. 그러나 이제 이런 자들이 일하는 시기가 끝났다!

지로한 유다 같은 자들에 의한 "참 과부의 송사" 이미 전 성경이 한 권으로 주어졌기에 더 이상 변명할 수 없다. 각자 자신들이 살아온 결과대로 판단하시고 심판하시는 때가 지금 이 세대이다. 은혜로교회 목사인 나를 통해 14년째 한 일이 어떤 일인지 알지도 못하면서 당을 지어 혀로 학대하고, 온 세상에 거짓말로 치욕을 주고 짓밟아서 하나님의 선한 일을 훼방한 자들은 저 밖에 다른 종교인들이 아니다. 자신들은 성경을 이미 잘 알고, 믿고 있다고 하는 "자칭 목사들"이며, "자칭 기독교인들"이다. 하나님의 아들을 가장 잔인하게 사형시킨 가룟 유다와 자칭 유대인들, 곧 사단의 회요, 마귀와 마귀의 자식들이 연합하여 당을 지어서 진리대로 이 땅에 오신 하나님의 아들을 죽인 것처럼 자칭 기독교인들, 자칭 목사들, 사단의 회인 예장합신 총회와 우리에게서 나가 후욕하는 자들이 세상 권력과 연합하여 "이단이란 프레임"을 씌워

요한계시록 3:9
보라 사단의 회 곧 자칭 유대인이라 하나 그렇지 않고 거짓말하는 자들 중에서 몇을 네게 주어 저희로 와서 네 발앞에 절하게 하고 내가 너를 사랑하는 줄을 알게 하리라

진리의 도를 훼방하고 핍박한 것이 바로 나와 은혜로 교회 성도들의 송사[사1:17, 23]다.

> 네 방백들은 패역하여 도적과 짝하며 다 뇌물을 사랑하며 사례물을 구하며 고아를 위하여 신원치 아니하며 과부의 송사를 수리치 아니하는도다 [사1:23]

"과부의 송사"를 수리치 않는 오늘날 교회 지도자들은 예수 그리스도께서 직접 하신 예언대로 실상이 된 "또 다른 보혜사 진리의 성령"인 나를 보지도 못하고, 알지도 못하면서[요14:17] 도리어 "이단이니, 사이비니" 비방하고 수치와 치욕을 주는 "좌편에 속한 자들"이며, 이들에 의해 성경에 예언된 대로[겔3:25~27] 2년 11개월째 옥에 갇혀 있다. 이처럼 악을 도모하는 목사들을 향해 하나님께서는 "신실하던 성읍이 어찌하여 창기가 되었는고 공평이 거기 충만하였고 의리가 그 가운데 거하였었더니 이제는 살인자들 뿐이었도다"[사1:21]라고 책망하시며, 예수 이름으로 돈을 탐하는 가룟 유다처럼 성경과 다른 거짓 설교를 하는 자들을 향해 "네 은은 찌끼가 되었고 너의 포도주에는 물이 섞였도다"[사1:22]라고 판결하셨다. 하나님께서 친히 증거하시는 전대미문의 새 언약[히8:7~13]을 대언하는 나를 "이단이니, 사이비니" 정죄하고 옥에 가둔 "참 과부의 송사"를 수리

선행을 배우며 공의를 구하며 학대받는 자를 도와주며 고아를 위하여 신원하며 과부를 위하여 변호하라 하셨느니라

요한복음 14:17
저는 진리의 영이라 세상은 능히 저를 받지 못하나니 이는 저를 보지도 못하고 알지도 못함이라 그러나 너희는 저를 아나니 저는 너희와 함께 거하심이요 또 너희 속에 계시겠음이라

에스겔 3:25~27
25 인자야 무리가 줄로 너를 동여매리니 네가 그들 가운데서 나오지 못할 것이라
26 내가 네 혀로 네 입천장에 붙게 하여 너로 벙어리 되어 그들의 책망자가 되지 못하게 하리니 그들은 패역한 족속임이니라
27 그러나 내가 너와 말할 때에 네 입을 열리니 너는 그들에게 이르기를 주 여호와의 말씀이 이러하시다 하라 들을 자는 들을 것이요 듣기 싫은 자는 듣지 아니하리니 그들은 패역한 족속임이니라

치 아니하면 "내가 장차 내 대적에게 보응하여 내 마음을 편케 하겠고 내 원수에게 보수하겠으며"[사1:24]라고 하신 말씀이 실상이 되어 이 땅에 코로나19보다 더한 재앙이 내릴 것이다.

히브리서 8:8
저희를 허물하여 일렀으되 주께서 가라사대 볼찌어다 날이 이르리니 내가 이스라엘 집과 유다 집으로 새 언약을 세우리라

"사람의 증거"로는 이길 수 없었던 "사도 바울의 송사"

¹바울이 공회를 주목하여 가로되 여러분 형제들아 오늘날까지 내가 범사에 양심을 따라 하나님을 섬겼노라 하거늘 ²대제사장 아나니아가 바울 곁에 섰는 사람들에게 그 입을 치라 명하니 ³바울이 가로되 회칠한 담이여 하나님이 너를 치시리로다 네가 나를 율법대로 판단한다고 앉아서 율법을 어기고 나를 치라 하느냐 하니 [행23:1~3]

우편에 속한 사도 바울은 당시 자칭 유대인들의 공회인 사단의 회와 논쟁을 한다[행23:1~6]. 이 말씀 속에는 2021년 지금 이 세대까지 전 세계 유대교, 천주교, 기독교의 실상이 감추어져 있다. "유대인의 공회"란 오늘날 목사들의 모임인 "총회"를 뜻한다. 바울이 부활하신 하나님의 아들을 다메섹 도상에서 만나 회심한 후 "나사렛 이단의 괴수"라고 세상법에 고소당한

송사에서 바울은 유대인들과 제사장들이 있는 공회에서 자신에 대해 변론한다[행22~23장]. 그러나 당대에 최고로 영성이 높다는 사도 바울일지라도 나사렛 이단의 괴수라고 고소당한 논쟁을 잠재울 수 없었다. 이유는 당시는 하나님께서 정하신 때가 아니었고, 우편으로는 좌편을 이길 수 없기 때문이다. 비록 우편에 속할지라도 온전한 것이 아니었기 때문이다.

이것은 역사가 증명하고 있고, 바울이 대적자들에 의해 순교당한 것 또한 명백한 증거일 뿐만 아니라 사도 바울을 통해 세워졌던 교회들이 다 무너진 것이 그 증거다. 전 세계 이방 나라, 이방 민족에게 유대교보다 기독교와 천주교가 더 많이 퍼져 세계 구석구석까지 예수 이름이 전파되는데 지대한 역할을 했지만, 결과는 "나는 사람에게서 영광을 취하지 아니하노라 다만 하나님을 사랑하는 것이 너희 속에 없음을 알았노라"[요 5:41~42] 하신 말씀에 해당한다는 사실을 알아야 한다. 사도 바울은 하나님의 말씀을 기록하였어도 감추어 두신 천국의 비밀은 몰랐으며, "천국의 비밀"은 반드시 하나님께서 정하신 때에, 정하신 사람을 통해 친히 증거하신다.

"온전한 것이 올 때에는 부분적으로 하던 것이 폐하리

라” 고 하신 것은 결국 성경을 기록한 저자들도 “사람의 증거”에 해당했다는 뜻이 감추어져 있다. 지금 이 말이 사실인 것은 이미 40여 명의 성경 저자들도 나를 통해 14년째 대언하고 있는 천국의 비밀을 단 하나도 알지 못했고, 하나님의 명령인 영생[요12:50]을 온전히 얻은 사람 또한 단 한 명도 없었으며, 예수 그리스도께서 “나는 부활이요 생명이니 나를 믿는 자는 죽어도 살겠고 무릇 살아서 나를 믿는 자는 영원히 죽지 아니하리니”[요11:25~26]라고 하신 말씀이 실상이 된 사람 또한 2021년 동안 예수 그리스도를 제외하고 단 한 명도 없었다는 것이 명백한 증거다. 그러므로 부분적으로 성경을 보고 아는 것은 진리를 아는 것이 아니다. 이 사실을 인정하지 않으면 구원과도 관계가 없다. 그래서 “그러나 나는 사람에게서 증거를 취하지 아니하노라 다만 이 말을 하는 것은 너희로 구원을 얻게 하려 함이니라”[요5:34]고 하셨던 것이다. 다른 말로 하면 사람의 증거로는 구원을 얻지 못한다는 뜻이다.

성경은 하나님의 나라인 천국의 비밀을 감추어 두신 신령한 일이다. 신령하신 하나님의 뜻이 감추어져 있는 것이므로, 하나님만이 하나님의 뜻을 증거하실 수 있다. 따라서 피조물이 창조주 하나님을 알 수 없고,

고린도전서 13:9~10
9 우리가 부분적으로 알고 부분적으로 예언하니 10 온전한 것이 올 때에는 부분적으로 하던 것이 폐하리라

요한복음 12:50
나는 그의 명령이 영생인 줄 아노라 그러므로 나의 이르는 것은 내 아버지께서 내게 말씀하신 그대로 이르노라 하시니라

반드시 하나님께서 알게 해주셔야 알 수 있다. 또한 "하나님은 모든 행하시는 것을 스스로 진술치 아니하시나니"[욥33:13]라고 말씀하신 것처럼 영원 전부터 현재까지, 앞으로 있을 여호와 하나님의 행하시는 일을 나를 통하여 14년째 실행하시고 계시는 것은 "하나님의 행하심"이다. 이제야말로 전 성경 속에 감추어 두신 진리가 참 진리임을 창세 이래 최초로 하나님께서 친히 드러내시고 계신 것이고, 증거하시고 계신 것이다. 부분이 아니라 "온전한 것"으로 증거하시고 계신 것이다. 이 일에 진리의 영으로 충만한 온전한 것인 나, 신옥주 목사를 사용하시는 것이다.

그래서 "내가 네게 장가들어 영원히 살되 의와 공변됨과 은총과 긍휼히 여김으로 네게 장가들며 진실함으로 네게 장가들리니 네가 여호와를 알리라"[호2:19~20]고 하신 말씀 속에 "또 다른 보혜사인 진리의 성령"에 대한 비밀이 감추어져 있었고, 진리의 성령은 반드시 "여자"라야 하며, 창세 이래 그 누구도 실상으로 이루어진 적이 없던 예언임을 지나온 역사가 증명해준다. 지금 전 세계에 그 누구도 본문의 주인공이라고 온 세상에 증명한 사람도, 증명할 사람도 2021년 6월 25일 현재까지, 앞으로도 영원히 "나" 외에 아무도 없다. 나 또한 하나님께서 나를 사용하셔서 행하신 하나님의 일로 인하여 감옥에 갇힌 2018년 7월 24일 이후가 되어서 비로소 호세아 2장 19~20절 말씀의 주인공이 "나"라는 것을 밝히는 것이다.

호세아 2:19~20
19 내가 네게 장가들어 영원히 살되 의와 공변됨과 은총과 긍휼히 여김으로 네게 장가들며
20 진실함으로 네게 장가들리니 네가 여호와를 알리라

이제야 온전히 "진리의 성령"을 통한 "하나님의 증거"가 이 땅에 실상이 된다

²¹여호와께서 가라사대 그날에 내가 응하리라 나는 하늘에 응하고 하늘은 땅에 응하고 ²²땅은 곡식과 포도주와 기름에 응하고 또 이것들은 이스르엘에 응하리라 ²³내가 나를 위하여 저를 이 땅에 심고 긍휼히 여김을 받지 못하였던 자를 긍휼히 여기며 내 백성 아니었던 자에게 향하여 이르기를 너는 내 백성이라 하리니 저희는 이르기를 주는 내 하나님이시라 하리라 [호2:21~23]

하나님께서 장가드시는 여자, 진리의 성령인 내가 실상이 되어 이 땅에 나타날 때 "여호와께서 가라사대 그날에 내가 응하리라"고 하신 말씀이 실상이 된다. "응하다"는 말은 하나님께서 전 성경을 통하여 미리 기록해 두신 모든 질문, 의문에 대하여 그에 맞는 행동을 하신다는 뜻이다. 즉 하나님 나라 모든 비밀을 하나님

께서 친히 대답하시고, 언약하신 말씀이 사실임을 실상으로 응답하신다는 뜻이다. 따라서 호세아 2장의 말씀은 2천 년 전에 이 땅에 오신 예수 그리스도에 대한 예언이 절대 아니다. 2021년 6월 25일 현재, 곧 2771년이 지난 지금 실상이 되는 예언이라는 하나님의 확실한 증거가 바로 "나"다. 그래서 육체도 죽지 않는 "영생"이 실상이 되고, 성경을 사용하는 모든 사람들이 상상하는 성령이 아니라 "온전한 실상"이라는 것을 나를 통하여 하나님께서 증명하시는 것이다.

"나는 하늘에 응하고"라고 하신 말씀은 하늘에 속한 자, 하나님이 영원히 거하시는 성전된 자, 또 다른 보혜사인 진리의 성령, 해를 입은 여자, 하늘의 일을 대언하는 "나"에게 하나님께서 먼저 응하시고, "하늘은 땅에 응하고"라고 하신 말씀 또한 사실이 되어 "하나님의 아들들"[롬8:14, 19]이 태어나고 있다. 이때 이 세상에 속한 자들에 의해 나와 성도들이 감옥에 갇히는 "참 과부의 송사"가 성경에 예언된 그대로 이 땅에 사실이 되어 이루어진 것이다. 그렇기에 누구든지 성령을 거역하면 이 세상과 오는 세상에서도 사하심을 얻지 못하고 영원한 죄에 처한다[마12:31~32, 눅12:10, 막3:28~29]고 하신 말씀과 누구든지 하나님의 성전을

로마서 8:14, 19
14 무릇 하나님의 영으로 인도함을 받는 그들은 곧 하나님의 아들이라
19 피조물의 고대하는 바는 하나님의 아들들의 나타나는 것이니

마태복음 12:32
또 누구든지 말로 인자를 거역하면 사하심을 얻되 누구든지 말로 성령을 거역하면 이 세상과 오는 세상에도 사하심을 얻지 못하리라

더럽히면 하나님이 그 사람을 멸하신다[고전3:16~17]
고 하신 말씀대로 이미 하나님의 징계가 시작되었다.

예수 그리스도께서 약속하신 진리의 성령인 나를 통해
"하나님의 증거"인 "전대미문의 새 언약"[히8장]을 14년
째 선포하는 이 일을 성경을 단 한 절도 알지 못하고 믿지
도 않는 "지로한 유다" 같은 감리교 이인규 권사, 예장합
신 박형택 목사, 후욕하는 자들이 함께 연합하여 옥에 가
두고 학대한 "참 과부의 송사"를 통해 가짜는 가짜일 뿐
절대 진실을 이길 수 없음을 하나님의 증거로 증명한다.
그 누구도 하나님의 큰일을 막을 자는 아무도 없다. 진실
로 회개하고 공개 사과하지 아니하면 성령을 훼방한 죄
로 이 세상에서도, 오는 세상에서도 사함을 받지 못하는
영원한 죄에 처하게 될 것임을 경고한다.

고린도전서 3:16~17
16 너희가 하나님의 성전
인 것과 하나님의 성령이
너희 안에 거하시는 것을
알지 못하느뇨
17 누구든지 하나님의 성
전을 더럽히면 하나님이
그 사람을 멸하시리라 하
나님의 성전은 거룩하니
너희도 그러하니라

3

반드시 **"좁은 문, 생명의 길"**을 찾고 찾아라

「조선일보, 동아일보」 2021년 7월 2일 금요일

스마트폰으로 QR 코드를 스캔 하시면
[이제 온 천하는 잠잠하라] 전문을 다운로드 받을 수 있습니다.

"블랙홀"처럼 교인들을 죽음으로 이끄는
영혼 살인자들의 정체

사랑하는 자들아 영을 다 믿지 말고 오직 영들이 하나님
께 속하였나 시험하라 많은 거짓 선지자가 세상에 나왔음
이니라 [요일4:1]

성경만이 살아 계신 하나님의 말씀이요 진리인데,
성경을 가지고 거짓말로 설교하는 사람을 "거짓 선
지자"라고 한다. 이들은 "미혹케 하는 영과 귀신의 가르
침을 좇는 자들"[딤전4:1~2]로 혀로 말로만 "예수님, 나
는 죄인입니다. 예수님을 내 구주로 영접합니다. 예
수 이름으로 기도합니다. 아멘" 하면 "예수님이 당
신 마음에 계십니다. 어떤 죄도 다 용서하셨고 당신
은 죽으면 천국 갑니다"라는 새빨간 거짓말로 교인들
의 생각과 마음을 지옥불의 설교로 인을 쳐서 영원한
지옥으로 보내는 자들이다. 그래서 "영을 다 믿지 말고

디모데전서 4:1
그러나 성령이 밝히 말씀
하시기를 후일에 어떤 사
람들이 믿음에서 떠나 미
혹케 하는 영과 귀신의
가르침을 좇으리라 하셨
으니

오직 영들이 하나님께 속하였나 시험하라"[요일4:1]고 하셨던 것이다. "영"을 상상하면 절대 안 된다. 이런 자들은 가르치는 "귀신의 영"으로 충만한 거짓 선지자, 즉 사람들이다. 예수님께서 선지자직, 왕직, 제사장직으로 오신 분이라고 신학교에서 가르치면서도 자신들이 무슨 말을 하는지 아무것도 모른다. "거짓 선지자"라는 말 속에 감추어진 하나님의 뜻을 모른다. 전부 성경을 사용하고, 예수 이름 이용만 하여 자신은 물론이고, 교인들을 영원한 멸망인 지옥불에 보내는 "영혼 살인자들"이다. 문제는 전 세계에 이런 거짓 선지자가 너무 많다는 사실이다.

전 성경을 가지고 일생 밥벌이 수단으로 삼는 자들은 문자적인 기록 속에 감추어 두신 하나님의 뜻은 단 한 절도 보지도, 듣지도, 믿지도, 깨닫지도 못하면서 자신들이 지어낸 새빨간 거짓말로 설교하여 멸망으로 인도하는 "거짓 선지자들"이다. 이들이 있는 곳은 예수 이름, 하나님의 이름 사용하는 "교회"이며, 크고 넓어 누구든지 아무나 다 들어가서 수천, 수만, 수십만 명의 교인들이 있는 부자 교회가 되었지만 진리인 살아 계신 하나님의 말씀은 단 한 마디도 전하지 않는 광야 같고 사막 같은 교회다. 이들의 욕심은 끝이

마태복음 7:13~14
13 좁은 문으로 들어가라 멸망으로 인도하는 문은 크고 그 길이 넓어 그리로 들어가는 자가 많고
14 생명으로 인도하는 문은 좁고 길이 협착하여 찾는 이가 적음이니라

없어서 마치 "블랙홀" 같다. 빛이나 물체 따위가 그곳으로 들어가면 탈출할 수 없다는 가설적인 우주 영역이라고 하는 블랙홀 같은 교회와 목사, 사제들을 두고 "영원한 결박으로 흑암에 가두셨다"[유1:5~6]고 말씀하셨다.

> [5]너희가 본래 범사를 알았으나 내가 너희로 다시 생각나게 하고자 하노라 주께서 백성을 애굽에서 구원하여 내시고 후에 믿지 아니하는 자들을 멸하셨으며 [6]또 자기 지위를 지키지 아니하고 자기 처소를 떠난 천사들을 큰 날의 심판까지 영원한 결박으로 흑암에 가두셨으며 [유1:5~6]

이 예언은 모세를 통해 이스라엘 백성을 출애굽시켜 홍해를 건너고 광야에서 다 죽은 구약 당시 일을 말한 것 같으나 아니고, "광야교회"[행7:38] 같은 이 세상에서 예수 이름으로 2021년 7월 2일 지금 이날까지 전 세계 성경을 사용하는 종교인들이 자행하고 있는 실체를 감추고 기록하신 예언이다. "애굽"[계11:8] 같은 세속적인 세상에 사는 사람들을 예수 이름으로 불러내어 광야 같은 교회에서 신앙생활하는 중 믿지 않는 자들은 다 멸망받아 지옥불에 가는 것을 뜻하신다. 이들은 자기 지위를 지키지 않고, 혀로 예수 이름, 하나님의 이름 사용하는 "자칭 목사들"이며

사도행전 7:38
시내산에서 말하던 그 천사 및 우리 조상들과 함께 광야 교회에 있었고 또 생명의 도를 받아 우리에게 주던 자가 이 사람이라

요한계시록 11:8
저희 시체가 큰 성길에 있으리니 그 성은 영적으로 하면 소돔이라고도 하고 애굽이라고도 하니 곧 저희 주께서 십자가에 못박히신 곳이니라

[유1:5~6], 전 우주적인 일곱째 날이자 심판날인 지금 이때 "아름다운 열매를 맺지 아니하는 나무마다 찍혀 불에 던지우느니라"[마7:19]고 하신 말씀에 해당하는 자들로서 부활하신 예수 그리스도께서 세세토록 받으신 사망과 음부의 열쇠[계1:18]로 심판하시고 계신다. 즉 예수 그리스도께서 전하신 하나님의 뜻은 단 한 절도 안 믿으면서 입으로 "오직 예수" 부르기만 하면 구원받는다고 한 거짓 설교가 영원한 흉악의 결박이 되어 캄캄한 흑암에 갇힌 것이다. 그래서 이들이 가르치는 성경과 다른 거짓말에 속게 되면 다시는 빠져 나오지 못하는 블랙홀처럼 영원히 둘째 사망인 지옥불에 가게 된다. 전 세계 성경을 사용하는 모든 종교들이 성경과 다른 거짓말하는 지도자들로 인해 이 말씀이 실상이 되어 있다.

요한계시록 1:18
곧 산 자라 내가 전에 죽었었노라 볼찌어다 이제 세세토록 살아 있어 사망과 음부의 열쇠를 가졌노니

훼방하는 판결을 쓰지 못한
"미가엘 천사장"의 비밀

천사장 미가엘이 모세의 시체에 대하여 마귀와 다투어 변론할 때에 감히 훼방하는 판결을 쓰지 못하고 다만 말하되 주께서 너를 꾸짖으시기를 원하노라 하였거늘 [유1:9]

미가엘 천사장과 다투는 "마귀"는 살았다 하는 예수 이름은 가지고 있으나 영적으로 죽은 상태[계3:1]에서 시집가고, 장가가고, 교회 다니고, 목회를 하면서 하나님의 권위를 업신여기고, 영원히 영광을 받으셔야 할 하나님의 일을 훼방하며, 하나님의 것인 사람들을 영적으로 더럽히고, 죄를 짓게 만들어서 지옥에 보내는 사역을 하는 "교회 지도자들"이다. 이들은 자신들이 한 행위대로 영원한 지옥불의 형벌을 이미 받았고, 받고 있고, 받을 것이다[옵1:15].

요한계시록 3:1
사데 교회의 사자에게 편지하기를 하나님의 일곱 영과 일곱 별을 가진 이가 가라사대 내가 네 행위를 아노니 네가 살았다 하는 이름은 가졌으나 죽은 자로다

오바댜 1:15
여호와의 만국을 벌할 날이 가까왔나니 너의 행한 대로 너도 받을 것인즉 너의 행한 것이 네 머리로 돌아갈 것이라

이런 자들이 "영원한 생명의 길"로 인도하는 나를 통한 하나님의 큰일을 "이단이니, 사이비니"라는 말로 학대하고 핍박하여 좁고 협착하게 만든 것이다. 이들은 하나님의 원수인 "가인과 에서 족속들"이다. 2008년 6월 16일부터 지금까지 이들에 대해 "감히 훼방하는 판결을 쓰지 못하고 다만 말하되 주께서 너를 꾸짖으시기를 원하노라"[유1:9]고 하신 말씀대로 판결하였으나, 오늘부터는 창조주 하나님의 판결하심을 대언하는 심판이 된다. 멸망으로 인도하는 크고 넓은 문에서 자신은 물론이고 교인들을 지옥으로 보내는 자들은 하나님 자리에 앉아 왕 노릇하는 "마귀, 가르치는 귀신, 용, 사단, 뱀, 독사, 각종 짐승, 거짓 선지자, 거짓 선생,

아바돈, 아볼루온, 미운 물건, 우상, 악어, 우상 숭배
하는 자들, 무저갱의 사자, 곧 지옥의 사자"로 여러
부분, 여러 모양으로 기록된[히1:1] 이들의 실상을 온
천하에 진술하여 고발하고 송사한다.

히브리서 1:1
옛적에 선지자들로 여러
부분과 여러 모양으로 우
리 조상들에게 말씀하신
하나님이

미가엘 천사장에게 "훼방하는 판결을 쓰지 못하고"라
고 하신 것은 절대 자의로, 곧 자기 스스로의 생각이
나 의견, 제멋대로 하는 생각, 일정한 질서를 무시하
고 제멋대로 하는 것으로 해석하지 않는다는 뜻이다.
이에 대해 예수 그리스도께서 "진리의 성령이 오시면
그가 너희를 모든 진리 가운데로 인도하시리니 그가 자의로
말하지 않고 오직 듣는 것을 말하시며 장래 일을 너희에게
알리시리라 그가 내 영광을 나타내리니 내 것을 가지고 너
희에게 알리겠음이라 무릇 아버지께 있는 것은 다 내 것
이라"[요16:13~15]고 증거하셨다. 따라서 "미가엘 천사
장"은 진리인 성경에 기록된 그대로 실상이 된 "진리
의 성령"에 대한 다른 지칭이다. 미가엘 천사장에 대
한 기록은 거룩한 강대상에서 성경과 다른 거짓말로
설교하는 마귀와 그 세력들에 대하여 하나님의 판결
하심을 대언하는 나의 14년째 이 일에 대한 하나님의
증거다.

진리의 성령인 나, 신옥주 목사는 단 한 번도 자의

로 말하지 않고 신령한 것을 신령한 것으로 증명하여[고전2:13~14] 하나님의 뜻을 대언하여 판결하였다. 그러므로 나를 통한 이 판결은 창조주 하나님의 법으로, 진리 그대로 판결하는 것이다. 그 누구도, 어떤 사람도 이 판결을 대적할 수 없고, 훼방하는 자들은 전 성경에 기록된 심판의 말씀대로 모든 재앙을 받고 영원한 죄에 처한다[마12:31, 막3:29].

> 이 사람들은 무엇이든지 그 알지 못하는 것을 훼방하는도다 또 저희는 이성 없는 짐승같이 본능으로 아는 그것으로 멸망하느니라 [유1:10]

성경은 조각, 곧 부분만 가지고 사람이 본능적으로 아는 지식으로 절대 알 수 없는 천국의 비밀이다. 따라서 거짓 선지자들은 예수 이름, 하나님의 이름을 사용하지만 멸망으로 인도하는 문에서 자신도 알지 못하는 말로 자의로 설교하여 영원히 멸망하는 사람들이다[유1:10]. 이들은 성경을 가지고도 단 한 절의 천국의 비밀도 모르면서 성경을 성경대로 해석하여 보고, 듣고, 믿고, 지켜 실행한 나를 "이단이니, 사이비니" 하며 이 일을 훼방한 자들이며, 자신들이 한 언행으로 인하여 영원히 캄캄한 흑암인 지옥불에 떨어져서 혀에 물 한 방울 먹지 못하는 징벌을 받을 자칭 목사,

고린도전서 2:13~14
13 ...신령한 일은 신령한 것으로 분별하느니라
14 ...이런 일은 영적으로라야 분변함이니라

마태복음 12:31
그러므로 내가 너희에게 이르노니 사람의 모든 죄와 훼방은 사하심을 얻되 성령을 훼방하는 것은 사하심을 얻지 못하겠고

마가복음 3:29
누구든지 성령을 훼방하는 자는 사하심을 영원히 얻지 못하고 영원한 죄에 처하느니라 하시니

자칭 기독교인들이다[유1:11~13, 16]. 이들은 혀로 나를 학대하고 하나님의 큰일을 훼방하여 14년째 "육체도 죽지 않고 영원한 생명"으로 인도하는 이 길을 훼방하는 하나님의 원수들이다.

"생명으로 인도하는 문"은 좁고 길이 협착하여

⁵그 상층의 방은 제일 좁으니 이는 툇마루들을 인하여 하층과 중층보다 상층이 더 줄어짐이라 ⁶그 방이 삼층이라도 뜰의 기둥 같은 기둥이 없으므로 그 상층이 하층과 중층보다 더욱 좁아짐이더라 [겔42:5~6]

에스겔 선지자를 통해 예언하신 "그 상층의 방은 제일 좁으니"라는 말씀은 예수 그리스도께서 말씀하신 "좁은 문"[마7:14]에 대한 구약의 예언이다. 이 말씀이 실상이 되는 때는 "여호와의 날, 인자의 날"인 지금 이 세대이며, 영적으로 하층, 중층, 상층의 단계를 이미 실행하고 있는 하나님의 큰일을 뜻한다. "하층"은 예수 이름 사용하는 좌편, 곧 왼편에 속한 자들이 이에 해당하며, 예수 그리스도께 지금도 가시 면류관을 씌우고 있는 **가룟 유다** 같은 자들이 지금 현재까지 이어

유다서 1:11~13, 16

11 화 있을찐저 이 사람들이여, 가인의 길에 행하였으며 삯을 위하여 발람의 어그러진 길로 몰려 갔으며 고라의 패역을 좇아 멸망을 받았도다
12 저희는 기탄 없이 너희와 함께 먹으니 너의 애찬의 암초요 자기 몸만 기르는 목자요 바람에 불려 가는 물 없는 구름이요 죽고 또 죽어 뿌리까지 뽑힌 열매없는 가을 나무요
13 자기의 수치의 거품을 뿜는 바다의 거친 물결이요 영원히 예비된 캄캄한 흑암에 돌아갈 유리하는 별들이라
16 이 사람들은 원망하는 자며 불만을 토하는 자며 그 정욕대로 행하는 자라 그 입으로 자랑하는 말을 내며 이를 위하여 아첨하느니라

마태복음 7:14

생명으로 인도하는 문은 좁고 길이 협착하여 찾는 이가 적음이니라

져 오고 있고, "중층"에 해당하는 자들은 우편, 곧 오른편, 오른손에 해당한다. 창세 이래 지금 이 세대까지 하나님의 말씀인 성경을 사용하는 모든 종교인들이 좌편 아니면 우편에 해당하며, 이들 모두는 조각, 곧 부분을 사용한 것이다. 진리의 성령인 내가 이 땅에 실상으로 와서 전대미문의 새 언약을 하기 전까지 전부 이 세상에 속하는 자들에게 허락하신 기간이었고, 그 6일간(구약 4천 년 + 신약 2천 년 = 6천 년, 벧후3:8절로 해석하면 6일 동안)은 하늘에 속한 자들은 순교를 당했다.

전 우주적인 일곱째 날
6일간(구약 4천 년 + 신약 2천 년 = 6천 년, 벧후 3:8절로 해석하면 6일.

베드로후서 3:8
사랑하는 자들아 주께는 하루가 천년 같고 천년이 하루 같은 이 한 가지를 잊지말라

내가 옥에 갇히고 온 세상에 치욕을 당하고 있는 이유는 "하층"에 해당하는 자들 아래서 종교생활을 하던 성도들을 유튜브를 통해 전하는 하나님의 말씀을 듣고 귀신의 처소에서 빠져 나오게 했기 때문이며, 성경대로 보고 듣고 믿고 지켜 실행하는 과정 중에 우리 안에 함께 있었던 하층에 속한 자들이 성경에 예언된 그대로, 자신들이 하층에 속한 자들임을 스스로 밝힌 사건이 바로 나와 성도들을 옥에 가둔 "참 과부의 송사"다. 그러나 이 일에는 의인을 영원히 대속하시는 하나님의 완전한 지혜와 모략이 감추어져 있다.

[13]좁은 문으로 들어가라 멸망으로 인도하는 문은 크고

그 길이 넓어 그리로 들어가는 자가 많고 ¹⁴생명으로 인
도하는 문은 좁고 길이 협착하여 찾는 이가 적음이니라
[마7:13~14]

따라서 "온전한 중층과 상층"을 실상으로 이루고 온
길이 2008년 6월 16일부터 지금 이 시간까지다. "온
전한 상층의 소리"로 죄가 없는 오는 세상[계21장]을 준
비하는 나와 은혜로교회 성도들이 걸어가고 있는 이
길이 진실로 좁은 문[마7:14]이요, 영원한 생명의 길[요일
2:25]이다. 전 세계 그 누구도 지켜 실행하지 않은 예
수 그리스도께서 하신 계명대로 "내가 진실로 너희에
게 이르노니 나와 및 복음을 위하여 집이나 형제나 자매나
어미나 아비나 자식이나 전토를 버린 자는 금세에 있어 집
과 형제와 자매와 모친과 자식과 전토를 백배나 받되 핍박
을 겸하여 받고 내세에 영생을 받지 못할 자가 없느니라"[막
10:29~30]고 하신 말씀을 그대로 지켜 실행한 나와 은
혜로교회 성도들이 거짓 선지자들, 성경과 다른 거짓
말을 하는 자들, 멸망으로 인도하는 문에 선 자들로
인해 옥에 갇히기까지 핍박받아 이 길이 좁고 협착하
게 된 것이다. 또한 나를 통해 감추어 두신 천국의 비
밀과 하나님의 뜻이 밝히 드러나 거짓 선지자들의 실
체가 만천하에 밝혀지자, 결국 "이단이란 프레임"을 씌
워 악의적인 거짓말로 위증하여 7년형을 선고한 결

요한일서 2:25
그가 우리에게 약속하신
약속이 이것이니 곧 영원
한 생명이니라

과 지금도 옥에 갇혀 있다. 이들은 진리를 모르는 교인들과 하나님의 자녀들에게 살아 계신 하나님의 말씀인 전대미문의 새 언약을 듣지 못하도록 이 길을 좁고 협착하게 만들어 복음 전도를 훼방하는 사단이요 마귀들이다.

그러나 이 "좁은 문"은 실상은 "영원히 넓은 문"이다. 상층의 좁은 문을 통과하는 기간에 하층에 있는 자들인 "좌편"과 중층에 속하는 자들인 "우편"의 훼방으로 핍박과 고난을 받는 것은 진리를 모르고 살았던 삶의 결과로 인한 보응과 함께, 영원한 생명을 얻기 위해 "한 몫의 삶"[마19:29, 막10:29~30, 눅18:29~30]을 버려야 하기 때문이다. 또한 이 길은 온 세상이 알 수도 없고, 믿지도 않고, 아무도 가보지 않은 "첫 길"이라 숫자가 극히 적어서[시105:12] "좁은 문"이다. 현재는 나와 은혜로교회 성도들이 이 단계를 지나가고 있는 중이다.

따라서 이 일은 하나님의 계명을 지켜 실행한 길이기에 고통스럽지만, 이 길만이 "유일한 생명의 길"이요 "유일한 좁은 문"이다. 이 외에 좁은 문, 생명의 길은 전부 거짓말이다. B.C 593년경에 기록된 예언[겔42:4~5]이 2614년이 지난 2021년 지금, 실상의 기초를 세우고 있는 중이다. 좁은 문, 좁은 길을 누가 설교

마태복음 19:29
또 내 이름을 위하여 집이나 형제나 자매나 부모나 자식이나 전토를 버린 자마다 여러 배를 받고 또 영생을 상속하리라

누가복음 18:29
이르시되 내가 진실로 너희에게 이르노니 하나님의 나라를 위하여 집이나 아내나 형제나 부모나 자녀를 버린 자는

시편 105:12
때에 저희 인수가 적어 매우 영성하며 그 땅에 객이 되어

에스겔 42:4~5
4 그 두 방 사이에 통한 길이 있어 광이 십척이요 장이 일백척이며 그 문들은 북을 향하였으며
5 그 상층의 방은 제일 좁으니 이는 툇마루들을 인하여 하층과 중층보다 상층이 더 줄어짐이라

하든 그들은 다 가짜다. 실상은 말 그대로 실상이므로 허상이 아무리 흉내를 내어도 절대 따라올 수 없는 거짓임이 다 드러나고, 도리어 자신들이 가짜라고 스스로 증거하는 것이다. 또한 이 좁은 문은 반드시 이사야 49장 말씀의 주인공들이어야 하며, 이미 기초를 세우고 있어서 반드시 온 세상에 영원히 증명이 된다.

"내 대적의 기록한 소송장"이 내게는 있다

[16]내가 너를 내 손바닥에 새겼고 너의 성벽이 항상 내 앞에 있나니 [17]네 자녀들은 속히 돌아 오고 너를 헐며 너를 황폐케 하던 자들은 너를 떠나가리라 [18]네 눈을 들어 사방을 보라 그들이 다 모여 네게로 오느니라 나 여호와가 이르노라 내가 나의 삶으로 맹세하노니 네가 반드시 그 모든 무리로 장식을 삼아 몸에 차며 띠기를 신부처럼 할 것이라 [19]대저 네 황폐하고 적막한 곳들과 네 파멸을 당하였던 땅이 이제는 거민이 많으므로 좁게 될 것이며 너를 삼켰던 자들이 멀리 떠날 것이니라 [사49:16~19]

하나님께서 이사야 선지자를 통해 나를 10년이 넘게 "이단이니, 사이비니"라는 말로 학대하고 괴롭히며 옥에 가두기까지 핍박한 자들을 두고 "너를 삼켰던 자들"[사49:19]이라고 하셨다. "삼키다"라는 말을 성경을 성경으로 해석하면 사람이 본능적으로 아는 삼키는 것이 아니라 "저가 하늘에서 보내사 나를 삼키려는 자의 비방에서 나를 구원하실찌라"[시57:3]고 하신 말씀대로 악의적인 말로 괴롭히는 것을 말한다. 비방이란 남을 나쁘게 말하고 헐뜯고 욕하는 것을 의미한다. 자칭 평신도 이단 상담가라는 감리교 이인규 권사 한 사람이 자신과 아무 상관도 없고, 타인이요 남이며 장로교 목사인 나를 자신의 밥벌이 수단으로 삼아 인터넷에 새빨간 거짓말로 비방하기 시작했다. 전대미문의 성경적인 개혁[히9:10]을 하는 하나님의 큰일을 두고 "원숭이 궁둥이는 빨개, 빨간 것은 사과"라는 미친 말로 비방하기 시작했고, 인터넷을 타고 일파만파 퍼지더니, 결국 법정에서 아무것도 모르는 검사의 입에서까지 "이단, 사이비"라고 비방하는 말을 듣게 만들었다. 진리의 도를 훼방하는데 누룩 역할을 한 이인규 권사는 하나님 나라와 아무 관계가 없는 남이며, 그 사람에게 권사 직분을 준 감리교단도 하나님과 아무 상관이 없는 남이다. 일면식도 없는 자칭 목사들이, 자칭 기독교인들이 무슨 짓을 했는지 하나님께서 다 보셨고, "영원한 생명의 길"을 좁고 협착하게 만든 이들에 대한 "소송장"이 내게 있다. 이 소송장으로 그들이 무슨 짓을 했는지 하나하나 밝혀서

히브리서 9:10
이런 것은 먹고 마시는 것과 여러 가지 씻는 것과 함께 육체의 예법만 되어 개혁할 때까지 맡겨 둔 것이니라

하나님의 법으로 싸울 것이다. 거짓은 거짓일 뿐 절대 진실을 이길 수 없다는 것을 만천하에 밝힐 것이다.

> 누구든지 나의 변백을 들을찌니라 나의 서명이 여기 있으니 전능자가 내게 대답하시기를 원하노라 내 대적의 기록한 소송장이 내게 있었으면 [욥31:35]

이사야 1:17, 23
17 선행을 배우며 공의를 구하며 학대 받는 자를 도와주며 고아를 위하여 신원하며 과부를 위하여 변호하라 하셨느니라
23 네 방백들은 패역하여 도적과 짝하며 다 뇌물을 사랑하며 사례물을 구하며 고아를 위하여 신원치 아니하며 과부의 송사를 수리치 아니하는도다

신명기 27:19
객이나 고아나 과부의 송사를 억울케 하는 자는 저주를 받을 것이라 할 것이요 모든 백성은 아멘 할찌니라

나를 "이단이니, 사이비니" 하며 거짓말로 모해하고 하나님의 선한 일을 훼방하며, 세상 법에 고소하여 감옥에 가둔 "과부의 송사"는 참 과부인 내가 이 땅에 태어나기 전 B.C 700년경 [사1:17, 23], 그보다 더 앞서 B.C 1400년경에 모세[신27:19]와 성경을 기록한 40여 명의 저자들을 사용하셔서 예언하신 말씀이 사실이 되어 나와 성도들을 옥에 가둔 이 "송사"다. "내 대적의 기록한 소송장이 내게 있었으면"[욥31:35]이라고 하신 말씀은 욥에 대한 예언이 아니며, 예수 그리스도께서 겪은 송사도 아니고, 초림 당시 고소당해 옥에 갇힌 사도 바울의 송사도 아니다. 지금 이 세대 나와 은혜로교회 성도들의 송사에 대한 예언이다.

초림 때 예수님을 따르지도 않으면서 예수 이름으로 이적을 행하는 자들을 향해 "금하지 말라 내 이름을 의탁하여 능한 일을 행하고 즉시로 나를 비방할 자가 없느

니라 우리를 반대하지 않는 자는 우리를 위하는 자니라"[막 9:39~40]고 하신 말씀 속에 2021년 지금 이 세대까지 대적하고 비방하는 자들의 정체가 감추어져 있고, 왜 한 기독교 안에, 한 교회 안에 의인과 악인이 공존하며 지금 이 세대까지 이어져 온 것인지에 대한 해답도 감추어져 있다. 예수 이름 사용하여 귀신을 내어 쫓는 자들이 지금 이 세대까지 이어질 것과 이들에 의해 전 세계 구석구석에 기독교가 퍼질 것을 감추어 두셨던 것이다. 그러나 예수 그리스도께서는 당시 이들의 언행이 어떤 죄인지 모르셨으며, 어떤 결과를 가져올지 모르고 하신 말씀이었다. 이런 자들은 2천년 동안 예수 이름을 이용만 할 뿐 계명대로 지켜 실행하지 않는 "거짓 선지자들"로, 표적과 기사를 구하나 영원한 지옥 영벌에 떨어지는 자들이다[마24:24]. 이런 자들로 인해 부활하신 예수 그리스도께서 사망과 음부의 열쇠를 받으신 것이며, 당시 예수님께서는 대적의 소송장이 없으셨기에 결국 예수님 자신도, 제자들도 순교당해 육체가 죽으신 것이다.

그러나 여호와의 날이자 인자의 날인 지금 이 세대의 나는 "대적의 기록한 소송장"뿐만이 아니라 창세기부터 요한계시록까지 나와 은혜로교회 성도들에

마태복음 24:24
거짓 그리스도들과 거짓 선지자들이 일어나 큰 표적과 기사를 보이어 할 수만 있으면 택하신 자들도 미혹하게 하리라

요한계시록 1:18
곧 산 자라 내가 전에 죽었었노라 볼찌어다 이제 세세토록 살아 있어 사망과 음부의 열쇠를 가졌노니

대한 "하나님의 증거"가 있어 나를 세치 혀로 삼키며 어떤 거짓말로 학대하였는지 다 밝힐 것이다. 나를 통한 이 일은 온 세상 그 누구도 막을 수 없는 확실한 진리이며, 이 일을 대적하는 것은 하나님과 쟁변하는 것일 뿐이다.

> 하나님은 모든 행하시는 것을 스스로 진술치 아니하시나니 네가 하나님과 변쟁함은 어찜이뇨 [욥33:13]

어떻게 피조물이 하나님과 논쟁하고 변론해서 이기며, 어떻게 전 성경에 기록된 하나님의 심판을 피할 수 있겠는가? 하나님께서는 스스로 진술하시는 하나님이 아니시다[욥33:13]. 하나님께서는 미리 정하신 사람을 사용하셔서 성경을 기록하게 하셨고, 지금 이 세대는 진리의 성령인 나를 통해 친히 진술하시고 계신다. 나를 옥에 가둔 참 과부의 송사가 왜 일어났는지 온 세상 사람들이 알게 될 것이며, 사람이 보기에는 나와 은혜로교회 성도들의 일인 것 같지만, 이 일은 "창조주 하나님의 일"이다. 이는 절대 과언이 아니며, 허언은 더더욱 아니고, 14년째 증명하고 왔으며, 지금도 증명하고 있고, 앞으로도 영원히 증명할 것이다. 나는 소송을 당해 감옥에 갇힐 어떤 죄도 짓지 않았다. 교회 안에 있는 하층에 속한 자들로 인해 "이단이란 프레임"을 씌워 옥에 가둔 억울하고 부당한 재판임을 밝힐 수 있는 "내 대적의 기록한 소송장"을 가지고 있다. 또한 이 길만이 좁은 문, 생명의 길이며, 반드시 거짓이 절대 진실을 이길 수 없음을, 거짓은 거짓일 뿐임을 만천하에 밝힐 것이다.

나를 통한 이 일은 하나님께서 전 성경에 예언해 두신 말씀대로 이 땅에 성취되는 일이며, 내 말이 아니고, 살아계신 하나님의 진술을 대언하고 실행하는 일이다. 진리의 성령인 나를 통해 전하는 진리의 도를 훼방하고 무시한 자들은 반드시 공개 사과하고 회개하라. 이 경고를 무시하고 업신여기면 각자 자신들이 지은 죄의 보응을 반드시 받게 된다.

4

이제 온 천하는 **잠잠하라**

온 세계를 멸한
"멸망의 산"아
나는 **네 대적**이라

「조선일보, 동아일보」 2021년 7월 9일 금요일

스마트폰으로 QR 코드를 스캔 하시면
[이제 온 천하는 잠잠하라] 전문을 다운로드 받을 수 있습니다.

온 세계를 멸한 **"멸망의 산아"** 들어라

²⁴그들이 너희 목전에 시온에서 모든 악을 행한 대로 내가 바벨론과 갈대아 모든 거민에게 갚으리라 여호와의 말이니라 ²⁵나 여호와가 말하노라 온 세계를 멸한 멸망의 산아 보라 나는 네 대적이라 나의 손을 네 위에 펴서 너를 바위에서 굴리고 너로 불 탄 산이 되게 할 것이니 ²⁶사람이 네게서 집 모퉁이 돌이나 기촛돌을 취하지 아니할 것이요 너는 영영히 황무지가 될 것이니라 여호와의 말이니라 [렘51:24~26]

진리의 성령인 나, 신옥주 목사를 통한 하나님의 큰 일을 훼방한 죄의 대가는 영원한 파멸이며, 영벌로 심판을 받는다. "나 여호와가 말하노라 온 세계를 멸한 멸망의 산아 보라 나는 네 대적이라"[렘51:25]고 하신 말씀은 성경을 사용하면서 전 세계 교회 지도자들이 성경과 다른 거짓말로 설교하여 교인들을 지옥으로 보내는

요한계시록 18:2

힘센 음성으로 외쳐 가로
되 무너졌도다 무너졌도
다 큰 성 바벨론이여 귀신
의 처소와 각종 더러운 영
의 모이는 곳과 각종 더럽
고 가증한 새의 모이는 곳
이 되었도다

"교회"인 귀신의 처소 바벨론[계18:2]을 향해, 하나님
께서 "나는 네 대적"이라고 하시며, "멸망의 산"에 비유
하셨다.

[33]만군의 여호와 이스라엘의 하나님이 이같이 말씀하시되
딸 바벨론은 때가 이른 타작마당과 같은지라 미구에 추수
때가 이르리라 하시도다 [34]바벨론 왕 느부갓네살이 나를
먹으며 나를 멸하며 나로 빈 그릇이 되게 하며 용같이 나를
삼키며 나의 좋은 음식으로 그 배를 채우고 나를 쫓아내었
으니 [35]나와 내 육체에 대한 잔학이 바벨론에 돌아가기를
원한다고 시온 거민이 말할 것이요 내 피 흘린 죄가 갈대
아 거민에게로 돌아가기를 원한다고 예루살렘이 말하리라
[렘51:33~35]

2천 년 동안 성경을 가지고 예수 이름, 하나님 이름
사용하면서 한 성경과 다른 거짓말이 지옥불의 설교
가 되어 수천, 수만, 수십만 명의 영혼을 살인하는 귀
신의 처소 바벨론 같은 교회에서 실상이 되고 있는
일을 예언하신 것이다[렘51:33~35]. 하나님께서는 왜
"바벨론 왕 느부갓네살이 나를 먹으며 나를 멸하며 나로 빈
그릇이 되게 하며 용같이 나를 삼키며"라고 말씀하셨을
까? 전 세계 모든 기독교인들, 천주교인들, 성경을 사
용하는 모든 종교인들이 "주여, 주여" 하며 하나님,
예수 그리스도의 이름을 부르지만 성경과 다른 거짓

말로 설교하는 것은 "하나님을 먹는 것이며, 멸하는 것"이라고 판결하신다. 또한 만세 전부터 보내기로 약속하신 진리의 성령인 나, 신옥주 목사를 이단이라 정죄하고 전대미문의 새 언약을 듣지 못하게 훼방하는 것도 이 말씀에 해당한다. 그래서 하나님께서 "네 대적"이라고 하신 것이다. 이렇게 미리 다 예언해 두신 말씀은 안 믿고 귀신들이 가르친 말만 믿는 자들은 이제 그 누구도 성경을 몰라서 그랬다고 변명할 수 없다.

"용같이 나를 삼키며"라고 하신 것은 옛 뱀, 곧 마귀라고도 하고 사단이라고도 하는 온 천하를 꾀는 자들[계12:9], 가르치는 귀신들[딤전4:1~2]이 하나님의 가르치심을 대언하는[요6:45] 나를 비방하여 글로, 혀로 학대하고 괴롭히며 업신여긴 일을 두고 BC 600년경에 예언하신 것이며, 2621년이 지나 사실이 되었다. 그러나 이제 "너를 삼켰던 자들이 멀리 떠날 것이라"[사49:19]고 하신 말씀이 실상이 된다. 나를 핍박하고 학대하던 피지 난디한인교회 박상기 목사, 감리교단, 순복음교회, 자칭 선교사들, 자칭 기독교인들, 미국, 호주, 일본, 중국, 베트남에서 나를 비방한 그들 모두 성경에 기록된 모든 재앙을 다 받을 것이다. 그래서 경고한다. 육체가 살아 있을 때 지은 모든 죄를 공개

요한계시록 12:9
큰 용이 내어 쫓기니 옛 뱀 곧 마귀라고도 하고 사단이라고도 하는 온 천하를 꾀는 자라 땅으로 내어 쫓기니 그의 사자들도 저와 함께 내어 쫓기니라

디모데전서 4:1
그러나 성령이 밝히 말씀하시기를 후일에 어떤 사람들이 믿음에서 떠나 미혹케 하는 영과 귀신의 가르침을 좇으리라 하셨으니

요한복음 6:45
선지자의 글에 저희가 다 하나님의 가르치심을 받으리라 기록되었은즉 아버지께 듣고 배운 사람마다 내게로 오느니라

사과하고 회개하라.

"나의 좋은 음식으로 그 배를 채우고 나를 쫓아내었으니"
라고 하신 것은 육체도 죽지 않고 영원히 살 수 있는
"생명의 길"을 전하는 나를 "이단이니, 사이비니" 무
시 멸시하고, 40여 명의 사람을 사용하셔서 기록한
성경을 밥벌이 수단으로 삼는 자들이 성경과 다른 거
짓말을 가르친 결과 목사 자신은 물론이고, 교인들도
지옥으로 보내는 것을 이렇게 예언하신 것이다. 일
생 목사로서, 사제로서 강단에 서서 설교하고 목회했
지만 하나님을 경외한 것이 아니라 도리어 하나님을
쫓아낸 것이라는 사실을 전 세계 모든 사람들이 알
면 기절해야 한다. 144,000명을 모아 가라지 추수를
한 신천지 교인들은 자신들이 "거짓 선지자"이자 "적
그리스도"인 이만희에게 속은 것을 알고 그곳에서 빠
져 나와야 한다. 더 직설적으로 말하면 전 세계가 하
나님 이름으로, 예수님 이름으로 하나님을, 예수님을
쫓아내고 있고, 성경을 사용하는 모든 종교가 진리
한 절 모르는 미운 물건인 가증한 우상들이 강대상에
서 하는 달콤하고 매끄러운 거짓말로 속이는 것도 모
르며, 육체가 죽으면 천국 가는 것이 아니라 사망인
지옥 영벌에 떨어진다는 사실을 반드시 깨닫고 진리

로 돌아서야 한다.

"나와 내 육체에 대한 잔학이 바벨론에 돌아가기를 원한다고 시온 거민이 말할 것이요" 시온은 "새 예루살렘 성"을 뜻한다. "너희가 이른 곳은 시온산과 살아 계신 하나님의 도성인 하늘의 예루살렘과 천만 천사와"[히12:22]라고 예언하신 곳이다. 이곳이 바로 낙토, 본토, 본향이다. 전 세계 모든 기독교인들은 모두 시온, 즉 새 예루살렘을 상상한다. 저 하늘 어딘가 공중에서 이루어지는 줄로 생각한다. 절대 아니다. 이미 나를 통해 은혜로교회 성도들이 14년째 시온인 "새 예루살렘의 기초"를 세우고 있다. 이런 하나님의 일이 아니면 가난한 교회의 목사인 내가 교인들이 헌금한 것으로 왜 공동체를 하며, 왜 가난한 성도들을 데리고 한 몫의 삶까지 버리고 하나님의 계명을 지켜 실행하며, 그로 인해 말도 안 되는 학대와 비방과 옥에 갇힘을 당하겠는가? 피지에 이주한 것은 하나님께서 이미 전 성경에 예언해 두신 계명대로 지켜 실행한 것이다[겔12장]. 따라서 "시온 거민"은 하나님의 말씀대로 보고 듣고 믿고 지켜 실행한 일로 인해 이단 소리를 듣고 있는 은혜로교회 성도들에 대한 예언이다. 내가 옥에 갇혀 있는 이 송사는 나와 은혜로교회 성도들이 시온 거민임을,

에스겔 12:3
인자야 너는 행구를 준비하고 낮에 그들의 목전에서 이사하라 네가 네 처소를 다른 곳으로 옮기는 것을 그들이 보면 비록 패역한 족속이라도 혹 생각이 있으리라

천국의 상속자들임을 증명하는 하나님의 증거다. 이제 때가 급하다. 전 세계 성경을 사용하는 모든 종교인들은 영적인 깊은 잠에서 깨어 일어나야 한다.

"내 피 흘린 죄가 갈대아 거민에게로 돌아가기를 원한다고 예루살렘이 말하리라 보라 내가 네 송사를 듣고" 기독교인들이 상상하는 새 예루살렘, 천국이 아니라는 증거가 "예루살렘이 말한다"고 하신 사실이다. 2621년 전에 예레미야 선지자를 통해 "네 송사를 듣고"라고 하신 송사는 나에 대한 송사, 참 과부의 송사, 나와 성도들이 겪고 있는 이 송사를 예언하신 것이며, 2018년 7월 24일부터 실상이 되었고, 에스겔 선지자를 통해 "인자야 무리가 줄로 너를 동여매리니 네가 그들 가운데서 나오지 못할 것이라"[겔3:25]고 하신 말씀대로 옥에 갇혀 있다. 진리의 성령인 내가 죄에 대하여, 의에 대하여, 심판에 대하여 세상을 책망하니까[요16:8] 절대 듣지 않고 결국 이 세상 법에 고소했으며, "참 과부의 송사"를 방백들이, 오늘날 목사들이 이사야 선지자를 통해 예언하신 대로 수리하지 않고 있다[사1:21~23].

요한복음 16:8
그가 와서 죄에 대하여, 의에 대하여, 심판에 대하여 세상을 책망하시리라

이사야 1:23
네 방백들은 패역하여 도적과 짝하며 다 뇌물을 사랑하며 사례물을 구하며 고아를 위하여 신원치 아니하며 과부의 송사를 수리치아니하는도다

이사야 1장에는 십자가에 죽으실 예수 그리스도에 대한 예언과 함께 전 세계 교회가 타락하여 소돔과 고모라 같은 21세기 지금 이 세대를 영적인 깊은 잠

에서 깨워 일으키기 위해 나를 송사에 넘겨주신 하나님의 뜻이 감추어져 있다. 그러므로 악한 자들을 천한 그릇으로 사용하여 나를 옥에 가둔 "참 과부의 송사"는 온 세상에 흩어져 있는 하나님의 자녀들과 백성들을 온전케 하셔서 하나가 되게 하고, "오는 세상"을 준비하기 위하여 진리의 성령인 나를 통해 세워질 "시온, 곧 새 예루살렘"을 알리기 위해서 하나님께서 허락하신 송사이다. 그러나 14년째 전대미문의 새 언약을 전해도 이 사실을 모르는 전 세계 교회는 하나님과 아무 상관이 없고, 진리를 단 한 절도 모른 채 패역하고 있을 뿐이며, 그 중에 겨우 은혜로교회가 하나님의 도를 좇으며 남아있기에 "딸 시온은 포도원의 망대같이, 원두밭의 상직막같이, 에워싸인 성읍같이 겨우 남았도다"[사1:8]라고 하신 것이다.

"멸망의 산"이 드리는 가증한 제사

[10]너희 소돔의 관원들아 여호와의 말씀을 들을찌어다 너희 고모라의 백성아 우리 하나님의 법에 귀를 기울일찌어다 [11]여호와께서 말씀하시되 너희의 무수한 제물이 내게 무엇이 유익하뇨 나는 수양의 번제와 살진 짐승의 기름에 배불렀고 나는 수송아지나 어린 양이나 수염소의 피를

기뻐하지 아니하노라 [12]너희가 내 앞에 보이러 오니 그것을 누가 너희에게 요구하였느뇨 내 마당만 밟을 뿐이니라 [사1:10~12]

성경과 다른 거짓말을 하는 멸망의 산에서 드리는 예배를 향해 하나님께서는 "나는 수양의 번제와 살진 짐승의 기름에 배불렀고 나는 수송아지나 어린 양이나 수염소의 피를 기뻐하지 아니하노라"고 하셨다. 어린 양의 피를 기뻐하지 않으신다는 말씀 속에 하나님께서는 아들 예수 그리스도께서 십자가에서 흘리신 피도 기뻐하시지 않으신다는 뜻이 감추어져 있다. 전 세계 모든 기독교인들, 천주교인들은 이 사실을 깨달아야 한다. 그런데 "예수의 피로~ 피로~" 하는 자들, 예수의 피로 죄 사함받았다고 말하는 자들은 진리 한 절 모르는 온 세계를 멸한 "멸망의 산"이다. 예수 이름, 하나님 이름으로 예배를 드리지만 모두 육체가 죽는 결과를 낳는 예배는 하나님께서 받지 않으신다는 뜻이다. 하나님은 죽은 자의 하나님이 아니라 영육간에 온전히 "산 자의 하나님"[눅20:38]이시다. 수양, 수송아지, 수염소 모두 예수 이름 사용하는 지도자들, 교인들, 좌편과 우편에 속한 자들을 뜻한다. 이들 모두 예수 이름으로 일생 교회를 다녔지만 천국과 아무 관계없이 헛된 신앙생활을 하고, 육체가 죽어서 그 혼은

누가복음 20:38
하나님은 죽은 자의 하나님이 아니요 산 자의 하나님이시라 하나님에게는 모든 사람이 살았느니라 하시니

지옥불에 가는 자들이다. 지금 전 세계 교회 지도자들, 교인들이 다 이런 영적인 상태에 해당한다. 그래서 부활하신 예수 그리스도께서 세세토록 받으신 열쇠가 "사망과 음부의 열쇠"[계1:18]인 것이다.

요한계시록 1:18
곧 산 자라 내가 전에 죽었었노라 볼찌어다 이제 세세토록 살아 있어 사망과 음부의 열쇠를 가졌노니

"어린 양의 피도 기뻐하시지 않는다"는 이 한 절의 말씀만 깨달아도 목사가 청년들을 모아 놓고 순교하자고 가르치지 않는다. 믿음이 좋은 것처럼 순교가 최고 복이라고 가르치는 목사는 귀신이 주인인 "마귀"다. 하나님의 행하심에는 아무 관심도 없이 성경과 다른 거짓말로 가르치는 귀신이 미혹하는 영이요, 광명의 천사로 가장한 거짓 선생, 거짓 선지자들이다[고후 11:14]. 자신은 일생 혀로 말만 하면서 아무것도 모르는 교인들에게 순교하는 것이 '최고 복이구나' 하고 믿게 만드는 "사단"이다. 이것이 바로 예수 이름으로 심은 거짓말이요, 예수 이름으로 뿌린 짐승의 씨다. 짐승표다. 결국 이런 성경과 다른 거짓말이 모든 사람들로 하여금 죄를 짓게 하고, 결국 육체를 죽게 만들기 때문에 "온 세계를 멸한 멸망의 산"이라고 한 것이다.

고린도후서 11:14
이것이 이상한 일이 아니라 사단도 자기를 광명의 천사로 가장하나니

귀신의 처소 바벨론에서는 예수 그리스도께서 십자가에 죽으신 것을 이용해서 치명적인 거짓말을 지어낸다. 예수님이 십자가에 죽으실 때 인류의 모든

죄, 즉 과거에 지은 죄, 현재 짓는 죄, 미래에 지을 죄까지 다 지시고 죽으셨다고 하여 어떤 죄를 지어도 혀로 "나는 죄인입니다. 예수님을 내 구주로 영접합니다. 예수 이름으로 기도합니다 아멘" 하면 "예수님이 당신 마음에 계십니다" 하고 거짓말로 가르친다. 대한민국에서 만국을 미혹케 한 영이 바로 죽은 지 십 년이 지난 옥한흠, 하용조 목사이며, 귀신의 소리 방언으로 전 세계 최고 부자 교회를 세운 조용기 목사다. 이들이 뿌린 짐승의 씨는 지옥불로 찍은 화인이 되어 아무리 전대미문의 새 언약을 들려줘도 돌아서지 않는 온 세계를 멸한 멸망의 산이 된 것이다.

이런 귀신들은 예수 이름으로 일생 높은 자리에 앉아서 하나님의 말씀을 무시 멸시하고, 성경에 기록된 "예수, 천국, 종말, 복" 등등 단어만 사용하여 사람들에게 사기치고 공갈하며 끌어모아 음부에 간 부자[눅 16:19~31]처럼 지옥 불못에서 혀에 물 한 방울도 먹지 못하며 고통받는 자칭 아브라함의 후처인 하갈과 그두라의 자식들이다. 다른 말로 비유하면 용, 사단, 마귀, 귀신, 옛 뱀, 독사, 짐승, 멸망, 사망, 아바돈, 아볼루온, 벨리알, 광명의 천사로 가장한 사단의 일군, 타락한 천사 등등 여러 부분, 여러 모양[히1:1]으로 기록

누가복음 16:23
저가 음부에서 고통 중에 눈을 들어 멀리 아브라함과 그의 품에 있는 나사로를 보고

히브리서 1:1
옛적에 선지자들로 여러 부분과 여러 모양으로 우리 조상들에게 말씀하신 하나님이

해 두신 "실상의 사람들"이다.

"너희가 내 앞에 보이러 오니 그것을 누가 너희에게 요구하였느뇨 내 마당만 밟을 뿐이니라" 하나님께서 요구하시지 않았고 기뻐하시지도 않은 것을 교인들에게 요구한 자칭 종교 지도자들, 마귀의 세력들이 예수 이름으로 사망과 음부의 열쇠를 사용하여 교인들을 핍박한 것이다. 하나님은 진리 한 절 전하지 않는 교회에서 드리는 모든 예배는 요구하지도 않으시고 받지도 않으신다. 왜냐하면 사람을 영원히 살리는 것이 아니라 영적으로 죽은 자를 또 죽이는 예배를 드리기에 "내 마당만 밟을 뿐이니라"고 하신 것이다. 아무리 크고 화려한 교회 건물에, 수천, 수만, 수십만 명이 모일지라도 영혼 살인을 저지르는 피 묻은 예배라서 "헛된 제물을 다시 가져오지 말라"고 하신 것이다. 이런 헛된 제물로 드린 예배는 사람이 받고 사람을 경배하여 섬기는 것이기에 우상에게 드리는 제물이요, 마귀에게 제사하는 것[신32:17]이다. 그러나 이런 마귀와 그 세력들을 예수 이름으로 멸하시고 심판하시기 위해 부활하신 예수 그리스도께서 "사망과 음부의 열쇠"를 받으신 것을 알면 전 세계 기독교인들은 놀라 기절할 것이며, 이미 심판하고 계신다[히2:14~15].

신명기 32:17
그들은 하나님께 제사하지 아니하고 마귀에게 하였으니 곧 그들의 알지 못하던 신, 근래에 일어난 새 신, 너희 열조의 두려워하지 않던 것들이로다 자녀들은 혈육에 함께 속하였으매 그도 또한 한 모양으로 혈육에 함께 속하심은 사망으로 말미암아 사망의 세력을 잡은 자 곧 마귀를 없이 하시며 또 죽기를 무서워하므로 일생에 매여 종노릇하는 모든 자들을 놓아 주려 하심이니
[히2:14~15]

나는 **"죽는 자의 죽는 것"**도 기뻐하지 않으시는 **"하나님의 사랑"**을 대언한다

갈라디아서 3:22~23
22 그러나 성경이 모든 것을 죄 아래 가두었으니 이는 예수 그리스도를 믿음으로 말미암은 약속을 믿는 자들에게 주려 함이니라
23 믿음이 오기 전에 우리가 율법 아래 매인바 되고 계시될 믿음의 때까지 갇혔느니라

고린도전서 2:13~14
13 ...신령한 일은 신령한 것으로 분별하느니라
14 ...이런 일은 영적으로라야 분변함이니라

히브리서 8:8
저희를 허물하여 일렀으되 주께서 가라사대 볼찌어다 날이 이르리니 내가 이스라엘 집과 유다 집으로 새 언약을 세우리라

하나님께서는 지옥의 사자들에게 천국의 비밀을 모르게 하시기 위해 성경을 비유로 기록하셨으며, 하나님께서 정하신 때가 될 때까지 성경이 모든 것을 죄 아래 가두어 둔 것이다[갈3:22~23]. 진리의 성령인 나, 신옥주 목사를 통해 14년째 전하는 이 일은 "이것을 비사로 너희에게 일렀거니와 때가 이르면 다시 비사로 너희에게 이르지 않고 아버지에 대한 것을 밝히 이르리라"[요16:25]고 하신 말씀이 실상이 되어 더 이상 비사로, 비유로 말하지 않고 신령한 것은 신령한 것으로 해석하여[고전2:13~14] "천국의 비밀"을 밝히고 있다. 이는 하나님께서 친히 가르치시는 전대미문의 새 일인 "새 언약"[히8:7~13]으로, 나를 통해 대언하고 계신다는 뜻이다. "사람의 원수가 자기 집안 식구리라"[마

10:36] 하신 말씀이 진리인 것은 진리의 하나님께서 진리인 성경에 기록하신 말씀에 대적하는 자들이 바로 하나님의 집인 교회 안에 있기 때문이다. 이들은 모두 성경을 사용하여 매끄럽고 듣기 좋은 말로 설교하면서 자신들은 잘 알고 있고, 잘 믿는다고 생각하기에 천국 복음[마24:14]을 선포하여 그들의 실체를 밝혀도 자신들이 "가르치는 귀신"[딤전4:1~2]이며, 성경 한 절 모른다는 사실을 절대 인정하지 않는다. 이런 실상을 책으로, 유튜브로 밝혀 사단, 마귀, 귀신들의 실체를 드러내니까 자신들의 이익, 성공, 돈벌이 수단이 없어지는 것으로 인해 나를 미워하고 급기야 "이단이니, 사이비니" 하며 정죄했고, 감옥에까지 가둔 것이다.

그러나 나를 옥에 가두는 것을 허락하신 하나님의 뜻은 하나님께서 요구하시지 않으시고 기뻐하시지도 않는 것을 교인들에게 요구하는 자칭 종교 지도자들, 마귀의 세력들에게 경고하시고 판결하시기 위해서다. 또한 이런 종교 지도자들이 하는 귀신의 가르침만 듣고 육체가 죽어서 천국 가고, 살아서는 자신이 원하는 모든 복을 다 받아 누리고 싶은 사심에 일생 헛된 소망, 헛된 기도, 헛된 삶을 살며 마귀의 종노릇하는 불쌍한 교인들에게 더 이상 귀신의 처소에서 살해당하지 말고 그곳에서 나와서 하나님의 뜻이 무엇인지, 하나님께서 기뻐하시는 삶은 어떤 것인지, 하나님의 말씀에 귀 기울이라고 나를 옥에 가두는 것을 허락하신 것이다. "참 과부의 송사"는 모든 패역한 죄에서 영원히 자유하게 하시기 위한 "하나님의 완전한 지혜"이며, "하나님의 사랑"이다.

하나님의 아들 예수 그리스도를 이 땅에 보내신 목적은 지금 이 세대에 14년째, 창세 이래 아무도 보지도 못했고, 듣지도 못했으며, 알지도 못한 천국의 비밀, 그래서 전대미문의 새 일, 새 언약을 하는 이때를 위해서 "새 언약의 중보"[히9:15]로 보내신 것이다. 그래서 "온전한 것"이 올 때에는 부분적인 것은 다 폐하는 것[고전13:10]이며, 하나님의 완전한 지혜로 "개혁"[히9:10]하는 이 일의 중보로 오신 것이다.

이제 우상들은 끝났다는 징조가 바로 진리의 성령인 나다. 나에게 죄를 씌워 감옥에 가둔 이 일은 자신들의 정체를 스스로 드러낸 것이기에, 다시는 강단에 서서 거짓말을 하지 못하도록 온 세상에 밝힐 것이며, 성경과 다른 거짓말을 하는 우상이요 마귀이며, 가르치는 귀신이 누군지를 다 드러낼 것이다. 하나님께서 악인들의 대적이 되셨으니 누가 과연 살아남겠는가?

히브리서 9:15
이를 인하여 그는 새 언약의 중보니 이는 첫 언약 때에 범한 죄를 속하려고 죽으사 부르심을 입은 자로 하여금 영원한 기업의 약속을 얻게 하려 하심이니라

고린도전서 13:10
온전한 것이 올 때에는 부분적으로 하던 것이 폐하리라

히브리서 9:10
이런 것은 먹고 마시는 것과 여러 가지 씻는 것과 함께 육체의 예법만 되어 개혁할 때까지 맡겨 둔 것이니라

만 13년을 기다려 주었다. 하나님께서는 창세 이래 지금 이 세대까지 기다려 주셨다. 그러나 이제 성경과 다른 거짓말하는 악인들이 지배하는 세상이 끝났다. 이제 하나님께서 다시 창조하신 하나님의 아들들[롬8:14, 19]을 세워서 온 세상을 의와 공변됨과 은총과 긍휼하심으로 통치하시는 세상[호2:19~20]으로 만드시고 계신다.

그래서 이 일은 물리적으로 나를 감옥에 가둔다고 막을 수 있는 일이 절대 아니다. 나는 이미 "생명책"에 이름이 기록되어 있고, 예수 그리스도께서 십자가를 지시기 전에 예언하신 대로 하나님의 정하신 시간에 사람으로 태어나서 하나님의 말씀을 대언하는 또 다른 보혜사인 진리의 성령의 실상임을 온 천하에 천명하고 판결한다. "만일 네 손이 너를 범죄케 하거든 찍어버리라"[막9:43] 하신 범죄케 한 손 역할이 바로 자칭 권사인 이인규다. 손가락으로 인터넷에 새빨간 거짓말로 글을 써서 나를 비방한 자이며, 자칭 목사 박형택, 진용식, 예장합신 총회인 사단의 회다. 이런 귀신들의 말이 맞다고 미혹된 사람들이 바로 은혜로교회에서 떨어져 나가 후욕하는 그들이며, 시청률을 위해 악마의 편집을 한 "그것이 알고 싶다" 장경주 PD와

로마서 8:14, 19
14 무릇 하나님의 영으로 인도함을 받는 그들은 곧 하나님의 아들이라
19 피조물의 고대하는 바는 하나님의 아들들의 나타나는 것이니

호세아 2:19~20
19 내가 네게 장가들어 영원히 살되 의와 공변됨과 은총과 긍휼히 여김으로 네게 장가들며
20 진실함으로 네게 장가들리니 네가 여호와를 알리라

연합한 세상 권력들이다.

그러나 이제 나를 정죄한 자들에게 "무릇 너를 치려고 제조된 기계가 날카롭지 못할 것이라 무릇 일어나 너를 대적하여 송사하는 혀는 네게 정죄를 당하리니 이는 여호와의 종들의 기업이요 이는 그들이 내게서 얻은 의니라 여호와의 말이니라"[사54:17] 하신 말씀대로 판결한다. 나를 통해 전하는 이 진리는 "전대미문의 새 언약"이며 "천국 복음"이다. 온 천하는 그 누구도 죽지 말고 살아서 하나님의 말씀대로 되는지, 아니 되는지 반드시 보고, 입으로 하나님만이 참 하나님이심을 시인하게 되길 바랄 뿐이다.

이렇게 경고하는 이유는 온 세계를 멸한 멸망의 산에 있는 자들을 깨우기 위해서다. 일생 마귀에게 종살이 하는 교인들은 육체가 죽으면 영원히 다시 기회가 없기 때문에 육체가 살아 있을 때 영원한 지옥 불못에 가는 것을 막기 위함이다. 또한 육체도 죽지 아니하고 영원히 살 수 있는 "생명의 도"를 전하는 "하나님의 큰일"을 이단이라 정죄하여 "진리의 도"를 듣지 못하게 미혹하고, 영원한 죄를 지어 지옥 불못에 가도록 만든 참과부의 송사를 일으킨 자칭 기독교인들, 자칭 목사들, 사단의 회인 예장합신, 후욕하는 자들이 자신들이 무슨 죄를 지었는지 알게 하기 위함이다. 하나님께서는 "죽는 자의 죽는 것은 내가 기뻐하지 아니하노니 너희는 스스로 돌이키고 살찌니라"[겔18:32]고 하신 사랑이 시기에 나는 "원수도 사랑하라"고 하신 계명을 지킬 것이며, "일흔 번씩 일곱 번이라도 용서하라"고 하신 말씀을 지킬 것이고, 단 한 번도 마음으로 미워하는 살인죄를 짓지 않았다. 지금 이 판결을 하는 것은 하나님의 계명대로 "마귀를 대적하라 그리하면 너희를 피하리라"[약4:7]고 하신 계명을 지켜 실행하는 것이다.

온 세계를 멸한 멸망의 산에 있는 자들아, 지금도 늦지 않았다. 성령을 훼방하는 죄는 영원히 사함을 받지 못한다. 육체가 살아서 회개하고, 소송도 바로 잡고, 하나님께로 진실로 돌아서서 죽지 말고 살기를 바랄 뿐이다.

이제 온 천하는 **잠잠하라**

"공중의 새"의 비밀: 구름을 바라보는 자는 거두지 아니하리라

「조선일보, 동아일보」 2021년 7월 16일 금요일

스마트폰으로 QR 코드를 스캔 하시면
[이제 온 천하는 잠잠하라] 전문을 다운로드 받을 수 있습니다.

모든 생물 사이에
"내 언약"을 기억하리니

12하나님이 가라사대 내가 나와 너희와 및 너희와 함께하
는 모든 생물 사이에 영세까지 세우는 언약의 증거는 이것
이라 13내가 내 무지개를 구름 속에 두었나니 이것이 나의
세상과의 언약의 증거니라 14내가 구름으로 땅을 덮을 때
에 무지개가 구름 속에 나타나면 15내가 나와 너희와 및 혈
기 있는 모든 생물 사이의 내 언약을 기억하리니 다시는 물
이 모든 혈기 있는 자를 멸하는 홍수가 되지 아니할찌라
[창9:12~15]

이 "언약"은 노아의 대홍수 후 방주에서 나온 노아
와 그 아들들과 모든 생물에게 하신 언약인데, 다시
는 홍수로 모든 생물을 멸하지 않겠다고 하신 언약이
다. "내 무지개를 구름 속에 두어서 이것이 나의 세상과의
언약의 증거"[창9:12~15]라고 하신 이 언약을 문자 그
대로 사람이 본능적으로 아는 지식으로 보면 이 말씀

속에 감추어 두신 하나님의 뜻을 알 수 없다. 먼저 "모든 생물"이란 사람[겔1:5]을 말한다. 따라서 사람과 하나님 사이의 언약이다. 이 "사람"은 하나님께서 "무릇 사람의 피를 흘리면 사람이 그 피를 흘릴 것이니 이는 하나님이 자기 형상대로 사람을 지었음이니라"[창9:6]고 하신 말씀대로 하나님의 형상대로 지으셨기에 사람은 절대 살인도, 자살도 하면 안 된다. 자기 목숨이라도 자신의 것이 아니라 하나님의 것이기 때문이다. 어떤 경우든 살인하거나 자살하는 것은 하나님 나라와 아무 관계가 없고 영원한 지옥의 판결을 받는다. 이 한 가지 사실만 알아도 살인자나 자살하는 자에게 천국에 간다고 거짓말을 할 수 없다. 그런데 목사들과 사제들이 하나님의 법을 무시하고 살인자에게 복음을 전했다고 자랑하고, 자살한 교인도 죽어 천국 갔다고 성경과 다른 거짓말로 가르치는 자들은 모두 "지옥의 사자들"이다.

또한 "구름"은 누구나 아는 저 하늘의 구름이 아니라, "사람의 육체"를 구름에 비유하셨다. 유다서에서는 "자기 몸만 기르는 목자요 바람에 불려가는 물 없는 구름이요 죽고 또 죽어 뿌리까지 뽑힌 열매 없는 가을 나무요"[유1:12]라고 하셨고, "우리에게 구름같이 둘러싼 허다한 증인들이 있으니"[히12:1]라고 하셨으며, "저희는 아침 구름 같으며 쉽게 사라지는 이슬 같으며 타작 마당에서 광풍에 날리우는 쭉정이 같으며 굴뚝에서 나가는 연기 같으리라"[호13:3]고 사람을 구름에 비유하셨다. 결국 "구름"이란 바알에게 무릎 꿇은 자칭 기독교인들, 지금 이세대 예수 이름으로 우상 숭배하는 자들을 말하며, 그들을 "아침 구름, 쉽게 사라지는 이슬, 타작마당에서 떨어져 나간 쭉정이, 굴뚝에서 나가는 연기"에 비유하신 예언 속에 은혜로교회에서 떨어져 나간 자들, 나를 세상 법에 고소한 자들, 10년이 넘게 나를 학대한 이인규 권사, 박형택 목사, 예장합신 총회 목사들, 감리교 총회 목사들에 대한 비밀이 감추어져 있다. 진리의 성령인 나를 "이단, 사이비"라고 비방하고 정죄한 그들은 전부 아침 구름이며, 영적인 소경, 귀머거리, 병어리들로 자기 몸만 기르는 목자요, 하나님의 자녀, 백성들에게 암초다[유1:12]. 그러므로 2021년 지금 영원히 이들의 가면을 벗기고 실체를 드러내어 하나님의 판결대로 선포할 것이며, 이미 영적으로 죽은 자이지만 죽는 자의 죽는 것[겔18:32]도 기뻐하시지 않으시는 하나님이시기에 반드시 죽지 말고 살아서 이 진리가 하나님의 어떤 사랑인지 모두의 눈으로 보고, 입으로 시인하고, 하나님께 굴복하게 되기를 바란다.

유다서 1:12
저희는 기탄 없이 너희와 함께 먹으니 너의 애찬의 암초요 자기 몸만 기르는 목자요 바람에 불려가는 물 없는 구름이요 죽고 또 죽어 뿌리까지 뽑힌 열매 없는 가을 나무요

에스겔 18:32
나 주 여호와가 말하노라 죽는 자의 죽는 것은 내가 기뻐하지 아니하노니 너희는 스스로 돌이키고 살찌니라

그러므로 참 진리인 "성경"을 사람이 본능적으로 아는 지식으로 "구름"은 저 구름, "바람"은 저 바람, "무지개"는 저 무지개, "생물"은 저 생물로만 보면 절대 하나님의 뜻을 알 수 없고, 하나님의 뜻을 알 수 없으니 행할 수도 없으며, 이런 사람은 그 누구든 하나님 나라인 천국과 아무 관계가 없다. 따라서 성경은 반드시 성경으로 해석해야 한다[고전2:13~14]. 그래서 성경은 비밀인데도 지금 이때까지 천국, 지옥, 영생, 생명, 하나님, 예수 그리스도, 성령을 다 사람 수준으로 상상하고, 하나님을 대적하는 대적자들, 곧 사단, 마귀, 귀신, 뱀, 독사, 짐승, 용, 악어, 천사 등도 전부 상상만 한 결과, 성경을 가지고도 성경과 다른 거짓말로 설교하여 가르치고 믿었던 것이다. 그러나 이제 전 세계는 영적인 깊은 잠에서 깨어 일어나야 한다.

고린도전서 2:13~14
13 ...신령한 일은 신령한 것으로 분별하느니라
14 ...이런 일은 영적으로라야 분변함이니라

> 세계가 다 내게 속하였나니 너희가 내 말을 잘 듣고 내 언약을 지키면 너희는 열국 중에서 내 소유가 되겠고 [출19:5]

히브리서 8:8
저희를 허물하여 일렀으되 주께서 가라사대 볼찌어다 날이 이르리니 내가 이스라엘 집과 유다 집으로 새 언약을 세우리라

그렇다면 하나님께서 말씀하신 언약은 무엇일까? 이 언약은 히브리서 8장의 새 언약인 "영원한 언약"을 말하며, "그날 후에 내가 이스라엘 집으로 세울 언약이 이것이니 내 법을 저희 생각에 두고 저희 마음에 이것을 기록하리라"[히8:10]고 하신 말씀대로 14년째 다시 택한 이

스라엘과 전대미문의 새 언약을 세우고 있다. 혀로 말만 하는 자들은 절대 알 수 없는 언약이다. 이 언약은 아브라함에게 하신 언약이고, 이삭, 야곱, 이스라엘, 다윗, 예수 그리스도에게 이어져서 하나님께서 정하신 때인 지금 이 세대, 전 우주적인 일곱째 날, 여호와의 날, 인자의 날에 진리의 성령인 나, 신옥주 목사를 통해 14년째 선포하고 있고, 지켜 실행하고 있다. 하나님의 말씀은 혀로 말만 하라고 주신 것이 아니다. 반드시 지켜 실행할 때 "영원한 언약"이 되는 것이다.

이사야 14:1
여호와께서 야곱을 긍휼히 여기시며 이스라엘을 다시 택하여 자기 고토에 두시리니 나그네 된 자가 야곱 족속에게 가입되어 그들과 연합할 것이며

"구름을 바라보는 자"는
거두지 아니하리라

풍세를 살펴보는 자는 파종하지 아니할 것이요 구름을 바라보는 자는 거두지 아니하리라 [전11:4]

지금 전 세계 모든 사람들에게 의문을 던진다. 왜 하나님께서 하나님의 아들을 통해 "나는 부활이요 생명이니 나를 믿는 자는 죽어도 살겠고 무릇 살아서 나를 믿는 자는 영원히 죽지 아니하리니 이것을 네가 믿느냐"[요11:25~26]고 하신 언약이 지금까지 이루어지지 않은 것일까? 사실 전 성경이 다 이러하다. 아직 이루어

지지 않은 말씀이 너무 많다. 생물, 구름은 다 육체를 입은 사람을 말씀하신 것이다. 그렇다면 "**구름을 바라보는 자는 거두지 아니하리라**"[전11:4]고 하신 말씀은 무슨 뜻일까? 이 말씀 속에 지금 전 세계 성경을 사용하는 모든 종교, 유대교, 천주교, 기독교의 영적인 상태가 감추어져 있다. "구름"만 바라보면 절대 하나님의 정하신 때를 모른다는 뜻도 감추어져 있다. 그래서 2021년 지금 이때까지 기독교나 세상 모든 종교나 모두 일반이 되었으며[전9:2], 예수 그리스도께서, 예수 그리스도를 통해 하나님께서 하신 말씀이 실상으로 이루어지지 않았던 것이다.

"거두지 아니하니라" 하신 말씀을 성경으로 성경을 해석하여 뜻을 밝히면, 예수 그리스도께서 "**공중의 새를 보라 심지도 않고 거두지도 않고 창고에 모아 들이지도 아니하되**"[마6:26]라고 하신 말씀의 공중의 새가 "거두지도 않는 자들"에 해당한다. "공중의 새"란 성경을 가지고 사람이 본능적으로 아는 것으로 설교하고 가르치는 자들인 "사단"이요 "마귀"이며, 전 성경을 가지고 단 한 절도 하나님의 나라 비밀인 하나님의 뜻을 모르고 자신이 지어낸 말로 가르치고 설교하는 자들을 말한다. 그래서 이런 자들은 심지도, 거두지도 않

전도서 9:2
모든 사람에게 임하는 모든 것이 일반이라 의인과 악인이며 선하고 깨끗한 자와 깨끗지 않은 자며 제사를 드리는 자와 제사를 드리지 아니하는 자의 결국이 일반이니 선인과 죄인이며 맹세하는 자와 맹세하기를 무서워 하는 자가 일반이로다

는다고 이미 판결해 두셨다. 이들은 전부 "구름을 바라보는 자들"이다. 교인들의 영혼에 하나님의 말씀을 단한 절도 심지 아니했는데 어떻게 구원에 이르도록 거두겠는가? 그래서 "이 세상 풍속을 좇고 공중의 권세 잡은 자를 따랐으니 곧 지금 불순종의 아들들 가운데서 역사하는 영이라"[엡2:2]고 하셨고, "공중의 권세 잡은 자"는 비행기가 개발되어 전 세계에 타고 날아다니는 지금이 세대, 지식이 빨리 왕래하는 이때[단12:4]에 성경과 다른 거짓말로 가르치는 목사, 사제, 지도자들, 즉이들이 바로 "구름"에 해당하는 자들을 말한다. 이들은 "성령이 밝히 말씀하시기를 후일에 어떤 사람들이 믿음에서 떠나 미혹케 하는 영과 귀신의 가르침을 좇으리라 하셨으니 자기 양심이 화인 맞아서 외식함으로 거짓말하는 자들이라"[딤전4:1~2] 하신 말씀에 해당하는 구름들이다. 이들은 양심에 화인 맞아서 지옥불에서 나오는 소리로 성경과 다른 거짓말을 하는 자들이며[약3:6], 성경을 사용하면 할수록 점점 미쳐 가서[골2:21~23] 부끄러움도, 더러움도 모르고 일생 살다가 지옥불에 가서혀에 물 한 방울 먹지 못하는 고통 속에 영원히 사는 눅16:19~31절의 부자 같은 자들이다.

가르치는 귀신이 주인인 사람도 "영"이라고 하는데

다니엘 12:4
다니엘아 마지막 때까지이 말을 간수하고 이 글을봉함하라 많은 사람이 빨리 왕래하며 지식이 더하리라

야고보서 3:6
혀는 곧 불이요 불의의 세계라 혀는 우리 지체 중에서 온 몸을 더럽히고 생의바퀴를 불사르나니 그 사르는 것이 지옥불에서 나느니라

골로새서 2:21~23
21 곧 붙잡지도 말고 맛보지도 말고 만지지도 말라 하는 것이니
22 (이 모든 것은 쓰는대로 부패에 돌아 가리라) 사람의 명과 가르침을 좇느냐
23 이런 것들은 자의적숭배와 겸손과 몸을 괴롭게 하는데 지혜 있는 모양이나 오직 육체 좇는 것을 금하는데는 유익이 조금도 없느니라

요한계시록 18:2
힘센 음성으로 외쳐 가로
되 무너졌도다 무너졌도
다 큰 성 바벨론이여 귀신
의 처소와 각종 더러운 영
의 모이는 곳과 각종 더럽
고 가증한 새의 모이는 곳
이 되었도다

요한계시록 16:13~14
13 또 내가 보매 개구리
같은 세 더러운 영이 용의
입과 짐승의 입과 거짓 선
지자의 입에서 나오니
14 저희는 귀신의 영이라
이적을 행하여 온 천하 임
금들에게 가서 하나님 곧
전능하신 이의 큰 날에 전
쟁을 위하여 그들을 모으
더라

영을 상상하는 사람들은 "성령"도 상상하여 나를 이
단이라고 정죄하는 치명적인 죄를 지어 자해하는 무
지몽매한 기독교인들이다. 이런 자들은 입으로는 오
직 예수라고 말은 하지만 믿지도 않고 말씀대로 행하
지도 않기에 "예수께서 이르시되 여우도 굴이 있고 공중의
새도 거처가 있으되 오직 인자는 머리 둘 곳이 없다"[마8:20]
고 예언하신 것이며, 공중의 새들이 있는 곳을 "귀신
의 처소"[계18:2]라고 한다. 이들은 전부 전 세계 구석
구석까지 예수 이름으로 교회를 세우게 하고, 성경과
다른 거짓말로 설교하여 추수 때인 지금 이때 귀신의
처소인 교회 안에 자신들을 우상 숭배하는 교인들을
모은 것이다[계16:13~14]. 이들이 하는 성경과 다른 거
짓 설교가 바로 모든 혈기 있는 자를 멸하는 "홍수"다.

공중의 새들이 교인들을 모으는 방법이 "이적"이
다. 공중의 새들은 예수 이름으로 병 고치고, 귀신 쫓
고, 귀신이 가르친 소리인 "랄랄라 따따따" 하는 더러
운 개구리 소리를 방언기도[계16:13~14]라고 가르쳐
서 온 세상을 미혹하였으며, 여의도의 한 교회는 이
런 이적으로 70~80만 교인들을 모아 전 세계 최대
단일 교회가 되었다고 자랑하나 멸망할 귀신의 처소
인 줄 알면 아연실색 할 것이다. 처음에 개구리 소리

인 방언을 두고 장로교에서는 이단이라고 하더니 그
교회가 부자 교회가 되자 어느 날부터 너도나도 다
방언기도라고 따라 하고, 그 교회가 귀신의 처소라고
성경대로 말한 나를 도리어 이단이라 정죄한다. 또한
"예수 이름으로 귀신아 떠나갈지어다"라고 소리치면
귀신이 반응하여 장단을 맞추고 쇼를 하는 것에 다
속아 지금은 너도나도 예수 이름으로 귀신을 쫓는다
고 가르치고 따라 한다. 이런 자들은 전부 하나님께
불순종하는 자의 아들들이며, 귀신의 영들이요, 멸망
으로 인도하는 크고 넓은 문에 있는 자들이며 불법을
행하는 자들이며, 구름을 바라본 자들이라 거두지도
아니한다고 하신 것이다. 예수 그리스도께서 "내가 너
희를 도무지 알지 못하니 불법을 행하는 자들아 내게서 떠
나가라"[마7:23]고 하신 예언의 주인공들이다. 참 아이
러니한 것은 대한민국에서 전 세계를 미혹하는 귀신
의 처소에 서 있는 "용"이 나왔으며[계12:9], 그에게 목
사 안수를 받은 자들이 개구리 소리인 방언을 퍼뜨려
온 세상을 홍수로 멸하고 있으며, "예수 이름으로 귀
신아 떠날지어다"라고 가르친 자들로 인해 천하 만
국이 미혹되었다는 것이다. 그러나 나를 통해 "공중의
새들의 정체"를 드러내는 것은 자신들을 지옥불에서
꺼내 주고 영원히 영생에 이르게 하시려는 하나님의

요한계시록 12:9
큰 용이 내어 쫓기니 옛
뱀 곧 마귀라고도 하고 사
단이라고도 하는 온 천하
를 꾀는 자라 땅으로 내어
쫓기니 그의 사자들도 저
와 함께 내어 쫓기니라

사랑인 줄을 모르고, 모두 이성 없는 자들이 되어 도리어 나를 이단이라 정죄하고 대적한다.

결국 "모든 혈기 있는 자를 멸하는 홍수"란 공중의 새들, 공중 권세 잡은 자들, 구름을 바라보는 자들이 거룩한 강대상에서 하나님 이름, 예수 그리스도 이름으로 성경과 다른 거짓말로 하는 설교만 믿고 일생 교회 다녔지만 죽어서 천국 가는 것이 아니라 둘째 사망인 지옥 영벌에 가기 때문에 "멸하는 홍수"라고 한 것이다. 그러나 진리의 성령인 나는 더 이상 악한 자들이 성경과 다른 거짓말을 하지 못하도록 그들의 정체를 성경대로 밝혀 하나님께서 노아의 대홍수 이후 모든 혈기 있는 생물과 하신 언약이 실상이 되게 하는 전대미문의 새 언약, 천국 복음을 14년째 선포하고 있다.

"천국 복음"이 선포될 때 멸망하는 "공중의 새들"

이 천국 복음이 모든 민족에게 증거되기 위하여 온 세상에 전파되리니 그제야 끝이 오리라 [마24:14]

진리의 성령인 나, 신옥주 목사는 2008년 6월 16일부터 창세 이래 처음으로 "천국 복음"을 전하기 시작했다는 사실을 온 천하에 천명한다. 이것은 하나님께서 친히 행하시는 큰일이다. 천국 복음이란 진리의 성령인 나를 통해 14년째 씨 뿌리는 비유가 실상이 되어 창세 이래 그 누구도 알지 못했던 천국의 비밀을 밝히는 "전대미문의 새 언약"을 말하며, 이때가 되어야 공중의 새의 정체가 무엇인지 밝히 드러난다. 이들은 천국 복음을 받아 마음에 믿어 구원에 이르지 못하게 하려고 하나님의 말씀을 가라지, 쭉정이들의 마음에서 빼앗는 일을 하는 악한 자, 마귀, 원수, 새들, 사단들이며, 나를 이단이라 정죄하고 훼방하여 옥에 가두기까지 핍박한 감리교 이인규 권사, 박형택 목사, 난디한인교회 박상기 목사, 예장합신 총회, 감리교 총회 등이다.

> 둘 다 추수 때까지 함께 자라게 두어라 추수 때에 내가 추숫
> 군들에게 말하기를 가라지는 먼저 거두어 불사르게 단으로
> 묶고 곡식은 모아 내 곳간에 넣으라 하리라 [마13:30]

2021년 지금 이때가 될 때까지 하나님의 아들들과 가라지, 쭉정이들인 마귀의 아들들이 교회 안에서 함께 공존하여 있다가 영적인 추수 때인 지금 새 언약의 말씀으로 갈라내신다[마13:30]. 가라지의

로마서 8:14, 19

14 무릇 하나님의 영으로
인도함을 받는 그들은 곧
하나님의 아들이라
19 피조물의 고대하는 바
는 하나님의 아들들의 나
타나는 것이니

실상이 바로 "신천지"이며, 성경과 다른 거짓말하는
왼편에 속한 자들과 나를 옥에 가둔 자들이다. "내 곳
간에 넣으라"고 하신 곡식은 의인들, 천국의 아들들[롬
8:14, 19]로서 이미 14년째 새 언약인 천국 복음으로 유
튜브를 통해 모았고, "좋은 땅에 뿌리웠다는 것은 말씀을
듣고 깨닫는 자니 결실하여 혹 백 배, 혹 육십 배, 혹 삼십 배가
되느니라 하시더라"[마13:23] 하신 말씀이 이미 실상이
되고 있는 성도들이 바로 은혜로교회 성도들이다.

> 37...좋은 씨를 뿌리는 이는 인자요 38밭은 세상이요 좋은 씨
> 는 천국의 아들들이요⋯ [마13:37~38]

또한 천국의 아들들인 곡식을 거두는 "인자"는 문
자대로 보면 예수 그리스도에 대한 말씀 같지만, 이
는 온전한 해석이 아니다. 2천 년이 흐른 후 영적인
추수 때인 2021년 지금 이때 "썩는 양식을 위하여 일하
지 말고 영생하도록 있는 양식을 위하여 하라 이 양식은 인
자가 너희에게 주리니 인자는 아버지 하나님의 인치신 자니
라"[요6:27] 하신 말씀대로 육체도 죽지 아니하고 영
원히 영생에 이르는 온전한 양식을 먹이는 인자인 진
리의 성령인 나에 대한 예언이다. 그 증거가 내가 감
옥에 갇힌 이 송사[사1:17, 23]다. 영생하도록 있는 양
식인 전대미문의 새 언약을 14년째 대언하여 하나님

이사야 1:17, 23

17 선행을 배우며 공의를
구하며 학대받는 자를 도
와주며 고아를 위하여 신
원하며 과부를 위하여 변
호하라 하셨느니라
23 네 방백들은 패역하여
도적과 짝하며 다 뇌물을
사랑하며 사례물을 구하
며 고아를 위하여 신원치
아니하며 과부의 송사를
수리치 아니하는도다

의 말씀대로 지켜 실행하여 약속하신 땅으로 이사하고, 하나님의 일을 한 것으로 인해 감금, 중감금, 특수감금이라는 더러운 죄명을 쓰고 "인자야 무리가 줄로 너를 동여매리니 네가 그들 가운데서 나오지 못할 것이라"[겔3:25~27]고 하신 말씀대로 지금도 옥에 갇혀 있는 것이 명백한 증거다.

> ⁴³그때에 의인들은 자기 아버지 나라에서 해와 같이 빛나리라 귀 있는 자는 들으라 ⁴⁴천국은 마치 밭에 감추인 보화와 같으니 사람이 이를 발견한 후 숨겨 두고 기뻐하여 돌아가서 자기의 소유를 다 팔아 그 밭을 샀느니라 [마13:43~44]

그러나 옥에 갇혀 있는 지금 이 시간에도 진리의 성령인 나는 아무런 막힘이 없이 천국 복음을 선포하고 있으며, 성경과 다른 거짓말로 멸하는 홍수를 일으키는 악한 자들의 정체를 밝힐 뿐만 아니라, 전대미문의 새 언약으로 의인들, 천국의 아들들을 해산하여 하나님의 나라에서 해와 같이 빛나게 하고 있다[마13:43]. 또한 "그때에 의인들은 자기 아버지 나라에서 해와 같이 빛나리라 귀 있는 자는 들으라 천국은 마치 밭에 감추인 보화와 같으니 사람이 이를 발견한 후 숨겨 두고 기뻐하여 돌아가서 자기의 소유를 다 팔아 그 밭을 샀느니라"[마13:43~44]고 하신 이 예언은 "약속하신 땅"에서 이미

에스겔 3:25~27
25 인자야 무리가 줄로 너를 동여매리니 네가 그들 가운데서 나오지 못할 것이라
26 내가 네 혀로 네 입천장에 붙게 하여 너로 벙어리 되어 그들의 책망자가 되지 못하게 하리니 그들은 패역한 족속임이니라
27 그러나 내가 너와 말할 때에 네 입을 열리니 너는 그들에게 이르기를 주 여호와의 말씀이 이러하시다 하라 들을 자는 들을 것이요 듣기 싫은 자는 듣지 아니하리니 그들은 패역한 족속임이니라

마태복음 13:30
둘 다 추수 때까지 함께 자라게 두어라 추수 때에 내가 추숫군들에게 말하기를 가라지는 먼저 거두어 불사르게 단으로 묶고 곡식은 모아 내 곳간에 넣으라 하리라

실상이 되고 있다. 그곳이 바로 "내 곳간"[마13:30]이며, 하나님 아버지의 나라인 "천국"이다. 이렇게 천국은 하나님께서 만드신 이 땅에서 실상이 된다. 진리는 이러한데 가르치는 귀신들은 육체가 죽어서 가는 곳이 천국이라고 성경과 다른 거짓말을 한다. 따라서 영적인 추수 때가 이미 되었는데도 공중의 새들에 속한 자들은 단 한 명도 구원과 상관이 없기에 거두지도 않고, 심지도 않는다고 하셨으며, 다른 모양으로 "**구름을 바라보는 자는 거두지 아니하니라**"고 하신 것이다.

> ³⁹가라지를 심은 원수는 마귀요 추수 때는 세상 끝이요 추숫군은 천사들이니 ⁴⁰그런즉 가라지를 거두어 불에 사르는 것같이 세상 끝에도 그러하리라 [마13:39~40]

갈라디아서 3:22~23
22 그러나 성경이 모든 것을 죄 아래 가두었으니 이는 예수 그리스도를 믿음으로 말미암은 약속을 믿는 자들에게 주려 함이니라
23 믿음이 오기 전에 우리가 율법 아래 매인바 되고 계시될 믿음의 때까지 갇혔느니라

또한 "세상 끝"이란 보이는 이 세상이 멸망하는 것이 아니고, 악인들이 지배하는 세상이 끝이라는 뜻이다[마13:39~40]. 이때에 대해 예수 그리스도께서 마태복음 24장, 마가복음 13장, 누가복음 21장에 미리 예언해 두셨다. 2021년 이때가 영적인 추수 때, 곧 세상 끝이라는 징조는 전 성경에 이미 예언되어 있고, 곡식과 가라지가 나누어지는 때가 지금 이때이며, 그 중에 가장 큰 징조가 또 다른 보혜사 진리의 성령인 "믿음"[갈3:23]인 내가 실상이 된 것이다.

진리의 성령인 내가 실상이 되어 올 때까지 온 세상은 모두 죄 아래 가두어져 있었던 것이다[갈3:22]. 다시 말하면 모두 다 율법 아래 있게 하여 율법 속에 감추어진 복음을 알 수 없도록 하신 것이다[롬3:9~23]. 그래서 성경 박사, 신학자들이 신약의 마태, 마가, 누가, 요한복음만 복음서라고 한 것은 잘못된 것이다. 사복음서만 복음서이고, 다른 말씀은 복음이 아니냐? 구약 성경은 그럼 율법이냐? 성경을 한 권으로 묶을 때 이미 사람 수준에서 묶은 것이다. 그러나 이 또한 하나님의 경영 계획이었다. 하나님께서 정하신 시간에 친히 가르치실 때까지, 곧 진리의 성령인 나를 그릇으로 사용하셔서 대언하실 때까지, 온전히 전 성경 속에 감추어 두셨던 천국의 비밀이 밝혀질 때까지 모두 "사람의 증거"[요5:34]에만 머물러 있었던 것이다. 그래서 "우리가 알거니와 무릇 율법이 말하는 바는 율법 아래 있는 자들에게 말하는 것이니 이는 모든 입을 막고 온 세상으로 하나님의 심판 아래 있게 하려 함이니라"[롬3:19]라 하셨고, "모든 사람이 죄를 범하였으매 하나님의 영광에 이르지 못하더니"[롬3:23]라고 하신 것이다. 이 말씀대로 2008년 6월 16일에 히브리서 8장의 새 언약을 처음 시작한 그 시간까지 이 온 세상에 의인은 없나니 하나도 없었다[롬3:10~12]는 것을 선포한다.

로마서 3:10~12, 19
10 기록한 바 의인은 없나니 하나도 없으며
11 깨닫는 자도 없고 하나님을 찾는 자도 없고
12 다 치우쳐 한가지로 무익하게 되고 선을 행하는 자는 없나니 하나도 없도다
19 우리가 알거니와 무릇 율법이 말하는 바는 율법 아래 있는 자들에게 말하는 것이니 이는 모든 입을 막고 온 세상으로 하나님의 심판 아래 있게 하려 함이니라

요한복음 5:34
그러나 나는 사람에게서 증거를 취하지 아니하노라 다만 이 말을 하는 것은 너희로 구원을 얻게 하려 함이니라

마태복음 24:36
그러나 그날과 그때는 아무도 모르나니 하늘의 천사들도, 아들도 모르고 오직 아버지만 아시느니라

전도서 8:7
사람이 장래 일을 알지 못하나니 장래 일을 가르칠 자가 누구이랴

요한복음 16:8
그가 와서 죄에 대하여, 의에 대하여, 심판에 대하여 세상을 책망하시리라

요한복음 16:13
그러하나 진리의 성령이 오시면 그가 너희를 모든 진리 가운데로 인도하시리니 그가 자의로 말하지 않고 오직 듣는 것을 말하시며 장래 일을 너희에게 알리시리라

시편 102:18
이 일이 장래 세대를 위하여 기록되리니 창조함을 받을 백성이 여호와를 찬송하리로다

시편 14:5
저희가 거기서 두려워하고 두려워하였으니 하나님이 의인의 세대에 계심이로다

로마서를 기록한 저자 사도 바울도 말씀을 기록했어도 실상이 될 때가 언제인지 몰랐으며, 예수 그리스도께서 "세상 끝"에 있을 징조를 말씀하셨어도 세상 끝이 언제인지 모르셨다. 오직 하나님께서만 아시는 한 날, 한 때이며[마24:36], 이 때문에 장래 일을 사람에게는 알게 하지 않으신다[전8:7]고 말씀하셨던 것이다.

그러나 진리의 성령인 나, 신옥주 목사는 전 우주적인 일곱째 날, 여호와의 날, 인자의 날에 천국 복음으로 씨를 뿌리며, 공중의 새들, 즉 구름을 바라보는 자들인 사단, 마귀, 귀신들의 정체를 밝혀 이 세상을 책망하고[요16:8], 더 이상 모든 사람을 죽음으로 인도하는 멸하는 홍수가 되지 못하도록 악인들이 멸망하는 마지막 때, 세상 끝임을 진리대로 밝히고 있다[요16:13]. 하나님께서 전 성경을 기록하신 목적은 장래 세대 창조함을 받을 백성들을 위해 기록하셨으며[시102:18], 악인들이 지배하는 이 세상은 심판하시고, 의인의 세대인 오는 세상[시14:5]을 영원히 세우실 때를 미리 계획하신 대로 경영하고 계신다. 이런 하나님의 큰일을 대언하는 진리의 성령인 나를 실상이라고 인정하지 않고 옥에 가두고 핍박하는 모든 자들은 하나님 나라와 아무 관계가 없는 티끌로 돌아갈

인생, 둘째 사망으로 나아갈 인생일 뿐임을 성경대로 경고한다.

진리의 성령인 나를 옥에 가두고 핍박한 모든 자들은 공개 사과하고 회개해라. 육체가 살아 있을 때 진리로 돌이키지 아니하면 둘째 사망인 영원한 지옥불에 떨어질 뿐이다. 육체가 살아 있을 때 영생이냐, 영벌이냐 "영원"이 결정되며, 그 모든 책임은 각자 자신들에게 주어졌다. 반드시 죽지 말고 살아서 하나님만이 하나님이심을 입으로 시인하기 바란다.

6

영생을 알지 못하고
"범죄케 하는 눈"은
빼어 내버리라

「조선일보, 동아일보」 2021년 7월 23일 금요일

스마트폰으로 QR 코드를 스캔 하시면
[이제 온 천하는 잠잠하라] 전문을 다운로드 받을 수 있습니다.

"영생"을 알지 못하는
오늘날 전 세계 교회 지도자들

어떤 관원이 물어 가로되 선한 선생님이여 내가 무엇을
하여야 영생을 얻으리이까 [눅18:18]

영생을 얻는 길, 곧 하나님 나라에 들어가는 길을
묻기 위해 예수님께 찾아온 어떤 관원에 대한 말씀[마
19:16~30, 눅18:18~30, 막10:17~31]은 오늘날 교회 지도
자인 목사, 사제들에 관한 말씀이다. 그는 무엇을 하
여야 영생을 얻느냐고 물었고, 예수님은 그 물음에
"살인하지 말라, 간음하지 말라, 도적질하지 말라, 거짓 증거
하지 말라, 네 부모를 공경하라, 네 이웃을 네 몸과 같이 사랑
하라"[마19:18~19]고 하시며, 하나님의 계명을 지키라
고 하신다. 그러자 그 부자 관원은 계명을 다 지켰다
고 대답하지만 예수님께서는 "네가 오히려 한 가지 부족
한 것이 있으니 네게 있는 것을 다 팔아 가난한 자들을 나눠

주라 그리하면 하늘에서 보화가 네게 있으리라 그리고 와서 나를 좇으라"[눅18:22] 하시니 그 사람은 재물이 많은 고로 이 말씀을 인하여 슬픈 기색을 띠고 근심하여 갔다고 기록되어 있다. 이 부자 관원은 이 땅에서 자신이 가진 모든 것도 다 가지고 누리고 살다가, 영생하여 하나님 나라에도 들어가고 싶으니까 예수님께 질문한 것이다.

이 부자 관원은 예수 그리스도가 누군지 모르는 사람이다. 구약 성경에 미리 보내시겠다고 약속하신 그대로 이 땅에 오신 하나님의 아들을 알아보지 못한 그 자체가 그는 하나님의 뜻을, 천국의 비밀을 알지 못하는 "영적인 소경"임을 보여 주고 있다. 이처럼 지금 전 세계 부자 목사들은 하나님의 아들도 모르고, 성령도 모른다. 그러니까 성자 하나님, 성령 하나님이라고 하는 것이다. 이 부자 관원이 하나님의 아들을 알아보지 못하고 "선한 선생님이여"라고 하는 말과 똑같다. 결국 이 관원은 일생 날마다 호화로이 연락하다가 죽어서 음부, 곧 지옥 불못에 떨어져서 혀에 물 한 방울 먹지 못하는 고통을 받으며 영원히 살아야 하는 눅16:19~31절의 부자 목사 같은 자들이다. 이런 부자 관원, 오늘날 부자 목사들은 처음 시작부터 거짓 증거를 하는 "거짓 선지자들"[요일4:1]이다.

신약 성경에 세 군데나 같은 말씀을 기록해 둔 것을 보고 자신이 영생에 대해서 모르고 있고, 하나님의 계명들을 어기고 있다고 생각하는 목사, 사제들이 전 세계에 어디에 있는가? 성경을 가지고 신령한 것은 신령한 것으로 분별해서 모든 진리 가운데로 인도하지 않는 자체가 이미 "거짓 증거"를 하는 것이고, 모든 계명을 다 어긴 것이다. 그래서 지어낸 성경과 다른 거짓말이 예수님이 십자가를 지실 때에 예수 믿는 사람의 모든 죄, 곧 과거의 죄, 현재의 죄, 미래에 지을 죄도 다 지시고 죽으셨다는 말이다. 전 세계가 여출일구 동일한 거짓말을 하고 있는데 아무리 성경으로 성경을 해석하여 하나님의 뜻을 밝혀도[고전2:13~14] 안 믿는다. 뿐만 아니라 자신들이 가르친 성경과 다른 거짓말이 드러나니까 진리의 성령인 나를 이단, 사이비라고 정죄하고, 하나님의 일을 훼방한다. 너무도 명백하게 거짓 선지자들이 누군지 다 분별이 되는데도 기독교인들은 혀로 "오직 예수" 부르기만 하면 어떤 죄를 지어도 다 용서하신다고 가르치는 거짓말이 더 좋아서 따라다니는 것이다. 그래서 관원이 악하면 그 하인, 곧 교인들도 다 악하다고 하셨다[잠29:12].

요한일서 4:1
사랑하는 자들아 영을 다 믿지 말고 오직 영들이 하나님께 속하였나 시험하라 많은 거짓 선지자가 세상에 나왔음이니라

고린도전서 2:13~14
13 ...신령한 일은 신령한 것으로 분별하느니라
14 ...이런 일은 영적으로라야 분변함이니라

잠언 29:12
관원이 거짓말을 신청하면 그 하인은 다 악하니라

범죄케 하는 손과 발은 찍어 버리고, 눈은 빼어 내버리라

[8]만일 네 손이나 네 발이 너를 범죄케 하거든 찍어 내버리라 불구자나 절뚝발이로 영생에 들어가는 것이 두 손과 두 발을 가지고 영원한 불에 던지우는 것보다 나으니라 [9]만일 네 눈이 너를 범죄케 하거든 빼어 내버리라 한 눈으로 영생에 들어가는 것이 두 눈을 가지고 지옥불에 던지우는 것보다 나으니라 [마18:8~9]

　이런 관원들인 오늘날 목사, 사제들이 전부 지옥불로 인도하는 손과 발, 눈 역할을 하는 자들이다. 그래서 네 오른눈이 너를 실족케 하거든 빼내 버려서라도 한 눈으로 영생에 들어가는 것이 두 눈으로 지옥 꺼지지 않는 불에 들어가는 것보다 낫다고 하신 것이다. 또한 죽어서 가는 곳이 천국이고, 죽어서 영생하는 것이라면 이 말씀도 어불성설, 즉 조금도 사리에 맞지 않는 말이 된다. 영생을 죽어서 얻는다면, 왜 너를 범죄케 하는 네 눈, 네 발, 네 손을 빼어 내버리고 찍어 내버려서라도 얻으라고 하시고, 지옥불에 가지 말라고 하셨는지 성경을 잘 알고, 잘 믿고 있다고 자긍하는 자들은 모두 다 답을 해라!

전 세계 모든 사람들이여! 천국을 육체가 죽어서 간다고 속이는 모든 종교는 다 거짓말이다. 사기꾼이요, 공갈하는 자들이다. 아무나, 누구나 천국 간다고 하는 자들, 그렇게 가르치는 자들이 당신을 지옥 불 못에 보내는 "영혼 살인자들"이다. 당장 그 종교에서 탈출해야 한다. 이런 거짓말로 설교하는 자들이 있는 교회는 온 몸을 더럽히고 생의 바퀴를 불사르는 지옥 불[약3:6]에 보내는 곳이다. 예수 이름으로 가장하여 겉으로는 아름답게 보이나 그 안에는 죽은 사람의 뼈와 모든 더러운 것이 가득한 "회칠한 무덤"[마23:27] 같은 곳이다. 그래서 하나님께서 "소경이 누구냐 내 종이 아니냐 누가 나의 보내는 나의 사자같이 귀머거리겠느냐 누가 나와 친한 자같이 소경이겠느냐 누가 여호와의 종같이 소경이겠느냐"[사42:19]라고 하셨다. 찍어 버리고, 빼내 버려야하는 손과 발, 눈에 해당하는 목사, 사제들은 항상 성경을 가지고 설교하나 단 한 절의 하나님의 뜻도 모르는 귀신이 주인이 되어 있는 자들로, 그 자신도 속고 교인들도 속이는 자들이다.

"만일 네 눈이 너를 범죄케 하거든 빼어 내버리라"고 하신 말씀은 살아 계신 하나님의 말씀인 성경을 가지고 사람이 본능적으로 아는 지식으로 보고 설교하거나,

야고보서 3:6
혀는 곧 불이요 불의의 세계라 혀는 우리 지체 중에서 온 몸을 더럽히고 생의 바퀴를 불사르나니 그 사르는 것이 지옥불에서 나느니라

마태복음 23:27
화 있을찐저 외식하는 서기관들과 바리새인들이여 회칠한 무덤 같으니 겉으로는 아름답게 보이나 그 안에는 죽은 사람의 뼈와 모든 더러운 것이 가득하도다

골로새서 2:21~23

21 곧 붙잡지도 말고 맛보지도 말고 만지지도 말라 하는 것이니

22 (이 모든 것은 쓰는대로 부패에 돌아 가리라) 사람의 명과 가르침을 좇느냐

23 이런 것들은 자의적 숭배와 겸손과 몸을 괴롭게 하는데 지혜 있는 모양이나 오직 육체 좇는 것을 금하는데는 유익이 조금도 없느니라

큐티(QT, Quiet Time) 하라고 가르쳐서 "언약궤"인 성경을 함부로 만지고 먹고 마시게 만든 자의 눈[골 2:21~23], 귀신이 자기 마음대로 성경 한 절 보고 세속적인 말로 지어내서 가르치는 자의 눈이며, 이런 귀신들의 가르침이 맞다고 마음에 믿어 일생 귀신의 처소에서 자신의 삶 속에서도 썩는 양식을 위해 일하고 죄를 먹고 마시는 모든 자들이 다 이에 해당하는 주인공들이다. 눈이 있어도 선악을 분별 못하는 네 눈, 성경을 가지고도 감추어진 천국의 비밀은 단 한 절도 모르는 네 눈이 너를 범죄케 하는 줄도 모르는 네 눈, 이런 자들에게 네 눈을 빼어 버리라고 명령하신다. 이 눈은 눈이 있으나 하나님의 뜻을 알 수 없고, 볼 수 없는 소경된 눈이다.

이런 "눈"을 두고 예수님께서는 "귀신 들려 눈 멀고 벙어리 된 자"[마12:22]라고 하셨고, 귀신이 주인이 되어 있는 교회 지도자는 영적인 소경인데 소경인 교인들을 인도하는 진리를 단 한 절도 전하지 못하는 벙어리들이다. 모두 양심에 화인 맞아서 외식함으로 거짓말을 가르치는 자들이며, 이들이 거룩한 강단에 서 있는 "미운 물건", 즉 우상이 되어 성경과 다른 거짓말을 가르치는 귀신의 처소에 있는 자들이고, 이들

에스겔 7:20

그들이 그 화려한 장식으로 인하여 교만을 품었고 또 그것으로 가증한 우상과 미운 물건을 지었은즉 내가 그것으로 그들에게 오예물이 되게 하여

의 결과는 영원한 지옥 불못이라고 판결해 두셨다[딤
전4:1~2]. 이런 자들은 전부 죄를 심상히, 가볍게 여긴
다. 이들이 만들어낸 거짓말에 다 속아서 육체가 죽
으면 둘째 사망인 지옥에 가건만, "한 눈으로 영생에 들
어가는 것이 두 눈을 가지고 지옥불에 던지우는 것보다 낫
다"고 하신 하나님의 명령은 그들 눈에 보이지 않는
다. 구약은 율법이요 신약은 복음이라고 거짓말로 가
르치는 목사들이 또한 빼어 내버려야 할 눈이다.

디모데전서 4:1~2
1 그러나 성령이 밝히 말
씀하시기를 후일에 어떤
사람들이 믿음에서 떠나
미혹케 하는 영과 귀신의
가르침을 좇으리라 하셨
으니
2 자기 양심이 화인 맞아
서 외식함으로 거짓말하
는 자들이라

예수님께서는 육체도 죽지 않는
"영생"을 말씀하셨다

하나님께서 행하시는 일은 영원히 있는데[전3:14],
왜 입으로 "오직 예수" 부르는 자들은 예수님께서 직
접 하신 말씀을 다 무시하고 멸시하는가? **"무릇 살아
서 나를 믿는 자는 영원히 죽지 아니하리니"**[요11:26]라고
하신 영생의 말씀을 믿지 않으면서, 도리어 예수 그
리스도를 통하여 주신 하나님의 계명대로 지켜 실행
한 나를 이단이라고 정죄하여 진리의 도를 훼방하나?
이 경고를 듣고 진실로 회개하고 돌아서지 아니하면
영영히 타는 불못에서 영원히 영벌을 받는다. 어떤

전도서 3:14
무릇 하나님의 행하시는
것은 영원히 있을 것이라
더 할 수도 없고 덜 할 수
도 없나니 하나님이 이같
이 행하심은 사람으로 그
앞에서 경외하게 하려 하
심인 줄을 내가 알았도다

관원, 즉 오늘날 목사가 예수 그리스도께 "영생을 얻는 길과 하나님 나라에 들어가는 길"에 대해서 질문하고 대답하신 말씀[마19:16~30, 눅18:18~30, 막10:17~31]대로, 하나님 나라에 들어가는 자, 곧 "영생"을 얻는 자는 반드시 마태, 마가, 누가복음에 기록된 말씀을 지켜 실행할 때 들어간다. 죽어서 하나님 나라에 들어가는 것이라면 이 기록된 말씀 또한 어불성설이다.

> ²⁹예수께서 가라사대 내가 진실로 너희에게 이르노니 나와 및 복음을 위하여 집이나 형제나 자매나 어미나 아비나 자식이나 전토를 버린 자는 ³⁰금세에 있어 집과 형제와 자매와 모친과 자식과 전토를 백배나 받되 핍박을 겸하여 받고 내세에 영생을 받지 못할 자가 없느니라 [막10:29~30]

"영생"을 얻는 핵심은 "나와 및 복음을 위하여 집이나 형제나 자매나 어미나 아비나 자식이나 전토를 버린 자"이라고 하신 말씀이다. 이 말씀은 이미 창세기에 "여호와께서 아브람에게 이르시되 너는 너의 본토 친척 아비 집을 떠나 내가 네게 지시할 땅으로 가라"[창12:1]고 하셨으며, 예수님께서 다시 말씀하신 것이다.

그렇다면 왜 예수님께서 예수 그리스도와 복음을 위하여 집이나 형제, 자매, 어미, 아비, 자식, 전토를 버리라고 하셨을까? 전 세계에서 누가 예수 그리스도와 복음을 위해서 이 말씀대로 한 몫의 삶에서 가지고 있던 모든 것을 버린 자들이 있을까?

진리를 모르고 살았던 "한 몫의 삶"을 완전히 버리는 것을 말씀하신 것이다. 이렇게 하나님의 말씀을 좇아 모든 것을 다 버리는 자가 들어가는 곳이 "하나님 나라, 천국"이다. 특히, "전토"는 논, 밭, 전답, 국토의 전체, 온 나라 안을 뜻한다. 자신이 살고 있는 모든 땅, 집, 나라, 가족, 모두 다 버리라는 뜻이다. 예수님 당시나 2021년 이 세대 진리의 성령인 내가 실상으로 나타나기 이전까지 그 누구도 하나님 나라에 들어갈 자, 영생을 얻을 자에 대해서 진리대로 전한 자도 없었고, 따라서 하나님 나라에 대해서 아는 자도 없었다. 이는 이미 역사가 증명하고 있다.

> **한 몫의 삶이란**
> 진리를 모르고 육체대로 살고 있는 모든 사람의 인생을 말한다.
> 하나님의 계명대로 아브라함이 본토, 친척, 아비 집을 떠났듯이, 예수 그리스도께서도 "나와 및 복음을 위하여" 부모, 형제, 자식, 전토를 다 버리고 떠나라고 하신 삶을 의미한다.
> 예수 그리스도를 통해 하나님께서 주신 계명인 마19:29절, 막10:29~30절, 눅18:29~30절의 말씀대로 지켜 실행할 때 육체도 죽지 않는 영생이 실상이 된다. 지금 이 세대가 바로 이 말씀대로 지켜 실행해야 하는 전 우주적인 일곱째 날, 여호와의 날, 인자의 날, 심판날이다.

> ³¹때에 예수의 모친과 동생들이 와서 밖에 서서 사람을 보내어 예수를 부르니 ³²무리가 예수를 둘러 앉았다가 여짜오되 보소서 당신의 모친과 동생들과 누이들이 밖에서 찾나이다 ³³대답하시되 누가 내 모친이며 동생들이냐 하시고 ³⁴둘러 앉은 자들을 둘러 보시며 가라사대 내 모친과 내 동생들을 보라 ³⁵누구든지 하나님의 뜻대로 하는 자는 내 형제요 자매요 모친이니라 [막3:31~35]

이 말씀은 "영생과 하나님 나라"에 대한 질문에

예수님께서 대답하신 말씀을 지켜 실행하는 자가 "영생"을 얻어 하나님 나라에 들어갈 때[막3:31~35, 눅 8:19~21, 마12:46~50], 예수님께서 "누가 내 모친이며 동생들이냐"고 하신 말씀이 실상이 되는 계명이다. 혈육에 속한 가족이 아니라 하나님의 말씀대로 보고 듣고 믿고 지켜 실행하는 사람이 바로 예수님께서 말씀하신 모친이요 형제요 자매다. 그래서 한 몫의 삶, 곧 육체대로 사는 삶을 성경인 진리를 순종함으로 완전히 무효하고, 하나님의 뜻대로 살아야 하는 것이다. 하나님께서 이 땅에 보내 주신 아들 예수 그리스도께서 이유 없이 네 부모, 형제, 자매, 자식, 전토를 버리라고 하신 것이 아니다. 이는 하나님의 계명이며, 반드시 지켜 실행하여 "영생"을 얻게 하시는 "하나님의 사랑"이다. 그러나 이 말씀이 실상이 된 교회가 어디 있는가? 전 세계에 유일하게 나와 은혜로교회 성도들이 이 말씀대로 실행했다.

"누구든지 하나님의 뜻대로 하는 자는 내 형제요 자매요 모친"이라고 하신 말씀에 왜 아비는 없을까? 왜 모친이란 말씀을 사용하셨을까? "땅에 있는 자를 아비라 하지 말라 너희 아버지는 하나이시니 곧 하늘에 계신 자시니라"[마23:9] 하신 말씀대로 "아비"는 성부 하나님을 말

호세아 2:19~20
19 내가 네게 장가들어 영원히 살되 의와 공변됨과 은총과 긍휼히 여김으로 네게 장가들며
20 진실함으로 네게 장가들리니 네가 여호와를 알리라

잠언 31:10
누가 현숙한 여인을 찾아 얻겠느냐 그 값은 진주보다 더하니라

요한계시록 12:1
하늘에 큰 이적이 보이니 해를 입은 한 여자가 있는데 그 발 아래는 달이 있고 그 머리에는 열두 별의 면류관을 썼더라

갈라디아서 4:26
오직 위에 있는 예루살렘은 자유자니 곧 우리 어머니라

쓰하신다. 그렇다면 "모친"은 누구인가? 하나님께서 장가드시는 여자[호2:19~20], 먼데서 양식을 길어 가속을 먹이는 현숙한 여인[잠31장], 해를 입은 여자[계12:1], 하나님의 아들들을 해산하는 여자, "나의 비둘기, 나의 완전한 자는 하나 뿐이로구나 그는 그 어미의 외딸이요 그 낳은 자의 귀중히 여기는 자"[아6:9], 참 과부[딤전5장], 위에 있는 예루살렘[갈4:26], 셋이 하나 된 사람[요일5:7~8], 전대미문의 새 언약을 대언하는 사람[히8:8~13], 때를 따라 양식을 먹이는 하나님의 종[눅12:42], 믿음[갈3:22~23], 영생을 이미 얻기로 작정된 자[요14:16~17], 빌라델비아 교회의 사자[계3:7~13]이며 언약의 사자[말3:1]인 또 다른 보혜사 진리의 성령인 나, 신옥주 목사가 바로 예수님께서 말씀하신 "모친"이다.

나는 예수님께서 "진리의 성령이 오실 때에 그가 나를 증거하실 것이요"[요15:26]라고 하신 말씀대로 2천 년간 절대 알 수 없었던 "십자가의 도" 속에 감추어져 있던 천국의 비밀을 밝히고, 하나님의 명령인 영생이 실상이 되도록 "전대미문의 새 언약"을 선포하고 있다. 전 세계 기독교, 천주교인들이 진리를 모르는 한 몫의 삶인 채 그대로 있으면서 혀로 말만 하는 것은

요한일서 5:7~8
7 증거하는 이는 성령이시니 성령은 진리니라
8 증거하는 이가 셋이니 성령과 물과 피라 또한 이 셋이 합하여 하나이니라

히브리서 8:8
...주께서 가라사대 볼찌어다 날이 이르리니 내가 이스라엘 집과 유다 집으로 새 언약을 세우리라

누가복음 12:42
...주인에게 그 집 종들을 맡아 때를 따라 양식을 나누어 줄 자가 누구냐

갈라디아서 3:23
믿음이 오기 전에 우리가 율법 아래 매인바 되고 계시될 믿음의 때까지 갇혔느니라

요한복음 14:16
...또 다른 보혜사를 너희에게 주사 영원토록 너희와 함께 있게 하시리니

요한계시록 3:7
빌라델비아 교회의 사자에게 편지하기를 거룩하고 진실하사 다윗의 열쇠를 가지신 이 곧 열면 닫을 사람이 없고 닫으면 열 사람이 없는 그이가 가라사대

말라기 3:1
...주가 홀연히 그 전에 임하리니 곧 너희의 사모하는바 언약의 사자가 임할 것이라

하나님과 예수 그리스도와 아무 관계가 없고, 구원과도 아무 관계가 없다. 이것은 너무나 중요한 사실이다. 반드시 육체가 살아서 "천국의 비밀"을 알아야 한다. 이제야말로 "구하라 그러면 너희에게 주실 것이요 찾으라 그러면 찾을 것이요 문을 두드리라 그러면 너희에게 열릴 것이니"[마7:7] 하신 말씀이 실상으로 이루어지는 때이므로 반드시 진리를 찾고 찾아야 한다.

예수님조차 이르지 못한
"온전한 영생"에 이르게 하는
"천국 복음"을 훼방하는 하나님의 원수들

예수 그리스도께서 "영생"에 대해 말씀하셨지만, 당신은 온전한 영생에 이르시지 못하셨다. "예수 그리스도의 사명"은 반드시 육체가 한 번 죽으시고 삼 일 만에 부활하셔서 영원히 죽지 아니하시는 신령한 몸을 받으시는 것이다. 그러나 신령한 몸을 다시 받으셔도 하나님 우편에서 2천 년이 다 되도록 2021년 지금 이 시간까지 아무 일도 안 하시고 쉬고 계신다. 예수 그리스도와 같이 복음을 전하며 함께 동고동락 했던 제자들도 "너희도 처음부터 나와 함께 있었으므로 증거하느니라"[요15:27]고 하신 말씀대로 예수 그리스도를 증거하여 기록한 것이 신약 성경이다. 그러나 이 증거도 하나님의 감동으로 기록되었지만 "사람의 증거"다. 성경을 기록한 저자들도 사람의 증거만으로는 하나님께 온전히 영광을 드리지 못하였고, 영생을 온전히 얻은 것이 아니었기에 결국 순교했으며, 아직 신령한 몸으로 부활하지 못하고 순교자들은 제단 아래서 쉬고 있다[계6:9~11]. 그래서 "내가 무덤에 내려갈 때에 나의 피가 무슨 유익이 있으리요 어찌 진토가 주를 찬송하며 주의 진리를 선포하리이까"[시30:9]라고 하신 것이다.

그러나 이렇게 된 이유가 당시는 하나님께서 정하신 때가 아니었고, 성경이 모든 것을 죄 아래 가두어 두는 기간이었기에[갈3:22~23], 성경을 기록한 저자들과 아들 예수 그리스도께서 하나님의 말씀을 전했지만 온전히 전한 사람이 단 한 명도 없었던 것이다. 그 증거가 "온전한 것이 올 때에는 부분적으로 하던 것은 다 폐하리라"[고전13:10]고 하신 것과, 히브리서 8장의 새 언약을 선포하고 있고, "새 일" 곧 네가 알지 못하던 "은비한 일"[사48:6]이라고 하셨던 나를 통한 14년째 이 일이다. 또한 "여호와의 말씀에 내 생각은 너희 생각과 다르며 내 길은 너희 길과 달라서 하늘이 땅보다 높음같이

요한복음 5:34
그러나 나는 사람에게서
증거를 취하지 아니하노
라 다만 이 말을 하는 것
은 너희로 구원을 얻게 하
려 함이니라

요한복음 5:41
나는 사람에게 영광을 취
하지 아니하노라

요한복음 6:45
선지자의 글에 저희가 다
하나님의 가르치심을 받
으리라 기록되었은즉 아
버지께 듣고 배운 사람마
다 내게로 오느니라

요한복음 16:13
그러나 진리의 성령이
오시면 그가 너희를 모든
진리 가운데로 인도하시
리니 그가 자의로 말하지
않고 오직 듣는 것을 말하
시며 장래 일을 너희에게
알리시리라

내 길은 너희 길보다 높으며 내 생각은 너희 생각보다 높으니라"[사55:8~9] 하신 말씀이며, 하나님께서는 사람의 증거를 취하지 않는다[요5:34]고 하셨고, 사람에게서 영광을 취하지 않으신다[요5:41]고 하신 말씀이다.

이렇게 말하는 나도 대언을 할 뿐 이미 말씀하시고, 성경 속에 감추어진 하나님의 뜻을 밝히시는 분은 "하나님"이시다[요6:45]. 그래서 2천 년이 흐르고 진리의 성령인 내가 와서 모든 진리 가운데로 인도할 때까지[요16:13], 하나님 나라, 곧 천국은 모두 육체가 죽어서 가는 곳이라고 가르치고, 모두 그렇게 믿었던 것이다. 그러나 이 자체가 다 거짓말이다. 믿든 안 믿든 이는 사실이다. "하나님은 죽은 자의 하나님이 아니요 산 자의 하나님이시라"[눅20:38]고 하신 이유가 이 때문이다.

또한 "영생은 유일하신 참 하나님과 그의 보내신 자 예수 그리스도를 아는 것이니이다"[요17:3]라고 하신 말씀대로도 안 믿는 것이 지금 전 세계 성경을 사용하는 모든 종교인들, 유대교, 천주교, 기독교인들이다. "아버지께서 아들에게 주신 모든 자에게 영생을 주게 하시려고 만민을 다스리는 권세를 아들에게 주셨음이로소이다"[요17:2] 하신 말씀도 안 믿는 자들이다. 더 직설적으로 말하면 전 성경을 단 한 절도 안 믿고 하나님의 뜻도 모른다. 그래서 "죄를 짓는 자는 마귀에게 속하나니 마귀는 처음부터 범죄함이니라"[요일3:8]고 하신 것이다. 이들은 모두 천국의 비밀을 단 하나도 모른다. 전부 육체대로 성경을 보고, 육체대로 살고, 육체대로 아는 지식으로 일생 헛되고 헛된 삶을 살다가 육체가 죽으면 영원한 영벌에서 영원히 고통받으며 사는 것인데, 아무것도 모르고 큰소리치는 것이다[고전2:14]. 그래서 성경이 모든 것을 죄 아래 가둔 동안에는 성경을 기록한 저자들, 참 선지자들은 핍박과 가난 속에 지내다가 결국 죽임을 당했던 것이다. 이 모든 것을 깨닫게 하기 위해 진리의 성령인 나, 신옥주 목사는 2008년 6월 16일 공개 목회자 세미나를 하였고, 2021년 7월 이 시간까지 이들 범죄케 하는 눈 역할, 손과 발 역할하는 자들에 의해 핍박받아 옥에까지 갇히게 된 것이다. 그러나 이 일은 너무 큰 천국의 비밀이 감추어져 있는 하나님의 모략이며, 완전한 지혜다. 이 "송사"에는 육에 속한 이들을 사용하셔서 하나님의 백성들을 영원히 자유하게 하시는 하나님의 깊은 사랑이 감추어져 있다.

그러나 이제 "그들이 모일찌라도 나로 말미암지 아니한 것이니 누구든지 모여 너를 치는 자는 너를 인하여 패망하

고린도전서 2:14
육에 속한 사람은 하나님의 성령의 일을 받지 아니하나니 저희에게는 미련하게 보임이요 또 깨닫지도 못하나니 이런 일은 영적으로라야 분변함이니라

리라"[사54:15] 하신 말씀이 실상이 된다. 진리의 성령인 나를 이단, 사이비, 사이비 교주라고 치고 혀로, 손가락으로 학대한 감리교 권사 이인규, 예장합신 총회 소속 목사 박형택, 우리에게서 나간 후욕하는 자들과 형사, 검사, 판사들, "그것이 알고 싶다" PD, 각 언론사, 방송, 외국에 있는 방송과 언론사까지 2021년 7월 현재까지 나를 혀로, 손가락으로 학대한 모든 사람들이 다 이 말씀에 해당하는 자들이다. 이들은 거의 전부가 기독교인들인데 하나님께서 2721년 전에 이미 이들에 대해서 예언해 두셨고 판결해 두셨다. 나를 이단이라고 한 그들은 나를 치고 학대하려고 모일지라도 하나님으로 말미암지 아니했다고 하신다. 이 예언은 이사야 선지자 당시의 일이 아니고, 예수 그리스도에 대한 예언도 아니다. 예수님께서 원수들에 의해 사형당하신 것이 명백한 증거다. 진리의 성령인 나, 신옥주 목사에 대한 예언이며, 이제 실상이 된다.

왜 코로나19 전염병으로 마스크를 쓰게 하고, 학교도 1년 6개월이 되도록 제대로 못 가고 온라인 수업으로 대체하는지, 왜 1년 6개월 동안 무려 410만 명이 넘게 사망했는지 전 세계 사람들은 하나님의 뜻을 알아야 한다. 하나님께서 육에 속한 자들에게 너희 마음대로 사는 세상은 끝났으니 이제 하나님께로 돌아오라고 하시는 징조이며, 아무것도 모르고 하나님의 큰일을 대언하는 나를 이단, 사이비라고 정죄하고, 새빨간 거짓말로 악독을 저지른 죄에 대해 하나님께서 친히 타작하시는 것이 바로 "코로나19 온역 재앙"이다.

때가 급하다! 속히 불법한 재판을 무효화 하지 않으면 코로나19는 아무것도 아니다. 전 세계를 향해 천국 복음이 열린 지 14년째다. 아무도 막을 수 없는 하나님의 큰일이다. 전 성경에 기록된 모든 재앙이 내리기 전에 나를 정죄하고 모욕하며 학대한 자들은 모두 공개 사과하고 회개해라!

7

이제 온 천하는 **잠잠하라**

"은혜의 성령"을
욕되게 하는 자의
당연히 받을 형벌

「조선일보, 동아일보」 2021년 7월 30일 금요일

스마트폰으로 QR 코드를 스캔 하시면
[이제 온 천하는 잠잠하라] 전문을 다운로드 받을 수 있습니다.

지금은 **"다시 택한 이스라엘 집"**으로
"새 언약"을 세울 때다

8저희를 허물하여 일렀으되 주께서 가라사대 볼찌어다 날이 이르리니 내가 이스라엘 집과 유다 집으로 새 언약을 세우리라 9또 주께서 가라사대 내가 저희 열조들의 손을 잡고 애굽땅에서 인도하여 내던 날에 저희와 세운 언약과 같지 아니하도다 저희는 내 언약 안에 머물러 있지 아니하므로 내가 저희를 돌아보지 아니하였노라 10또 주께서 가라사대 그날 후에 내가 이스라엘 집으로 세울 언약이 이것이니 내 법을 저희 생각에 두고 저희 마음에 이것을 기록하리라 나는 저희에게 하나님이 되고 저희는 내게 백성이 되리라 [히8:8~10]

"날이 이르리니 내가 이스라엘 집과 유다 집으로 새 언약을 세우리라" 아브라함, 이삭, 야곱, 다윗, 예수 그리스도를 통해 약속하신 "새 언약"을 세우시는 때는 바로 지금 이 세대이다. "날이 이르리니"라고 하신 날이 이미 이르렀으며, 예수 그리스도께서 이 땅에 오시고 2천여 년이 흐른 지금 이 세대에 이루어지는 언약이다. "이스라엘 집과 유다 집"이란 전 우주적인 일곱째 날에 또 다른 보혜사 진리의 성령이 실상으로 육체를 입고 와서 전대미문의 새 언약을 선포할 때, 그 말씀을 받고 지켜 실행하는 거룩한 자들, 이 땅에 오신 하나님의 아들 예수 그리스도를 믿고 사랑하여 그분의 계명을 지켜 실행한 거룩한 자들, 영생을 얻기로 이미 하나님께서 택하여 두신 자들, 생명책에 이름이 기록되어 있는 자들, 하나님께서 정하신 때에 이 땅에 보냄을 받은 자들이며, 이 말씀이 온전히 실상이 된 사람들이 은혜로교회 성도들이다. 전 세계 모든 사람들이 이 말을 믿든 안 믿든 이는 명백한 사실이다.

"내 언약", 즉 하나님의 언약은 하나님의 가르치심을 받은 자들[요6:45]과 세우시는 언약이며, 이들은 "여호와께서 야곱을 긍휼히 여기시며 이스라엘을 다시 택하여 자기 고토에 두시리니 나그네 된 자가 야곱 족속에게 가입되어 그들과 연합할 것이며 민족들이 그들을 데리고 그들의 본토에 돌아오리니 이스라엘 족속이 여호와의 땅에서 그들을 얻어 노비를 삼겠고 전에 자기를 사로잡던 자를 사로잡고 자기를 압제하던 자를 주관하리라"[사14:1~2]고 하

요한복음 6:45
선지자의 글에 저희가 다 하나님의 가르치심을 받으리라 기록되었은즉 아버지께 듣고 배운 사람마다 내게로 오느니라

신 말씀이 실상이 된 거룩한 자들이다. 그러나 중동의 황금돔이 있는 이스라엘에 대해서는 "저희는 내 언약 안에 머물러 있지 아니하므로 내가 저희를 돌아보지 아니하였노라"고 분명히 말씀하셨는데 이런 말씀은 안 보고 "백 투 예루살렘"을 외치는 자들은 모두 다 재앙을 당한다. 중동의 이스라엘과 전 세계 유대인들이 새 언약을 하는 이스라엘과 유다 집이 절대 아니다.

그래서 "다시 택함을 받은 이스라엘 집"은 "예수께서 가라사대 내가 진실로 너희에게 이르노니 나와 및 복음을 위하여 집이나 형제나 자매나 어미나 아비나 자식이나 전토를 버린 자는 금세에 있어 집과 형제와 자매와 모친과 자식과 전토를 백배나 받되 핍박을 겸하여 받고 내세에 영생을 받지 못할 자가 없느니라"[막10:29~30, 마19:28~29, 눅18:29~30]고 하신 말씀을 그대로 지켜 실행하여 한 몫의 삶을 다 버리고, 하나님께서 유업으로 주신 땅, 낙토에서 절대 자기 소견대로 하지 않고[신12:8], 하나님의 말씀을 땅에서 이루어 드리는 일을 위해 거룩한 떡덩이들이 되어 온 세상에 빛이 되는 성도들을 지칭하신 것이다.

신명기 12:8
우리가 오늘날 여기서는 각기 소견대로 하였거니와 너희가 거기서는 하지 말찌니라

하나님께서 친히 "천국 복음"을 가르치실 때 "내 법을 저희 생각에 두고 저희 마음에 이것을 기록하리라"고

시편 102:18
이 일이 장래 세대를 위하여 기록되리니 창조함을 받을 백성이 여호와를 찬송하리로다

갈라디아서 3:22~23
22 그러나 성경이 모든 것을 죄 아래 가두었으니 이는 예수 그리스도를 믿음으로 말미암은 약속을 믿는 자들에게 주려 함이니라
23 믿음이 오기 전에 우리가 율법 아래 매인바 되고 계시될 믿음의 때까지 갇혔느니라

누가복음 18:6
주께서 또 가라사대 불의한 재판관의 말한 것을 들으라

하신 말씀이 실상이 되어 "다시 창조함"을 받는다[시 102:18]. 반드시 물과 성령으로 거듭나서 새 사람이 되어야 하나님의 법이 생각과 마음에 기록이 되고 영혼이 정결해져서 "나는 저희에게 하나님이 되고 저희는 내게 백성이 되리라" 하신 말씀이 실상이 된다. 귀신이 주인일 때는 절대 하나님을 섬길 수 없다. 입으로, 말로만 "하나님~, 주여~" 부른다고 그들의 하나님이 되시는 것이 절대 아니다. 새 언약이 선포되기 전에는 성경이 모든 것을 죄 아래 가두어 두었기에[갈 3:22~23] 불의한 재판관 아래서 신앙생활을 하는 기간이었다[눅18:6]. 그러나 이 모든 죄, 곧 모든 불의에서 돌이키는 때가 2021년 지금 이 세대다.

전대미문의 새 언약을 통해 비로소 "성령"을 받는 것이다

"그런즉 우리가 무슨 말 하리요 의를 좇지 아니한 이방인들이 의를 얻었으니 곧 믿음에서 난 의요 의의 법을 좇아간 이스라엘은 법에 이르지 못하였으니"[롬9:30~31]라고 하신 말씀에서 분명히 나타나듯이 절대 사람들이 본능적으로 아는 황금돔이 있는 이스라엘이 "의"를 얻은

것이 아니라, 명백하게 온전한 믿음[갈3:23]인 진리의 성령인 나, 신옥주 목사가 실상이 되어 "의에 대해서, 죄에 대해서, 심판에 대해서" 하나님의 뜻을 밝히 드러내는 이때 "의"를 얻는 실상의 주인공인 이방인들이 나타난다. 그러나 이 일은 우리가 이 땅에 태어나기 3421년 전[사14:1~2]에, 아니 만세 전에 이미 계획하신 하나님의 뜻이었다.

"또한 아브라함의 씨가 다 그 자녀가 아니라 오직 이삭으로부터 난 자라야 네 씨라 칭하리라 하셨으니 곧 육신의 자녀가 하나님의 자녀가 아니라 오직 약속의 자녀가 씨로 여기심을 받느니라"[롬9:7~8]고 분명히 기록되어 있다. 약속의 자녀인 예수 그리스도는 하나님께서 창세기부터 구약 성경 전체에 약속하신 그대로 이 땅에 오셨고, 그 후로 땅의 역사는 다 무효하고 현재 전 세계가 2021년을 사용하고 있다. 그러나 예수 그리스도께서 이 땅에 오셨어도 반드시 2천 년이 흘러야 약속의 자녀들이 실상이 되는 것이 하나님의 뜻, 곧 천국의 비밀이었다. "약속의 자녀"는 새 언약의 말씀으로 "다시 택한 이스라엘"이며, "또 다른 보혜사를 너희에게 주사 영원토록 너희와 함께 있게 하시리니"[요14:16]라고 하신 "영원토록 함께 있는 너희"에 해당하는 성도들이다.

요한복음 16:8
그가 와서 죄에 대하여, 의에 대하여, 심판에 대하여 세상을 책망하시리라

이사야 14:1~2
1 여호와께서 야곱을 긍휼히 여기시며 이스라엘을 다시 택하여 자기 고토에 두시리니 나그네 된 자가 야곱 족속에게 가입되어 그들과 연합할 것이며 2 민족들이 그들을 데리고 그들의 본토에 돌아오리니 이스라엘 족속이 여호와의 땅에서 그들을 얻어 노비를 삼겠고 전에 자기를 사로잡던 자를 사로잡고 자기를 압제하던 자를 주관하리라

약속의 자녀인 예수 그리스도를 통하여 하나님께서 약속하신 것은 바로 "육체도 죽지 않는 영생"이며, 2천 년 동안 실상이 되지 못한 영생을 실상으로 이루는 성도들이 바로 영생하기로 약속된 또 다른 보혜사 진리의 성령과 함께 하는 성도들이다.

> [7]그러하나 내가 너희에게 실상을 말하노니 내가 떠나가는 것이 너희에게 유익이라 내가 떠나가지 아니하면 보혜사가 너희에게로 오시지 아니할 것이요 가면 내가 그를 너희에게로 보내리니 [8]그가 와서 죄에 대하여, 의에 대하여, 심판에 대하여 세상을 책망하시리라 [9]죄에 대하여라 함은 저희가 나를 믿지 아니함이요 [요16:7~9]

그래서 예수 그리스도께서 "내가 너희에게 실상을 말하노니 내가 떠나가는 것이 너희에게 유익이라"고 하셨던 것이다. 진리의 성령을 인정 안 하는 것은 예수 그리스도를 안 믿는 것이요, 성부 하나님을 안 믿는 것이다. 이 한 가지 사실만 깨달아도 절대 나를 통한 14년째 이 일을 "이단이니, 사이비니" 할 수 없다. 성령을 훼방하는 자는 이 세상에서도, 오는 세상, 곧 내세에도 사함을 받을 수 없는 영원한 죄에 처하는 이유는 하나님의 큰일을 훼방하였기 때문이다. 나를 감옥에 가둔 이 죄를 회개하고 돌이키지 아니하면 전 성경에

마태복음 12:32
또 누구든지 말로 인자를 거역하면 사하심을 얻되 누구든지 말로 성령을 거역하면 이 세상과 오는 세상에도 사하심을 얻지 못하리라

기록된 모든 재앙이 이 땅에 다 내린다. 절대 과언도 아니고 허언은 더더욱 아니다.

진리의 성령인 나, 신옥주 목사는 분명히 온 세상에 경고한다. 진리의 성령도 예수 그리스도처럼 육신을 입고 이 땅에 올 것은 예수 그리스도를 통해서 하나님께서 하신 약속이다. 전 성경을 기록한 40여 명의 저자를 통해 이미 약속해 두셨고, 그 약속이 실상이 되어 이루어져도 안 믿는 자들은 절대 예수 그리스도, 성부 하나님도 안 믿는 패역한 자들이다. "오직 예수"라고 말을 하지만 일생 밥벌이 수단으로, 자신의 사욕을 채우기 위한 성공의 수단으로 삼으면서 "보혜사 곧 아버지께서 내 이름으로 보내실 성령 그가 너희에게 모든 것을 가르치시고 내가 너희에게 말한 모든 것을 생각나게 하시리라"[요14:26]고 하신 말씀은 왜 안 믿는가? 순복음교회서 "랄랄라 따따따" 하는 귀신의 소리가 성령 받은 증거라고 가르친 목사들의 말이 사실이라면 이미 성경에 기록된 모든 것을 가르치고 있어야 하고, 이미 거룩해져서 영생의 비밀이 드러났어야 한다. 그런데 왜 세계 최대 교회 중 하나인 순복음교회는 70~80만 교인들을 모았지만 그들 중 단 한 명도 천국의 비밀을 모르며, 조용기 목사 부인 김성혜 목사는

디모데전서 4:1
그러나 성령이 밝히 말씀하시기를 후일에 어떤 사람들이 믿음에서 떠나 미혹케 하는 영과 귀신의 가르침을 좇으리라 하셨으니

골로새서 2:20~23
20 너희가 세상의 초등학문에서 그리스도와 함께 죽었거든 어찌하여 세상에 사는 것과 같이 의문에 순종하느냐
21 곧 붙잡지도 말고 맛보지도 말고 만지지도 말라 하는 것이니
22 (이 모든 것은 쓰는대로 부패에 돌아 가리라) 사람의 명과 가르침을 좇느냐
23 이런 것들은 자의적 숭배와 겸손과 몸을 괴롭게 하는데 지혜 있는 모양이나 오직 육체 좇는 것을 금하는데는 유익이 조금도 없느니라

영생을 하지 못하고 육체가 죽었으며, 그렇게 성령받은 증거라고 자랑하며 전 세계를 미혹한 조용기 목사 자신은 지금 병들어서 죽을 상황에 처해 있나? 그는 "용"이며, 그의 가르침은 "귀신의 가르침"이다. 전 세계 기독교인들이 상상하는 성령이 사실이라면 이미 모든 기독교인들은 죄를 짓지 아니하고 거룩한 삶을 살고 있어야 하며, 천국의 비밀이 다 드러났어야 한다. 그러나 역사가 증명하듯이 성경 속에 감추어진 비밀은 단 한 가지도 밝혀지지 않았을 뿐만 아니라, 성경을 사용하면 할수록 더 부패하고 타락하였다[골 2:20~23]. 그 이유를 하나님께서는 "그 파숫군들은 소경이요 다 무지하며 벙어리 개라 능히 짖지 못하며 다 꿈꾸는 자요 누운 자요 잠자기를 좋아하는 자니 이 개들은 탐욕이 심하여 족한 줄을 알지 못하는 자요 그들은 몰각한 목자들"[사56:10~11] 때문이라고 하셨다.

진리의 성령이 실상이 되어야 죄가 무엇인지 알게 된다. "죄에 대하여라 함은 저희가 나를 믿지 아니함이요"[요16:9] 하신 말씀대로 혀로, 말로는 시인하나 행위로는 예수 그리스도께서 주신 계명을 하나도 지키지 않고 믿지 않았다는 증거가 "예수께서 가라사대 나는 부활이요 생명이니 나를 믿는 자는 죽어도 살겠고 무릇 살아서 나를

믿는 자는 영원히 죽지 아니하리니 이것을 네가 믿느냐"[요 11:25~26]고 하신 말씀이다. 이 말씀이 실상이 된 분은 예수님 한 분밖에 없으며, 아무도 죽은 자 중에 살아난 자도, 육체가 죽지 않은 자도 없었다. 그런데도 예수님께서 십자가에서 우리의 죄를 위해 죽으셨기 때문에 오직 예수 믿기만 하면 과거에 지은 죄도, 현재에 짓고 있는 죄도, 심지어 미래에 지을 죄도 다 용서하시고, 죽어서는 천국 간다고 성경과 다른 거짓말로 가르친 것이다. 그래서 "온전한 믿음"[갈3:23]인 진리의 성령인 내가 와서 2천 년간 감추어 두신 "십자가의 도의 비밀"을 성경대로 밝혀 예수님이 우리 죄를 다 지시고 죽으신 것이 아니라, 당신 뜻대로 하지 않고 하나님의 말씀을 지켜 순종함으로 자신을 거룩하게 하신 것이며[요17:19], 우리 또한 하나님의 말씀을 지켜 순종함으로 "영생에 이르는 본"을 보여 주신 것이라 밝히고 있는 것이다.

갈라디아서 3:23
믿음이 오기 전에 우리가 율법 아래 매인바 되고 계시될 믿음의 때까지 갇혔느니라

요한복음 17:19
또 저희를 위하여 내가 나를 거룩하게 하오니 이는 저희도 진리로 거룩함을 얻게 하려 함이니이다

> 의에 대하여라 함은 내가 아버지께로 가니 너희가 다시 나를 보지 못함이요 [요16:10]

"영원한 의"는 성부 하나님이시다. 예수 그리스도를 이 땅에 보내신 분은 성부 하나님이시고, 그분을 통해서 하나님께서 살아 계심을 다 증거해 주셨는데도

요한계시록 6:9
다섯째 인을 떼실 때에 내가 보니 하나님의 말씀과 저희의 가진 증거를 인하여 죽임을 당한 영혼들이 제단 아래 있어

데살로니가전서 4:17
그 후에 우리 살아남은 자도 저희와 함께 구름 속으로 끌어올려 공중에서 주를 영접하게 하시리니 그리하여 우리가 항상 주와 함께 있으리라

누가복음 16:23
저가 음부에서 고통 중에 눈을 들어 멀리 아브라함과 그의 품에 있는 나사로를 보고

요한계시록 20:13
바다가 그 가운데서 죽은 자들을 내어주고 또 사망과 음부도 그 가운데서 죽은 자들을 내어주매 각 사람이 자기의 행위대로 심판을 받고

지금 전 세계는 이 말씀은 안 믿고 "오직 예수"라고 혀로 말만 하는 말쟁이들이다. 이런 자들은 영원히 다시 예수 그리스도를 보지 못한다. 제단 아래 있는 순교자들[계6:9~11]과 육체도 죽지 않고 영생하는 성도들은 천년왕국에서 부활하신 예수 그리스도를 보게 되며[살전4:16~17], 거지 나사로같이 낙원에 가 있는 자들[눅16:23]은 천년왕국 뒤에 육체가 부활하여 예수 그리스도를 볼 수 있다[계20:12~13]. 그러나 육체가 죽어 둘째 사망에 속한 자, 영원한 지옥 영벌에 가는 자들은 영원히 예수 그리스도를 보지 못한다. 이런 자들은 구약은 율법이요 신약은 복음이라고 거짓말을 하면서 왜 이 신약 성경은 안 보고 안 믿나? 2021년 7월 이때까지 예수 그리스도를 보지 못하고 있으면서 혀로 "주여, 주여" 하며 거룩한 척, 잘 믿는 척하는 흉악한 귀신들이 이단이요, 사이비다. 2천 년이 다 되도록 예수 그리스도를 보지 못하고 다 죽은 자들이 다른 종교인들과 무신론자들만이 아니라 잘 믿고 있다고 착각하는 기독교, 천주교인들도 마찬가지다.

심판에 대하여라 함은 이 세상 임금이 심판을 받았음이니라 [요16:11]

초림 당시 하나님의 아들을 알아보지 못하고 세상

법에 넘긴 유대인이라고 하나 아닌 자들, 사단의 회인 대제사장들, 바리새인들, 서기관들, 장로들이 심판받는 "이 세상 임금들"이며, 이들은 이미 하나님께 심판을 받았다. 예수 그리스도께서 살아 계실 때 하신 약속은 아들을 통해서 하신 "하나님의 약속"이다. 그 약속을 땅에서 사실로 이루는 이 일을 세상 법에 고소한 자들 또한 이미 심판을 받은 것이다. 진리의 성령인 나를 이단이라 사이비라 욕하고 학대한 자칭 목사들, 사망과 음부의 열쇠[계1:18]를 사용하여 일생 호화로이 연락하고, 높은 자리에 앉아서 목사님, 사모님 소리 들으며 하나님을, 예수 그리스도를 대적한 자들은 이미 하나님께 심판을 받은 것이다.

요한계시록 1:18
곧 산 자라 내가 전에 죽었었노라 볼찌어다 이제 세세토록 살아 있어 사망과 음부의 열쇠를 가졌노니

"자녀들은 혈육에 함께 속하였으매 그도 또한 한 모양으로 혈육에 함께 속하심은 사망으로 말미암아 사망의 세력을 잡은 자 곧 마귀를 없이 하시며"[히2:14]라고 하신 말씀대로 예수 그리스도는 혈육에 함께 속하시고 한 모양으로 이 땅에 오셨다. 그러나 "이단들"이 만들어 낸 말이 바로 "성자 하나님"이다. 예수님께서 십자가에 죽으심은 사망의 세력 잡은 자 마귀를 합법적으로 심판하시고, 마귀의 세력이 누군지? 어디에서 무슨 일을 하는지? 온 세상 사람들로 하여금 보게 하고, 믿게 하고,

7. "은혜의 성령"을 욕되게 하는 자의 당연히 받을 형벌　　137

이들에게서 영원히 자유하라고 교훈하신 하나님의 뜻인 줄도 모르고, 도리어 이런 마귀를 섬기는 자들이 누구냐? 예수님을 십자가에 달고 희롱하고 조롱한 자들이 바로 예수님의 제자 중에 나온 좌편에 속한 "가룟 유다"이며, 자칭 하나님을 섬긴다고 하는 유대인들인 바리새인, 서기관들, 장로들, 대제사장들이며, 오늘날 자칭 목사, 자칭 기독교인, 사단의 회인 총회들이다. 이들 모두는 교회 안에 있다. 이들이 바로 사단, 마귀들이며, 심판받는 이 세상 임금들이고, 전부 "이단, 사이비들"이다.

"사이비"란 겉으로는 기독교 같아 보이나, 실제로는 전혀 다르거나 아닌 것을 이르는 말이다. 예수님 당시 유대인들은 겉으로는 하나님을 섬기는 것 같으나, 실제로는 전혀 다른 자들임을, 곧 사이비임을 증거하는 것이 바로 하나님의 아들을 세상 법에 넘겨 사형시킨 것이다. 이처럼 지금 전 세계 천주교, 기독교는 겉으로는 다 하나님을, 예수 그리스도를 경배하고 섬기는 것 같으나, 실제로는 사람이 지어낸 성경과 다른 거짓말로 설교하고 가르친 자들이 바로 "사이비요 이단"이다. 아무나 목사가 되어 성경을 함부로 사용하여 스스로 지은 죄로 말미암아 합법적으로 심판을 받아 영원한 지옥불에 떨어지게 만드시는 하나님의 모략이요, 완전한 지혜이다.

예수 그리스도께서 이 땅에 오신 목적은 진리의 성령을 통해 천국 복음을 대언하는 새 언약인 영원한 언약을 믿고, 마귀의 세력 잡은 자들에게서 영원히 자유하라고 "새 언약의 중보"[히8:6, 9:15]로 오신 것이다. 다시 말하면 악인들인 용, 사단, 마귀, 귀신, 뱀, 독사, 짐승에게는 영원한 결박인 사망과 음부의 열쇠로 자신도 속고, 교인들도 속이는 지옥불의 소리로 한 뭇의 삶을 헛되게 보내다가 육체가 죽어 꺼지지 않는 지옥 불못에서 영벌을 받게 하는 심판이고, 반대로 하나님께 택하심을 입은 의인들에게는 육체도 죽지 아니하고 온전히 영생에 이르게 하는 진리의 성령을 통해 14년째 행하고 있는 하나님의 큰일, 새 일을 위해 십자가에 죽으신 것이다.

> ¹⁵또 죽기를 무서워하므로 일생에 매여 종노릇하는 모든 자들을 놓아 주려 하심이니 ¹⁶이는 실로 천사들을 붙들어 주려 하심이 아니요 오직 아브라함의 자손을 붙들어 주려 하심이라 [히2:15~16]

따라서 이 세상 임금들인 유대교, 천주교, 기독교

히브리서 8:6
그러나 이제 그가 더 아름다운 직분을 얻으셨으니 이는 더 좋은 약속으로 세우신 더 좋은 언약의 중보시라

히브리서 9:15
이를 인하여 그는 새 언약의 중보니 이는 첫 언약 때에 범한 죄를 속하려고 죽으사 부르심을 입은 자로 하여금 영원한 기업의 약속을 얻게 하려 하심이니라

요한계시록 3:1

사데 교회의 사자에게 편지하기를 하나님의 일곱 영과 일곱 별을 가진 이가 가라사대 내가 네 행위를 아노니 네가 살았다 하는 이름은 가졌으나 죽은 자로다

지도자들은 예수 이름을 가지고 사용하지만 "영적으로 죽은 자들"[계3:1]이며, 자칭 유대인, 기독교인들이라고 하나 사단의 회요, 마귀들이며, 거룩한 강단에서서 성경과 다른 거짓말을 가르치는 자들이다. 그러나 이들은 이미 하나님께 심판을 받은 것이다.

은혜의 성령을 욕되게 하는
"짐짓 죄"를 범한 자들

28모세의 법을 폐한 자도 두세 증인을 인하여 불쌍히 여김을 받지 못하고 죽었거든 29하물며 하나님 아들을 밟고 자기를 거룩하게 한 언약의 피를 부정한 것으로 여기고 은혜의 성령을 욕되게 하는 자의 당연히 받을 형벌이 얼마나 더 중하겠느냐 너희는 생각하라 30원수 갚는 것이 내게 있으니 내가 갚으리라 하시고 또 다시 주께서 그의 백성을 심판하리라 말씀하신 것을 우리가 아노니 31살아 계신 하나님의 손에 빠져 들어가는 것이 무서울진저 [히10:28~31]

낡고 쇠하여 가는 첫 언약에 해당한다며 구약 성경을 율법이라고 업신여긴 자들은 왜 이 말씀은 보지 않을까? 제3성전을 지으며 자신들이 이스라엘이라고 자긍하는 저 중동의 유대인들은 왜 "하나님 아들을 밟고 자기를 거룩하게 한 언약의 피를 부정한 것으로 여

기고"라고 하신 말씀을 안 볼까? 이들 모두보다 더 나쁜 사람은 14년째 전하는 전대미문의 새 언약인 영원한 언약을 듣기 싫어하고, 하나님의 가르치심을 대언하는 진리의 성령을 욕되게 하며 이단, 사이비라 짓밟은 자들이다. 그들은 자신들이 살아 계신 하나님의 손에 빠져 들어가서 영원히 영벌에 처하는 죄를 짓고 있는 줄 모르는 왼편, 좌편, 하층에 속한 자들이다.

은혜로교회에서 나가 후욕하는 자들은 "우리가 진리를 아는 지식을 받은 후 짐짓 죄를 범한즉 다시 속죄하는 제사가 없고 오직 무서운 마음으로 심판을 기다리는 것과 대적하는 자를 소멸할 맹렬한 불만 있으리라"[히10:26~27]고 하신 말씀대로 "짐짓 죄"를 지은 자들이다. "짐짓 죄"는 14년째 또 다른 보혜사 진리의 성령인 나, 신옥주 목사를 통한 이 일을 멸시하고 거절한 자들이 지은 죄다. 전 우주적인 일곱째 날, 여호와의 날, 인자의 날에 진리의 성령을 "이단, 사이비"라는 말로 정죄하며 온 세상에 욕되게 하는 것은 하나님께 대적하는 것이며, 하나님과 쟁변하는 것이다[욥9:3].

욥기 9:3
사람이 하나님과 쟁변하려 할찌라도 천 마디에 한 마디도 대답하지 못하리라

이인규 감리교 권사 한 사람의 손가락으로 인터넷에서부터 시작된 악행은 교인 한 명 없는 박형택 목사, 난디한인교회 박상기 목사, 베트남 하노이한인

교회 목사, 피지 감리교회 목사, 피지 순복음교회 목사, 자칭 선교사들, 사단의 회인 예장합신, 감리교 총회 목사들이 혀로, 손가락으로 일파만파 퍼지게 하였으며, 그들은 하나님의 큰일을 훼방하고 대적한 사단, 마귀, 귀신들이다. 귀신의 처소에 있는 교인들과 함께 이미 하나님께 심판을 받은 자들이다. 예수 그리스도께서 하나님께 세세토록 받은 열쇠가 "사망과 음부의 열쇠"인 이유가 바로 예수 이름으로 귀신이 주인인 자들을 지옥 영벌에 보내기 위한 "하나님의 모략"이다. 이런 자들은 장식품으로 들고 다니는 성경에 분명하게 기록해 두신 말씀도 부인하고, 성경과 다른 거짓말을 가르치는 사기꾼들이요, 영적인 살인자들이다. 또한 11개월간 기획 수사한 경찰과 검찰, 악마의 편집으로 부당한 판결을 하는데 편파적인 영향을 미친 "그것이 알고 싶다" 방송국 PD, 그들의 허망한 말만 믿고 부당한 판결을 한 판사들. 14년째 진리의 성령인 나를 통한 이 일을 대적하고 비방하여 짓밟은 자들은 다시 속죄하는 제사가 없으며, 소멸하는 맹렬한 불만 있을 뿐이다. 그래서 "그러므로 내가 너희에게 이르노니 사람의 모든 죄와 훼방은 사하심을 얻되 성령을 훼방하는 것은 사하심을 얻지 못하겠고"[마12:31]라고 말씀하신 것이다.

이제 시간이 없다. 진리의 성령인 나를 옥에 가두는데 모의한 모든 자들은 공개 사과하고 회개하라. 코로나19는 시작일 뿐이다. 나는 이미 경고했다. 이제 각자 자신이 지은 죄로 인해 보응받는 길밖에 없다. 육체가 살아 있을 때 모든 불법과 불의에서 돌이키고 부당한 판결을 즉각 철회해라!

8

이제 온 천하는 잠잠하라

오직 **하나님의 뜻**을 행하는
이는 **영원히 거하느니라**

「조선일보, 동아일보」 2021년 8월 6일 금요일

스마트폰으로 QR 코드를 스캔 하시면
[이제 온 천하는 잠잠하라] 전문을 다운로드 받을 수 있습니다.

예수 그리스도도 권한이 없는
"하나님의 영원한 언약"

⁹하나님이 또 아브라함에게 이르시되 그런즉 너는 내 언약
을 지키고 네 후손도 대대로 지키라 ¹⁰너희 중 남자는 다 할
례를 받으라 이것이 나와 너희와 너희 후손 사이에 지킬 내
언약이니라 [창17:9~10]

"내 언약"은 하나님의 계명, 명령, 율례, 법도다. "언약"이
란 하나님과 사람 사이의 약속으로 사람인 우리를 위
해서 주신 것이다. 하나님께서 창조주로서 피조물인
인간을 향한 일방적인 약속이며, 창조주와 피조물 사
이의 계약이다. 하나님께서 일방적으로 하시는 약속
이지만, 당신이 만드신 인간을 인격적으로 예우하시
는 증거다. 절대 강제로 요구하시지 않는다는 뜻이
다. 생각대로는 듣는 순간, 보는 순간 "사람이 어떻게
하나님의 계명을 지키나" 하는 생각이 들겠지만 절대

이사야 55:8~9

8 여호와의 말씀에 내 생각은 너희 생각과 다르며 내 길은 너희 길과 달라서 9 하늘이 땅보다 높음같이 내 길은 너희 길보다 높으며 내 생각은 너희 생각보다 높으니라

창세기 1:27

하나님이 자기 형상 곧 하나님의 형상대로 사람을 창조하시되 남자와 여자를 창조하시고

어렵지 않다. 그래서 사람의 생각과 하나님의 생각이 다르다고 하셨다[사55:8~9]. 사람이 지키지 못할 것을 주시는 하나님이 아니시다. 하나님의 계명을 지키는 일은 너무 쉽고, 영원히 성공하는 길이다. 문제는 사람들이 성경에 기록된 하나님의 뜻을 모르기 때문에 어렵게 생각하는 것이다. 하나님께서 만드신 모든 만물 중에 유일하게 사람만 하나님의 형상의 모양대로 만드셨다[창1:27]. "하나님의 언약"은 천하 만물 중에 인간에게만 주신 고유한 권한이면서 질서의 하나님이심을 증명하는 근거다. 이 법이 없었다면 온 세상은 무질서와 혼돈에 의해 지금처럼 유지될 수가 없었다.

모든 만물 속에 하나님의 신성을 감추어 두셨으며, 하나님만이 신이시며, 하나님만이 창조주이신데, 사람이 얼마나 많은 "신"을 만들어 냈는지 보라. 이제는 아예 이 세상 사람들이 만들어 낸 바보상자인 TV에 의해 너도나도 어느 한 분야에 1등을 하면 "신"이라는 단어를 사용한다. 이는 자신들이 하는 말이 무엇을 뜻하는지 모르고 혀로 창조주 하나님을 대적하는 것이다. 아이가 공부를 잘하면 '공부의 신', 노래를 잘하면 '노래의 신', '예능의 신', '운동의 신'...등등, 아예 신을 일반화시켜서 하나님만이 "참 신"이심을 부정하고,

어릴 때부터 귀신이 주인이 되도록 가르치는 세대다.

육체를 입고 이 땅에서 사는 삶이 얼마나 중요한지 사람들은 모른다. 이 땅에서의 삶의 결과에 따라 "영생과 영벌"이 결정이 된다[마25:46]. 하나님의 말씀으로 거듭나지 아니한 사람은 TV에서 하는 말들은 무조건 다 믿는다. 온 세상이 얼마나 미쳐 있는지 바보 상자가 한꺼번에 말해 주는데도, 그 속에 빠져서 착각하고 영원을 망쳐 버리는 사람들, 실상이 아닌 허상, 상상을 좇아가며 자신의 "영원"을 지옥 영벌에 처하도록 만드는 무지몽매한 사람들, 진실로 짐승 같은 수준의 사람들을 14년째 보고 있다. 사람이 희귀하고 희소하다[사13:12]. 한 영혼이 온 천하보다 귀하다는 말씀이 진실로 진실로 사실이요, 참 진리다. 사람의 생각과 하나님의 생각은 영원한 지옥과 영원한 천국인 줄을 알아야 한다.

마태복음 25:46
저희는 영벌에, 의인들은 영생에 들어가리라 하시니라

이사야 13:12
내가 사람을 정금보다 희소케 하며 오빌의 순금보다 희귀케 하리로다

"내 언약 곧 하나님의 언약"이라고 하신다. 이는 하나님만이 하실 수 있는 언약이다. 아들 예수 그리스도도 이 언약에는 권한이 없는, 하나님만이 창조주이심을 증명하시는 언약이라 "영원한 언약"이다. 이 언약은 인간이 하나님과 동행하며 영원히 다스리고 누리고 정복하고 살 수 있는 약속이다. 이 언약은 절대 권한이

하나님께만 있고, 인간은 이 언약을 "자유의지"로 지킬 때 하나님께서 예비하신 모든 복을 다 받아 누리며 살 수 있는 것을 뜻한다. 말 그대로 영원한 약속이다. 일시적으로 받는 복, 행복이 절대 아니다. 잠깐 누리는 것이 절대 아니다.

"하나님의 언약"은 하나님을 위해서가 아니고, 오직 하나님께서 만드신 만물 중에 으뜸인 "사람 사랑하심"을 이 언약 속에 감추어 두셨다. 사람이 이 언약을 듣고 싶다고 해서 듣는 것이 아니다. 이 언약은 아브라함에게 하신 언약이고, 이삭, 야곱, 이스라엘, 다윗, 예수 그리스도에게 이어져서 하나님께서 정하신 때인 지금 이 세대에 진리의 성령인 나, 신옥주 목사가 14년째 언약을 선포하고 있고, 지켜 실행하고 있다. 하나님의 말씀은 혀로 말만 하라고 주신 것이 아니다. 반드시 지켜 실행할 때 영원한 언약이 되는 것이다. 이 언약을 받으면서 자신의 자유의지로 말씀에 순종하여 영혼을 정결케 하면 하나님이 주시는 모든 복을 다 받아 영원히 "영생"하며, 인간은 상상도 할 수 없는 모든 것을 다 누리고 다스리며 하나님처럼 살게 하신다. 그래서 "네 영혼은 너에게 맡겼다"고 한 것이며, 육체가 살아 있을 때 반드시 "새 언약"의 말씀으로 영혼을 정결케 해야 한다.

귀신이 주인일 때는 아무리 많은 말로 설명을 해도 단 한 마디도 안 믿는다. 하나님의 언약은 지켜도 되고, 안 지켜도 되는 것이 아니다. 그래서 하나님만 창조주시다. 네 자유의지로 너의 영혼을 사랑하여 영원히 영생에 이르게 하는 하나님의 언약을 듣고 지켜 실행하여 너를 너답게 다시 창조하시는 하나님의 일방적인 사랑에 너가 동의하여 선택하는 것이다. 그리하면 그 누구도 상상조차 하지 못한 모든 복을 너가 받을 것이고, 너가 누릴 것이며, 너가 다스릴 것이다. 그래서 "언약"이다.

"남자는 할례를 하라"고 하신 것도 문자 그대로만 보면 안 된다. 반드시 성경은 성경으로 해석해야 한다. "누구든지 그리스도와 합하여 세례를 받은 자는 그리스도로 옷 입었느니라 너희는 유대인이나 헬라인이나 종이나 자주자나 남자나 여자 없이 다 그리스도 예수 안에서 하나이니라 너희가 그리스도께 속한 자면 곧 아브라함의 자손이요 약속대로 유업을 이을 자니라"[갈3:27~29]고 하셨다.

"할례"는 반드시 마음에 받는 것이다. 할례, 즉 세례를 받은 자는 그리스도로 옷 입는다고 하신다. 여기

갈라디아서 3:22~23

22 그러나 성경이 모든 것을 죄 아래 가두었으니 이는 예수 그리스도를 믿음으로 말미암은 약속을 믿는 자들에게 주려 함이니라
23 믿음이 오기 전에 우리가 율법 아래 매인바 되고 계시될 믿음의 때까지 갇혔느니라

서 너무 중요한 핵심은 "그리스도 안에서"다. "온전한 믿음"[갈3:22~23]이자 진리의 성령인 나, 신옥주 목사가 실상이 되어 와서 하나님의 가르치심을 대언하여 하층, 중층, 상층에 대해서 명백하게 분별히게 할 때, 곧 14년째 이 일이 실상이 된 2021년 지금이 되어야 하나님 나라를 유업으로 이을 자들에게 "영생"에 대한 비밀이 드러나고 실상이 된다는 뜻이다. 예수 그리스도를 육체대로 아는 수준인 사람 차원이 아니라 온전하게 아는 이때, 전 우주적인 일곱째 날, 여호와의 날, 인자의 날인 2021년 이때가 되어야 진실로 "그리스도 안에서"가 무슨 뜻인지 알게 된다.

구약 4천 년, 신약 2천 년 동안은 하나님께서 이 세상에 속한 자들에게 다스리고 누리고 정복하는 기간을 허락하셨다. 그래서 "너는 육 일 동안에 네 일을 하고 제칠 일에는 쉬라 네 소와 나귀가 쉴 것이며 네 계집 종의 자식과 나그네가 숨을 돌리리라"[출23:12]고 하신 것이다. 이 기간이 끝나는 21세기 지금은 성경을 문자 그대로, 사람이 본능적으로 아는 수준으로만 보는 하층, 왼편, 좌편에 속한 자들이 일하는 시기가 끝나는 때다. 하나님께서 정하신 때인 지금, 온전한 것인 "믿음"이 육체를 입고 이 땅에 실상으로 와서 예수님이 육

체를 입고 한 몫의 삶을 사실 때 하셨던 일, 곧 십자가에서 운명하시기까지, 무덤에 계시는 시간까지의 일은 전부 "육에 해당하는 것"이라는 사실을 증명하고, 지금 온 세상에 성경을 사용하는 천주교, 기독교가 다 육에 속한 수준이라는 것을 가르치며, 이 가르침을 믿는 사람들을 은혜로교회로 불러 모아 온전한 중층의 소리로 거듭나게 하고 영적으로 다시 태어나게 하며, 태어난 성도를 성장시키는 과정을 다 "그리스도 안에서"라고 하신 것이며, 이는 또 다른 보혜사 "진리의 성령의 사명"이다.

다시 말하면 예수 그리스도께서 십자가에 죽으시고 무덤에 계셨던 이틀 기간 속에 2천 년이 흘러야 한다는 비밀이 감추어져 있다. 이 기간 안에는 반드시 그 어떤 사람도 온전한 영생에 이를 수 없었다. 심지어 하늘에서 이 땅에 오신 하나님의 아들이라도 육체도 죽지 않는 "온전한 영생"에 이를 수 없었기에 십자가에 죽으셔야 했다. 이는 하나님의 계명을 지킨 사람이 단 한 명도 없었다는 명백한 증거다. 그 결과 택한 자녀들은 순교하거나[계6:9~11], 거지 나사로[눅16:19~31]같이 살다가 한 번 육체가 죽어야 했고, 그 기간 안에 영생을 말하는 자는 다 가짜다. 절대 그

요한계시록 6:9
다섯째 인을 떼실 때에 내가 보니 하나님의 말씀과 저희의 가진 증거를 인하여 죽임을 당한 영혼들이 제단 아래 있어

누가복음 16:22
이에 그 거지가 죽어 천사들에게 받들려 아브라함의 품에 들어가고 부자도 죽어 장사되매

누구도 영생에 이를 수 없었다는 사실을 하나님의 아들 예수 그리스도를 통해서 보여 주셨다. 이 모든 일은 하나님의 아들이 이 땅에 사람으로 태어나기 전에 이미 하나님께서 계획해 두신 하나님의 뜻이었다. 그래서 예수 그리스도의 비밀은 진리의 성령이 올 때까지 아무도 몰랐던 비밀이며, "진리의 성령이 오실 때에 그가 나를 증거하실 것이요"[요15:26]라고 하신 것이다.

요한복음 15:26
내가 아버지께로서 너희에게 보낼 보혜사 곧 아버지께로서 나오시는 진리의 성령이 오실 때에 그가 나를 증거하실 것이요

하나님의 아들이 육체를 입고 이 땅에 오시기 전에는 영혼이 하나님 앞에 있었으니 거룩했다. 그래서 죄가 없었다. 이는 우리도 마찬가지다. 이런 하나님의 아들이 육체를 입고 사람으로 태어났으니 사람 수준에서는 하나님의 아들이심을 절대 알아보지 못하고 결국 핍박하고, 사람 수준으로 보고 죽인 것이다. 그러나 이 또한 이미 하나님께서 미리 다 계획해 두신 일이었다. 예수 그리스도를 십자가에 못 박아 죽인 당시 유대인들, 곧 사단의 회들은 오늘날도 마찬가지로 진리의 성령인 나를 "이단, 사이비"라고 정죄하고 결국 감옥에 가둔 일에 기초가 된 이인규 감리교 권사부터 모든 자들이 다 사단의 회에 해당한다. 예수님의 제자 중에 "가룟 유다" 하나가 나왔듯이, 혀로 오직 예수라고 하는 자들 중에 이인규 권사 하나

가 나와서 인터넷으로 이단 시비를 걸고 밥벌이 수단을 삼은 그는 100% 가룟 유다의 실상이다. 전 성경은 모형, 그림자를 사용하여 기록되었으며, 2008년 6월 16일 실상인 믿음, 또 다른 보혜사 진리의 성령인 나, 신옥주 목사가 나타나서 전대미문의 새 언약을 세상에 선포하는 그 시간까지 성경이 모든 것을 죄 아래 가두어 두신 기간이었다.

누가 과연 "내 살을 먹고 내 피를 마신 자"에 해당하는가?

[50]이는 하늘로서 내려오는 떡이니 사람으로 하여금 먹고 죽지 아니하게 하는 것이니라 [51]나는 하늘로서 내려온 산 떡이니 사람이 이 떡을 먹으면 영생하리라 나의 줄 떡은 곧 세상의 생명을 위한 내 살이로라 하시니라 [요6:50~51]

하나님께서 하신 영원한 언약은 영생이다. "영생"은 반드시 육체도 죽지 아니하고 영원히 사는 것이다. 그런데 왜 지금까지 교회에서는 죽어서 영원히 산다고 가르치고 그런 말만 믿고 있나? 영생을 얻지 못한다면 기독교를 믿을 이유가 없다. 교회를 왜 다니는가? 예수 그리스도께서도 공생애 기간 동안 "영생"에 대해 말씀하셨고, 당신을 떡에 비유하셔서 사람으로 하여금 먹고 죽지 아니한다고 영생을 말씀하셨는데, 이 떡은 어떻게 먹는 것일까? 산 떡을 먹은 사람이 없었으니까 지금까지 단 한 사람도 영생을 얻은 자가 없었다. 이 떡을 먹는 방법도 성경 속에 있다[요6:55~58].

> [55]내 살은 참된 양식이요 내 피는 참된 음료로다 [56]내 살을 먹고 내 피를 마시는 자는 내 안에 거하고 나도 그 안에 거하나니 [57]살아 계신 아버지께서 나를 보내시매 내가 아버지로 인하여 사는 것같이 나를 먹는 그 사람도 나로 인하여 살리라 [58]이것은 하늘로서 내려온 떡이니 조상들이 먹고도 죽은 그것과 같지 아니하여 이 떡을 먹는 자는 영원히 살리라 [요6:55~58]

이 말씀을 문자 그대로 보고 사람이 만든 의식이 바로 "성찬식"이다. 성찬식 때 사람이 만든 카스테라, 혹은 식빵, 혹은 무교병을 떡이라 하고, 포도주를 예수님이 흘리신 피라고 하며 먹고 마시게 했다.

그랬는데 왜 아무도 영생하지 못하고 다 죽었을까? 이에 대해 혹자는 이렇게 말할 것이다. 마지막 날에 다시 살리시니까 육체가 죽어서 언젠가 다시 살아날 것이라고 사람 마음대로 대답할 것이다. 사람이 만든 성찬식은 영생하도록 주는 양식이 아니다. 모두 헛되고 헛된 것인 "육체의 예법"에 속할 뿐이다. 이런 성찬식으로는 그 누구도 영생에 이를 수 없고, 영생과 아무 상관이 없다.

히브리서 9:10
이런 것은 먹고 마시는 것과 여러 가지 씻는 것과 함께 육체의 예법만 되어 개혁할 때까지 맡겨 둔 것이니라

> 예수께서 가라사대 내가 곧 생명의 떡이니 내게 오는 자는 결코 주리지 아니할 터이요 나를 믿는 자는 영원히 목마르지 아니하리라 [요6:35]

> ⁴⁷진실로 진실로 너희에게 이르노니 믿는 자는 영생을 가졌나니 ⁴⁸내가 곧 생명의 떡이로라 ⁴⁹너희 조상들은 광야에서 만나를 먹었어도 죽었거니와 [요6:47~49]

전 세계 천주교인, 기독교인들이 예수님이 "생명의 떡"이라는 말씀을 믿는다. 그런데 왜 영원한 생명인 영생을 얻은 자도 없고, 교회를 다니면서 영혼이 목마르지 아니한 사람도 없는 것일까? 그것은 지금까지 교회 안에서 들은 설교나 행한 예식이 영생하도록 먹은 영혼의 양식이 아니었기 때문이다. 인자의 살과 피를 마시는 것이 지금까지 전 세계가 2천 년 동안 예배 의식으로 하는 성찬식이 아니라는 뜻이다. 예수 그리스도의 살과 피를 먹고 마시는 방법은 바로 다음 말씀대로 지켜 실행하는 것이다[요8:51~53].

> ⁵¹진실로 진실로 너희에게 이르노니 사람이 내 말을 지키면

죽음을 영원히 보지 아니하리라 ⁵²유대인들이 가로되 지금 네가 귀신 들린 줄을 아노라 아브라함과 선지자들도 죽었거늘 네 말은 사람이 내 말을 지키면 죽음을 영원히 맛보지 아니하리라 하니 ⁵³너는 이미 죽은 우리 조상 아브라함보다 크냐 또 선지자들도 죽었거늘 너는 너를 누구라 하느냐 [요8:51~53]

육체가 죽지 않고 영생하는 길은 예수 그리스도께서 하신 말씀을 지켜 실행하는 것이다. 이것이 예수 그리스도를 믿는 것이다. 다른 말로 표현하면 예수 그리스도의 살과 피를 먹고 마시는 것이다. 명백하게 육체의 죽음도 영원히 보지 아니한다는 뜻이다. 강대상에서 성경과 다른 거짓말로 가르치는 귀신들이 말하는 "육체는 죽고 영혼이 산다"는 뜻이 아니고, 실상으로 육체가 살아서 예수 그리스도께서 하신 말씀을 지켜 실행하면 영원히 죽지 아니하고 영생한다는 뜻이다.

그래서 "예수께서 대답하여 가라사대 내 교훈은 내 것이 아니요 나를 보내신 이의 것이니라"[요7:16]고 하셨고, "살리는 것은 영이니 육은 무익하니라 내가 너희에게 이른 말이 영이요 생명이라"[요6:63]고 하신 것이다. 그러므로 예수 그리스도께서 이르신 말은 하나님 아버지의 말씀이며, 그 말씀을 지켜 실행하는 것이 죽음을 보지 아니하고 영생한다는 뜻이다. 따라서 "영생"은 육체도 죽지 아니하고 살아서 하나님 나라에 들어가는 것이다. 하나님께서 아들에게 하신 말씀이 영생이며, 이는 하나님의 명령이다[요12:50]. 영생은 육체도 죽지 않고 살아서 예수 그리스도를 믿고, 예수 그리스도의 하신 말씀을 지켜 행하는 것이며, 이렇게 사람이 살아서 예수 그리스도를 믿으면 영원히 죽지 아니한다는 뜻이다. 그러나 성경에 분명히 기록해 놓으셔도 아무도 지켜 실행하지 않고 혀로, 말로만 "오직 예수, 하나님, 주여" 하고 왔기에 모두 육체가 죽은 것이다.

요한복음 12:50
나는 그의 명령이 영생인 줄 아노라 그러므로 나의 이르는 것은 내 아버지께서 내게 말씀하신 그대로 이르노라 하시니라

아브라함에게 하신 **"하나님의 언약"**이 실상이 되는 때가 지금이다

왜 2021년 이때까지 아무도 영생을 하지 못하고 있었을까? 예수 그리스도께서 하신 말씀을 지켜 실행하지 않았기 때문이며, 이는 하나님의 말씀을 지켜 실행하지 않았다는 뜻이다. 다른 말로 표현하면 하나님의 아들을 믿는 자가 없었다는 것이고, 이는 하나님의 아들을 이 땅에 보내신 성부 하나님을 믿는 자가 없었다는 것이다. "예수께서 외쳐 가라사대 나를 믿는 자는 나를

믿는 것이 아니요 나를 보내신 이를 믿는 것이며 나를 보는 자는 나를 보내신 이를 보는 것이니라 나는 빛으로 세상에 왔나니 무릇 나를 믿는 자로 어두움에 거하지 않게 하려 함이로라"[요12:44~46] 그러므로 진실로 예수 그리스도를 믿는 자는 예수 그리스도께서 하신 말씀을 지켜 실행하는 것이다. 또한 "사람이 내 말을 듣고 지키지 아니할찌라도 내가 저를 심판하지 아니하노라 내가 온 것은 세상을 심판하려 함이 아니요 세상을 구원하려 함이로라 나를 저버리고 내 말을 받지 아니하는 자를 심판할 이가 있으니 곧 나의 한 그 말이 마지막 날에 저를 심판하리라"[요12:47~48]고 하신 것은 하나님께서 정하신 심판날인 이때까지 아무도 예수께서 하신 말씀을 지키지 않았다는 뜻이고, 그 증거가 모두 다 육체가 죽은 것이며, 이를 두고 "성경이 모든 것을 죄 아래 가두어 두었다"[갈3:22]고 하신 것이다. 사람 편에서는 이렇게 된 것이지만, 하나님 편에서는 이미 이렇게 계획해 두신 일이었다.

그러나 하나님께서 정하신 때가 되어 실상이 되어 온 진리의 성령인 나는 예수 그리스도를 통해 대언하신 하나님의 계명을 지켜 실행하여 "내 살을 먹고 내 피를 마시라" 하신 말씀을 이루었다. 그 증거가 "예수께서 가라사대 내가 진실로 너희에게 이르노니 나와 및 복음을 위하여 집이나 형제나 자매나 어미나 아비나 자식이나 전토를 버린 자는 금세에 있어 집과 형제와 자매와 모친과 자식과 전토를 백배나 받되 핍박을 겸하여 받고 내세에 영생을 받지 못할 자가 없느니라"[막10:29~30]고 하신 계명을 지켜 실행했다는 것이다. 전 세계에서 누가 과연 예수 그리스도와 복음을 위해서 이 말씀대로 한 몫의 삶에서 가지고 있던 모든 것을 버린 자들이 있는가? 나와 은혜로교회 성도들이 유일하다. 히브리서 8장의 전대미문의 새 언약을 받고 전 성경에 감추어 두신 하나님의 명령, 계명, 율례, 법도를 지켜 실행하되 예수 그리스도께서 주신 영생과 하나님의 나라에 들어가는 길을 말씀하신 마19:16~30절, 눅18:18~30절, 막10:17~31절의 말씀대로 지켜 실행한 자들, 곧 나와 은혜로교회 성도들이다. 하나님의 계명을 지켜 실행하여 진리대로 실상이 되고 있는 우리가 "다시 택한 이스라엘"[사14:1~2]이며, "내 말을 듣고 또 나 보내신 이를 믿는 자는 영생을 얻었고"[요5:24]라는 말씀대로 "영생을 얻은 자들"이다.

"핍박을 겸하여 받고" 2021년 오늘까지 이 크고 기이하고 기이한 하나님 나라 천국 복음을 전하고, 예수 그리스도와 성부 하나님의 이름으로 말미암아 온전

마태복음 19:29
또 내 이름을 위하여 집이나 형제나 자매나 부모나 자식이나 전토를 버린 자마다 여러 배를 받고 또 영생을 상속하리라

누가복음 18:29~30
29 이르시되 내가 진실로 너희에게 이르노니 하나님의 나라를 위하여 집이나 아내나 형제나 부모나 자녀를 버린 자는
30 금세에 있어 여러 배를 받고 내세에 영생을 받지 못할 자가 없느니라 하시니라

이사야 14:1~2
1 여호와께서 야곱을 긍휼히 여기시며 이스라엘을 다시 택하여 자기 고토에 두시리니 나그네 된 자가 야곱 족속에게 가입되어 그들과 연합할 것이며
2 민족들이 그들을 데리고 그들의 본토에 돌아오리니 이스라엘 족속이 여호와의 땅에서 그들을 얻어 노비를 삼겠고 전에 자기를 사로잡던 자를 사로잡고 자기를 압제하던 자를 주관하리라

스바냐 3:18~19
18 내가 대회로 인하여
근심하는 자를 모으리니
그들은 네게 속한 자라 너
의 치욕이 그들에게 무거
운 짐이 되었느니라
19 그때에 내가 너를 괴
롭게 하는 자를 다 벌하고
저는 자를 구원하며 쫓겨
난 자를 모으며 온 세상에
서 수욕받는 자로 칭찬과
명성을 얻게 하리라

하게 핍박을 받는 사람이 창세 이래 아무도 없었다. 하나님은 죽은 자의 하나님이 아니고 살아 있는 산 자, 곧 육체가 살아 있는 자의 하나님이신데, 하나님의 말씀으로 거듭난 자, 곧 육체도 죽지 아니하고 살아서 감옥에 갇히고, 온 세상에 치욕을 당하여 습 3:14~20절의 말씀대로 실상이 된 나, 신옥주 목사처럼 3년째 하나님의 나라, 천국 복음을 지켜 실행하면서 옥에 갇히기까지 핍박을 받고 있는 목사가 전 세계 어디에 있는지 묻는다. "무릇 그리스도 예수 안에서 경건하게 살고자 하는 자는 핍박을 받으리라"[딤후3:12]고 하신 이 예언이 사실이 되어 나만 핍박을 받는 것이 아니라, 어린 아이들까지 전 은혜로교회 성도가 핍박을 받고 있다. 이것은 예수 그리스도의 "살"인 예수님이 하신 말씀을 믿고 지켜 실행했고, 이로 인하여 학대당하고 치욕을 겪고 옥에까지 갇히는 이 일이 "피"를 마시는 것이다. 하나님 나라, 복음, 예수 그리스도의 이름, 하나님의 이름 때문에 당하는 핍박이 바로 예수 그리스도의 살을 먹고, 피를 마시는 실상이다. 이 세상에 속한 자들에게 미움받는 이 일이 하나님이 보시기에 나는 "목숨을 버리는 것"이다. 그래서 "누구든지 나를 위하여 제 목숨을 잃으면 찾으리라"[마16:25]고 하신 말씀이 실상이 된 것이 바로 나와 은혜로교회 성도들이다.

　하나님께서 아브라함에게 하신 "영원한 언약"은 진리의 성령을 통해서 지금 이 세대에 온전히 실상이 되며, 새 언약을 지켜 실행함으로 육체도 죽지 않고 영생에 이르는 피조물들이 고대하는 하나님의 아들들[롬8:14, 19]이 창조되는 하나님의 큰일이다. 이렇게 새 언약의 말씀으로 다시 택한 이스라엘 족속을 모으시기 위해서 옥에 갇히기까지 핍박을 당하며 치욕을 겪고 있지만, 이것은 온 세상에 "천국 복음"을 광포하시기 위한 하나님의 완전한 지혜이기도 하다.

로마서 8:14, 19
14 무릇 하나님의 영으로 인도함을 받는 그들은 곧 하나님의 아들이라
19 피조물의 고대하는 바는 하나님의 아들들의 나타나는 것이니

　영원한 언약을 세우는 진리의 성령을 옥에 가두는 것은 하나님의 큰일을 대적하는 것이다. 부당한 재판을 되돌리지 아니하면 전 성경에 기록된 재앙이 이 땅에 다 내린다. 이제 시간이 다 되었다. 코로나19 재앙은 빙산의 일각이다. 속히 진리로 돌아서야 한다.

노아의 물 심판, 롯의 불 심판이
내리는 인자의 때
믿음을 좇는 **"의의 후사"**

9

「조선일보, 동아일보」 2021년 8월 13일 금요일

스마트폰으로 QR 코드를 스캔 하시면
[이제 온 천하는 잠잠하라] 전문을 다운로드 받을 수 있습니다.

이 세상에
물 심판, 불 심판이 오는 이유

미국 서부와 캐나다, 이탈리아, 스페인, 터키, 그리
스 등 유럽은 섭씨 50도가 넘는 폭염으로 죽는 사람
이 늘어나고, 전선이 녹아내려 차량 운행이 마비되
며, 바짝 메마른 산들은 걷잡을 수 없는 불이 나서 수
천 헥타르의 면적이 잿더미가 되고 있다. 뿐만 아니
라 중동의 이란은 50도가 넘는 기록적인 폭염으로 땅
이 갈라지고 식수가 부족해 국민들이 폭동을 일으키
고 있다. 또 다른 한편에서는 미국 동부, 유럽, 중국,
아시아 전역, 인도 등 기록적인 폭우로 집들이 떠내
려 가고, 도로가 유실되며 지하철이 침수되는 등 피
해가 속출해 얼마나 많은 인원이 죽었는지 정확히
알 수도 없고, 전 세계적으로 수천만 명에 이르는 이
재민이 발생하고 있다. 이런 일들이 전 세계에 속출

하는 것은 물 심판과 불 심판을 내리고 계신 증거다. 하나님을 인정 안 하는 자들은 하나님께서 내리시는 재앙을 두고 사람 생각으로 "이상기후" 혹은 "기후변화" 때문이라고 말을 한다.

> [26]노아의 때에 된 것과 같이 인자의 때에도 그러하리라 [27]노아가 방주에 들어가던 날까지 사람들이 먹고 마시고 장가들고 시집가더니 홍수가 나서 저희를 다 멸하였으며 [28]또 롯의 때와 같으리니 사람들이 먹고 마시고 사고 팔고 심고 집을 짓더니 [29]롯이 소돔에서 나가던 날에 하늘로서 불과 유황이 비오듯하여 저희를 멸하였느니라 [30]인자의 나타나는 날에도 이러하리라 [눅17:26~30]

그렇다면 지금 이 세상 사람들 논리대로 노아의 때에 물 심판도 기후변화 때문일까? 그때도 지금처럼 비행기, 자동차, 컴퓨터 등 모든 문명의 혜택을 누리고 살아서 기후변화로 세상을 홍수로 심판하셨을까? 온 천하에 잘났다고 하는 모든 사람들은 다 답을 해라. 기후변화를 외치며 탄소세 운운하는 자들도 모두 잘난 척 꾀를 내어 교묘하게 일을 꾸미고 있다. 이런 인간의 꾀를 버리라고 징계하시는 것이다. 2021년 지금 이때도 노아의 때와 롯의 때와 같이 하나님께서 징계하시고 계시지만 사람들은 여전히 "먹고 마시고 장가들고 시집가더니 홍수가 나서, 불과 유황이 비오듯하여 저희를 멸하였다"[눅17:26~30]고 하신 말씀이 실상이 되어도 아무 감각이 없다. '이러다 괜찮겠지' 하고 생각한다. 왜 이 땅에 홍수가 나고 불 같은 더위가 임하는지 그 모든 문제와 해답은 성경 속에 있다. 증명한다.

> [22]내 분노의 불이 일어나서 음부 깊은 곳까지 사르며 땅의 그 소산을 삼키며 산들의 터도 붙게 하는도다 [23]내가 재앙을 그들의 위에 쌓으며 나의 살을 다하여 그들을 쏘리로다 [24]그들이 주리므로 파리하며 불 같은 더위와 독한 파멸에게 삼키울 것이라 내가 들짐승의 이와 티끌에 기는 것의 독을 그들에게 보내리로다 [신32:22~24]

성경에서 말씀하시는 "더위"는 사람이 본능적으로 아는 더위만이 아니라 하나님의 심판을 뜻한다. 북반구 전역에서 섭씨 50도가 넘는 폭염이 발생하는 이유는 사람들이 말하는 기후변화의 영향 때문만이 아니다. 하나님의 백성 이스라엘이 하나님께서 주신 복을 받고도 하나님을 경외하지 아니하고 경박하고 소홀히 여기며, 도리어 신이 아닌 사람을 신으로 섬겨 하나님의 진노를 격발하여 받는 재앙이 "불 같은 더위"[신32:22~24]다. 영적으로는 성경을 가지고 사람의 말로 변개시켜서 성경과 다른 거짓말을 설교하는 것을 두고 "혀가 곧 불이요 불의의 세계"[약3:6]라고 하셨다.

야고보서 3:6
혀는 곧 불이요 불의의 세계라 혀는 우리 지체 중에서 온 몸을 더럽히고 생의 바퀴를 불사르나니 그 사르는 것이 지옥불에서 나느니라

비가 내리고 창수가 나고 바람이 불어 그 집에 부딪히매 무
너져 그 무너짐이 심하니라 [마7:27]

신명기 32:2
나의 교훈은 내리는 비요
나의 말은 맺히는 이슬이
요 연한 풀 위에 가는 비
요 채소 위에 단비로다

히브리서 8:8
저희를 허물하여 일렀으
되 주께서 가라사대 볼찌
어다 날이 이르리니 내가
이스라엘 집과 유다 집으
로 새 언약을 세우리라

히브리서 2:14
자녀들은 혈육에 함께 속
하였으매 그도 또한 한 모
양으로 혈육에 함께 속하
심은 사망으로 말미암아
사망의 세력을 잡은 자 곧
마귀를 없이 하시며

하나님의 교훈을 내리는 비요[신32:2]라고 하셨으
며, 하나님께서 친히 교훈하시는 전대미문의 새 언
약[히8:7~13]을 두고 "비가 내리고"라고 하신 것이다.
창수란 강물이 불어서 넘치는 물, 홍수를 뜻한다. 영
적으로 "홍수"는 전대미문의 새 언약을 전하는 진리
의 성령인 나를 "이단이니, 사이비니" 하며 흉악범으
로 몰아서 온갖 더러운 말로 10년을 넘게 인터넷 신
문, 방송, 뉴스, 교회 강단에서 목사들이 정죄하고, 문
서를 만들어 피지 감리교회까지 보내 새빨간 거짓말
이 사실인 양 홍수처럼 사람들을 덮치고, 실제 홍수
도 겪는 것을 두고 이렇게 예언해 두신 것이다. 감리
교 이인규 권사 한 사람의 손가락에 의해 시작된 이
단 시비가 비가 되어, 사망의 세력 잡은 자 마귀들이
나를 욕하고 비방하여 짓밟고 죽이는 말, 글들이 일
파만파로 퍼져 온갖 더러운 말들이 나를 에워싸 결국
옥에까지 갇힌 것을 두고 "**사망의 물결이 나를 에우고
불의의 창수가 나를 두렵게 하였으며**"[삼하22:5]라고 하신
것이다. 이 말씀을 문자 그대로 보면 다윗의 승전가인
데 다윗이 겪은 일을 두고 하신 말씀만이 아니고, 먼
저는 다윗의 후손으로 오신 예수 그리스도께서 사망

의 세력 잡은 자 마귀들에 의해 사형을 당하실 것과 여호와의 날, 인자의 날인 지금 이때 "다윗의 집의 열쇠를 받은 빌라델비아 교회 사자"[계3:7~13]인 나를 사단의 회에 속한 자들이 온갖 더러운 말로 에워싸는 이 일을 두고 하신 말씀이 온전히 실상이 되었다.

"바람"은 "선지자들은 바람이라 말씀이 그들의 속에 있지 아니한즉 그같이 그들이 당하리라 하느니라"[렘5:13]고 하신대로, 성경을 보아도 천국의 비밀은 단 한 절도 알지 못하고, 사람이 본능적으로 아는 것으로 성경과 다른 거짓말을 가르쳐서 멸망으로 인도하는 자들, 이들이 세운 교회에서 예수 이름으로 귀신도 쫓고, 병 고치고, 권능도 행하며 선지자 노릇한 자들을 비유하신 것이다. 이런 불법을 행하는 자들이 하는 모든 목회를 두고 "과연 그들의 모든 행사는 공허하며 허무하며 그들의 부어 만든 우상은 바람이요 허탄한 것뿐이니라"[사41:29]고 하셨다. "부어 만들었다"는 말은 예수 이름으로 속이는 바람인 우상들의 언행을 더 좋아하여 교인들이 따라다니며 헌금하여 더 큰 궁전(교회)을 짓고 경배하여 점점 견고하게 만들기 때문에 "부어 만든 우상"이라고 하신 것이다. 이런 교회와 목사들을 교인들이 진실로 더 좋아한다. 성경대로 가르침 받는 것은 싫어하며 자신의 죄를 책망하면 듣기 싫어하고 복 받기만 구하는 교인들에 의해 수많은 우상, 곧 바람들이 제조되었다.

> ¹⁰이러므로 올무들이 너를 둘러 있고 두려움이 홀연히 너를 침범하며 ¹¹어두움이 너로 보지 못하게 하고 창수가 너를 덮느니라 [욥22:10~11]

욥기 22장의 말씀은 2천 년간 어두움이 지배하는 이 세상에서 성경과 다른 거짓말만 듣고 믿어서 온 세상이 캄캄한 흑암 아래, 곧 죄 아래 있는 중에 영적인 깊은 잠을 자든지, 아예 죽어 있는 상태라 들리지도 보이지도 않고, 들으려고도 하지 않는 영적인 상태를 말씀하시는 것이다. 예수 그리스도께서 오셨을 때도 그랬고, 지금 이 세대는 더욱 심하다. 불의하고 불법하는 자들, 예수 이름으로 선지자 노릇하고, 예수 이름으로 귀신을 쫓는다고 거짓말하고 속여서 부자된 자들, 예수 이름으로 권능을 행한다고 거짓 기적, 이적으로 사람들을 끌어모아 거짓 자랑하는 자들은 멸망으로 인도하는 크고 넓은 문에 있는 말씀이 없는 바람, 우상들이며, 이들에 의해 창수가 나고, 지옥불에서 나오는 성경과 다른 거짓말로 설교하여 혼을 불살라 지옥 영벌에 가게 만들었다. 이 때문에 불

볕 같은 폭염과 모든 것을 엄몰하는 홍수가 실상으로
일어나는 것이다.

하나님의 영원한 언약
"무지개가 구름 속에 나타나면"

¹³내가 내 무지개를 구름 속에 두었나니 이것이 나의 세상
과의 언약의 증거니라 ¹⁴내가 구름으로 땅을 덮을 때에 무
지개가 구름 속에 나타나면 ¹⁵내가 나와 너희와 및 혈기
있는 모든 생물 사이의 내 언약을 기억하리니 다시는 물
이 모든 혈기 있는 자를 멸하는 홍수가 되지 아니할찌라
[창9:13~15]

하나님께서 노아에게 물 심판이 끝난 후 무지개가
구름 속에 나타나면 다시는 홍수로 모든 혈기 있는 자
를 멸하지 아니한다고 하셨는데 어찌된 일일까? 최근
서울 하늘에 쌍무지개가 떴다고 뉴스가 났는데 왜 전
세계는 여전히 홍수로 수많은 혈기 있는 생물 즉, 사
람이 죽는 것일까? 지금 이 세대에 노아의 홍수로 인
한 물 심판이 실상이 될 때, 노아에게 하신 영원한 언
약인 "구름 속에 무지개" 또한 실상이 되어 하나님의
택한 자녀들에게 히브리서 8장의 새 언약을 세우심

으로 다시는 성경과 다른 거짓말이 창수가 되어 택한 자녀들을 멸하는 홍수가 되지 못하도록 "영적인 전쟁"을 14년째 하고 있다. "구름 속에 무지개"는 육체(구름)를 입고 이 땅에 실상으로 온 진리의 성령인 내가 "예수는 그리스도"라고 전 성경을 가지고 증명하며[요 15:26] 모든 진리 가운데로 인도하여 "전대미문의 새 언약"을 세우는 것을 비유로 기록하신 말씀이다.

요한복음 15:26
내가 아버지께로서 너희에게 보낼 보혜사 곧 아버지께로서 나오시는 진리의 성령이 오실 때에 그가 나를 증거하실 것이요

그래서 노아의 때에 물 심판, 롯의 때에 불 심판이 실상이 되는 "인자의 날"의 "인자"는 예수 그리스도를 말씀하신 것이 아니라 "썩는 양식을 위하여 일하지 말고 영생하도록 있는 양식을 위하여 하라 이 양식은 인자가 너희에게 주리니 인자는 아버지 하나님의 인치신 자니라"[요 6:27]고 하신 "인자"인 나를 여러 부분, 여러 모양으로 말씀하신 것이다. 창9:8~17절의 영원한 언약을 할 때는 반드시 "내가 네게 장가들어 영원히 살되 의와 공변됨과 은총과 긍휼히 여김으로 네게 장가들며 진실함으로 네게 장가들리니 네가 여호와를 알리라"[호2:19~20]고 하신 예언을 실상으로 이룬 사람이 나타날 때, 영원한 언약이 사실이 된다. 이미 14년째 사실이 되어 있다.

"노아"란 이름 속에 위로, 안위, 휴식이라는 뜻이 감추어져 있다. 안위란 영혼을 편안하게 하다, 상대방으

로 하여금 마음이 평안하도록 권면하고 위로한다는 의미로 "이름을 노아라 하여 가로되 여호와께서 땅을 저주하시므로 수고로이 일하는 우리를 이 아들이 안위하리라 하였더라"[창5:29]고 하신 말씀은 하나님께서 자기 백성들, 곧 환난과 핍박을 받는 자녀들을 안위하신다는 뜻이다. 전 성경에 기록된 모든 재앙을 다 내려서 땅을 시험하시는 때인 여호와의 날, 인자의 날인 지금 이 세대, 악인들이 일하는 시기가 끝나 땅에 있는 모든 사람들을 시험하실 때, 택한 자녀들을 하나님께서 안위하실 것을 노아의 이름 속에 감추어 두셨던 것이다.

하나님께서 홍수에도 엄몰치 아니하도록 안위하시는 방법은 반드시 "영생하도록 있는 양식"을 먹는 것이다. 예수 그리스도께서는 영생에 대해 말씀하셨어도, 영생하도록 있는 양식을 먹이지 못하셨다. 그 증거가 2021년이 될 때까지 모든 육체가 죽었다는 사실이다. 예수 이름으로 성경과 다른 거짓말로 설교하는 자들, 영생에 대한 하나님의 뜻은 단 한 절도 모르면서 사람이 본능적으로 아는 것으로 보고 설교하는 자들, 성경이 모든 것을 죄 아래 가두어 두는 기간에 불의한 자들, 불법하는 자들이 설교하는 교회에서 하는 모든 일들, 헌신 등은 모두 다 "썩는 양식"을 위해 일한 것이다. 반면, 영생하도록 있는 양식은 창세 이래 전대미문의 새 언약[히8:7~13]으로 하나님께서 친히 천국의 비밀을 여시고, 진리의 성령인 내가 대언하는 14년째 이 일이 "영생하도록 있는 양식"이다. "무지개가 구름 속에 나타나면"이라고 하신 언약이 실상이 된 것이다. 더 직설적으로 말하면 진리의 성령이 실상이 되기 전에는 모두 썩는 양식을 위해 일한 것이다. 하나님의 계명을 지켜 실행하여 영생하도록 있는 양식을 위해 일하는 자들은 전 세계에서 은혜로교회가 유일하다. 믿든 안 믿든 이는 사실이다. 지금 전 세계 성경을 사용하는 모든 지도자들이 썩는 양식을 먹이는 자들이 되어 성경과 다른 거짓말로 가르친 결과로 인해 물 심판, 불 심판의 징벌을 받고 있는 것이다.

하나님께서 진리의 성령인 나, 신옥주 목사를 사용하셔서 영생하도록 있는 양식을 14년째 먹이고 계시는데도 도리어 이인규 감리교 권사, 박형택 목사, 사단의 회인 예장합신, 후욕하는 자들은 "이단이니~ 사이비니~" 정죄하여 결국 감옥에까지 가둔 것이다. 이것은 하나님께서 행하시는 일을 우상들이 소송을 하고 쟁변하는 것이다[사41:21]. 다시는 창수로, 불볕 더위로 상하지 않게 구원하시려는 "영생의 도"를 밝히는

히브리서 8:8
저희를 허물하여 일렀으되 주께서 가라사대 볼찌어다 날이 이르리니 내가 이스라엘 집과 유다 집으로 새 언약을 세우리라

요한복음 6:27
썩는 양식을 위하여 일하지 말고 영생하도록 있는 양식을 위하여 하라 이 양식은 인자가 너희에게 주리니 인자는 아버지 하나님의 인치신 자니라

이사야 41:21
나 여호와가 말하노니 너희 우상들은 소송을 일으키라 야곱의 왕이 말하노니 너희는 확실한 증거를 보이라

진리의 성령을 대적하는 것은 하나님을 대적하는 일이다. 하나님과 쟁변하여 이길 자가 어디에 있는가? 그래서 재앙이 이 땅에 내리는 것이다.

믿음을 좇는 "의의 후사"가 될 때 재앙을 피할 수 있다

믿음으로 노아는 아직 보지 못하는 일에 경고하심을 받아 경외함으로 방주를 예비하여 그 집을 구원하였으니 이로 말미암아 세상을 정죄하고 믿음을 좇는 의의 후사가 되었느니라 [히11:7]

"믿음으로 노아"는 방주를 예비하였으며, "믿음을 좇는 의의 후사가 되었느니라"고 하신 말씀에서 "믿음"은 무엇이며 "의의 후사"가 된다는 것은 무슨 뜻일까? 당시 노아로 끝났다면 "의의 후사"라고 하면 안 된다. 노아는 순교한 것이 아니라 이미 육체가 죽어서 썩었다. 하나님은 죽은 자의 하나님이 아니시며, 전 성경 기록 목적은 "다시 창조 받을 백성들을 위해서"[시102:18] 기록하셨다. 히브리서 11장에 기록된 믿음의 조상들인 아벨, 에녹, 노아, 아브라함 등 그들은 다 믿음이 있어서, 그들 자신들이 믿어서 노아도 당시 홍수 때

시편 102:18
이 일이 장래 세대를 위하여 기록되리니 창조함을 받을 백성이 여호와를 찬송하리로다

구원받았다고 여출일구 그렇게 해석하고 믿고 있다. 이것은 지금 전 세계 기독교인들과 아무 상관이 없는 설교일 뿐이다. 지난 2천 년 동안 기독교의 실상이 그 증거다. 진리는 남의 이야기가 되면 절대 안 된다.

"믿음이 없이는 기쁘시게 못하나니 하나님께 나아가는 자는 반드시 그가 계신 것과 또한 그가 자기를 찾는 자들에게 상 주시는 이심을 믿어야 할지니라"[히11:6]고 하신 이 말씀을 사람 생각대로 해석하면 안 된다. "믿음이 없이는"[히11:6]이라는 말씀은 사람들이 본래 각자 예수 그리스도를, 하나님을 믿는다고 혀로 말만하고 상상하는 그런 믿음을 말씀하신 것이 결코 아니다. 이 "믿음"은 "믿음이 올 때까지"[갈3:23]라고 하신 예언의 실상을 뜻하신 것이다. 예수님께서 약속하신 진리의 성령은 전 성경에 여러 부분, 여러 모양[히1:1]으로 기록되어 있으며, 기록된 모든 말씀이 실상이 될 때 진리의 성령이라고 하는 것이다.

히브리서 1:1
옛적에 선지자들로 여러 부분과 여러 모양으로 우리 조상들에게 말씀하신 하나님이

믿음이 오기 전에 우리가 율법 아래 매인바 되고 계시될 믿음의 때까지 갇혔느니라 [갈3:23]

요한복음 16:8
그가 와서 죄에 대하여, 의에 대하여, 심판에 대하여 세상을 책망하시리라

진리의 성령은 반드시 "의에 대하여, 죄에 대하여, 심판에 대하여" 모든 진리 가운데로 인도하시는 "영원한

의"이신 하나님의 말씀을 대언할 뿐만 아니라, 성부 하나님을, 예수 그리스도를 믿는 믿음은 이런 것이라고 행위로 시인하여 하나님의 말씀이 참 진리임을 증거하는 자를 뜻한다. "믿음이 없이는 하나님을 기쁘시게 못하나니"라고 하신 것은 실상의 믿음인 진리의 성령인 내가 오기 전까지 하나님을 기쁘시게 한 자가 없었다는 뜻이다. 이는 역사가 증명해준다.

히브리서 11:6
믿음이 없이는 기쁘게 못하나니 하나님께 나아가는 자는 반드시 그가 계신 것과 또한 그가 자기를 찾는 자들에게 상 주시는 이심을 믿어야 할찌니라

"의의 후사"는 바로 "영원한 의"이신 하나님의 나라 상속자를 뜻한다. 2021년 지금까지 전 세계 모든 기독교인들은 다 육체가 죽어서 가는 곳이 하나님의 나라, 곧 천국인 줄 안다. 그래서 노아는 죽어서 하나님 나라에 들어갔을 것이라고 생각하고 이 본문을 해석할 수 있다. 절대 그렇지 않다. 하나님은 신령하신 분으로 신령하신 하나님의 말씀을 신령한 것으로 분별하면, 다른 말로 성경을 성경으로 분별하면[고전 2:13~14] 하나님 나라인 천국은 하나님께서 창조하신 이 세상에서 이루어진다. 이런 뜻을 담고 노아에게, 아브라함에게 영원한 언약을 하신 것이다. 그런데 지금 이 세대까지 하나님께서 말씀하신 언약이 이루어지지 않으니까 아무도 안 믿은 것이다. 또한 천국은 비밀이고, 영생도 비밀이었기에 하나님의 뜻을 아는

고린도전서 2:13~14
13 우리가 이것을 말하거니와 사람의 지혜의 가르친 말로 아니하고 오직 성령의 가르치신 것으로 하니 신령한 일은 신령한 것으로 분별하느니라
14 육에 속한 사람은 하나님의 성령의 일을 받지 아니하나니 저희에게는 미련하게 보임이요 또 깨닫지도 못하나니 이런 일은 영적으로라야 분변함이니라

자가 단 한 명도 없었다. 지금 이때 노아의 때처럼 방주에 들어가서 피하라고 하신다. 영적으로 "방주"는 온전한 진리인 "영원한 언약" 안, 곧 하나님의 가르치심을 받고 지켜 실행하는 것이 바로 "방주"에 들어가는 것이다.

요한복음 6:45
선지자의 글에 저희가 다 하나님의 가르치심을 받으리라 기록되었은즉 아버지께 듣고 배운 사람마다 내게로 오느니라

"의"만 해도 예수 그리스도가 "의"인 줄 안다. 예수 그리스도에 대해서도 진리의 성령이 실상이 되어야 예수 그리스도에 대해서 진리대로 온전히 알게 된다 [요15:26]. 만약 "의"가 예수 그리스도라면 노아가 예수 그리스도의 후사인가? 아니다. 그래서 노아 또한 비밀이며, 진리의 성령이 실상으로 와서 전대미문의 새 언약으로 "온전한 믿음"이 무엇인지 영육으로 보여줄 때 비로소 "영원한 의"이신 하나님의 말씀대로 보고 듣고 믿고 행동하는 성도들이 나타나 "의의 후사"가 되어 7년 대환난 때에도 안위함을 받게 된다. 지금 이 말씀을 실상으로 이루어 가고 있다. 그래서 때가 급하다.

요한복음 15:26
내가 아버지께로서 너희에게 보낼 보혜사 곧 아버지께로서 나오시는 진리의 성령이 오실 때에 그가 나를 증거하실 것이요

그의 날에 유다는 구원을 얻겠고 이스라엘은 평안히 거할 것이며 그 이름은 여호와 우리의 의라 일컬음을 받으리라 [렘23:6]

온 천하에 선포한다. 오직 여호와 하나님께서 유일하게 "의"이시다. 여호와는 유일하신 참 하나님의 이름이다. 유다와 이스라엘도 사람이 본능적으로 아는 저 유다, 저 황금돔이 있는 나라 구약의 이스라엘이 아니라, 히브리서 8장의 "새 언약"으로 14년째 마음에 할례를 받고 있는 은혜로교회 성도들에 대한 예언이다. 곧 만세 전에 하나님께서 정하신 대로 새 언약의 말씀으로 지금 이때 다시 택함을 받아서 한 남편 예수 그리스도를 믿는 그리스도인들이 성부 하나님의 가르치심을 받고 계명대로 지켜 실행하여 모든 사람은 한 번 죽어야 하는 히9:27절의 말씀을 이기는 자, 그래서 육체도 죽지 아니하고 영원히 하나님께서 다시 세우시는 나라에서 하나님과 동행하여 사는 성도들이다. 바로 "믿음이 없이는 기쁘시게 못하나니 하나님께 나아가는 자는 반드시 그가 계신 것과 또한 그가 자기를 찾는 자들에게 상 주시는 이심을 믿어야 할지니라"[히11:6] 하신 말씀을 실상으로 이루는 자들이 바로 "다시 택한 유다와 이스라엘"[사14:1, 슥2:12] 이다.

"그 행사가 존귀하고 엄위하며 그 의가 영원히 있도다"[시111:3] 그래서 하나님의 행하신 일은 영원히 있다고 하셨다. 곧 하나님의 뜻을 진리대로 알아야 하나님의

히브리서 8:8
저희를 허물하여 일렀으되 주께서 가라사대 볼찌어다 날이 이르리니 내가 이스라엘 집과 유다 집으로 새 언약을 세우리라

히브리서 9:27
한 번 죽는 것은 사람에게 정하신 것이요 그 후에는 심판이 있으리니

이사야 14:1
여호와께서 야곱을 긍휼히 여기시며 이스라엘을 다시 택하여 자기 고토에 두시리니 나그네 된 자가 야곱 족속에게 가입되어 그들과 연합할 것이며

스가랴 2:12
여호와께서 장차 유다를 취하여 거룩한 땅에서 자기 소유를 삼으시고 다시 예루살렘을 택하시리니

뜻대로 살게 되고, 그리할 때 "살아서 나를 믿으면 영원히 죽지 아니하리라"[요11:26]고 하신 말씀이 실상이 되어 "영생"하는 것이다. 노아가 믿음을 좇아 의의 후사가 되었다는 예언은 이제 실상이 된다. 곧 하나님의 나라 상속자가 되는 것이 "의의 후사"가 되는 것이다. 진리의 성령의 또 다른 표현인 완전한 믿음인 내가 실상이 되어 와서 천국의 비밀을 여는 이때, 구름 속에 "무지개 언약"이 실상이 된다. 쌍무지개는 그리스도의 영과 성부 하나님과 하나 된 자, 셋이 하나 되어 온전한 믿음, 완전한 자, 온전한 것, 현숙한 여자를 통하여 대언하는 영원한 언약이다. 다시는 물이 모든 혈기 있는 자를 멸하는 홍수가 되지 아니한다고 하신 언약이 실상이 되고 있다. 2008년부터 지금까지 14년째 홍수를 일으키고 불볕 더위가 되게 하는 심판받는 이 세상 임금들인 사단, 마귀, 귀신, 옛 뱀, 큰 용, 아바돈, 아볼루온, 지옥의 사자의 정체를 밝혀 사망에서 생명으로 옮기는 영적인 전쟁을 하는 나를 속히 감옥에서 풀어줘야 한다.

> ¹할렐루야, 여호와를 경외하며 그 계명을 크게 즐거워하는 자는 복이 있도다 ²그 후손이 땅에서 강성함이여 정직자의 후대가 복이 있으리로다 ³부요와 재물이 그 집에 있음이여 그 의가 영원히 있으리로다 [시112:1~3]

진리는 이러한데 구약은 율법이라고 하여 다 버린 것이다. 의에 대하여 신령한 것을 신령한 것으로 분별하지 아니하고 혀로 "오직 예수"라고만 하여 2021년 지금 이 세대까지 종교생활을 해 온 결과 전부 썩는 양식을 위하여 일해 왔기에 모두 육체가 죽었다. 이 한 가지 사실만 알아도 어떻게 14년째 천국의 비밀을 밝혀 하나님의 뜻을 드러낸 진리의 성령인 나, 신옥주 목사를 "이단이니, 사이비니" 헛되고 악한 말로 비방하고 옥에 가둘 수 있나? 그래서 성령을 훼방하는 죄는 이 세상에서도 오는 세상에서도 사함을 받지 못한다고 하신 것이다.

마태복음 12:32
또 누구든지 말로 인자를 거역하면 사하심을 얻되 누구든지 말로 성령을 거역하면 이 세상과 오는 세상에도 사하심을 얻지 못하리라

구름 속에 무지개 언약이 실상이 되어 성경과 다른 거짓말로 창수가 나고 홍수에 엄몰되지 못하도록, 지옥불의 설교로 영혼 살인을 저지르지 못하도록 물에서, 불에서 건지는 전대미문의 새 언약을 선포하는 진리의 성령인 나, 신옥주 목사를 옥에 가두는 것은 하나님의 큰일을 대적하는 것이다. 그래서 이 땅에 재앙이 내린다. 코로나19 재앙은 빙산의 일각이다. 부당하게 옥에 가둔 나를 속히 석방하지 아니하면 전 성경에 기록된 모든 재앙이 이 땅에 다 내린다. 이미 430만 명이 죽었다. 때가 매우 급하다.

10

이제 온 천하는 **잠잠하라**

하나님과 변쟁하는
구덩이에 빠진 **"쑥별들"**

「조선일보, 동아일보」 2021년 8월 20일 금요일

스마트폰으로 QR 코드를 스캔 하시면
[이제 온 천하는 잠잠하라] 전문을 다운로드 받을 수 있습니다.

네가 하나님과 변쟁함은 어찜이뇨

¹³하나님은 모든 행하시는 것을 스스로 진술치 아니하시나니 네가 하나님과 변쟁함은 어찜이뇨 ¹⁴사람은 무관히 여겨도 하나님은 한 번 말씀하시고 다시 말씀하시되 ¹⁵사람이 침상에서 졸며 깊이 잠들 때에나 꿈에나 밤의 이상 중에 ¹⁶사람의 귀를 여시고 인치듯 교훈하시나니 ¹⁷이는 사람으로 그 꾀를 버리게 하려 하심이며 사람에게 교만을 막으려 하심이라 ¹⁸그는 사람의 혼으로 구덩이에 빠지지 않게 하시며 그 생명으로 칼에 멸망치 않게 하시느니라 [욥33:13~18]

"하나님은 모든 행하시는 것을 스스로 진술치 아니하시나니" 하나님께서 정하신 때에 당신이 정해 두신 사람을 사용하셔서 대언하게 하시고, 창세 이래 현재 행하시고 계신 일, 미래에 하실 모든 일들도 하나님께서 스스로 자세하게 사실대로 진술하시지 않고 사람을 사용하신다. 이에 대한 증거가 하나님의 행하신 일을 성경에 기록하게 하시되 친히 하시지 않고, 40여

명의 사람 저자를 사용하셔서 기록하셨다. 이처럼 진리의 성령인 나, 신옥주 목사를 그릇으로 사용하셔서 창세 이래 처음으로 히브리서 8장의 전대미문의 새 언약을 2008년 6월 16일에 시작하여 2021년 8월 지금 이 시간까지 진술하고 있다.

"사람은 무관히 여겨도 하나님은 한 번 말씀하시고 다시 말씀하시되" "한 번 말씀하신 기간"이 크게는 6일간이었다. 구약 4천 년, 신약 2천 년 동안 성경이 모든 것을 죄 아래 가두어 두는 기간이었으며[갈3:22], 이 기간 동안 전 세계 모든 사람들이 "사람이 침상에서 졸며 깊이 잠들 때에나 꿈에나 밤의 이상 중"인 영적인 상태에 있었다. 이 예언대로 하나님을 모르는 영적인 상태에 있는 전 세계 모든 사람들은 땅에서 한 몫의 삶을 살다가 육체가 죽으면 영원한 심판을 받는다[히9:27]. 그러나 사람들은 자기 마음대로 육체가 죽으면 "하늘나라에 갔다"고 말을 한다. 이것은 모두 거짓말이며 사람의 소리일 뿐, 창조주 하나님은 하나님의 법대로 경영하시는 하나님이시다. 따라서 이 진리를 모르면 차라리 사람으로 태어나지 않는 것이 더 유익하다. "다시 말씀하시되"라고 하신 말씀이 실상이 된 때가 히브리서 8장의 새 언약을 선포한 날인 2008년 6월 16

갈라디아서 3:22
그러나 성경이 모든 것을 죄 아래 가두었으니 이는 예수 그리스도를 믿음으로 말미암은 약속을 믿는 자들에게 주려 함이니라

히브리서 9:27
한번 죽는 것은 사람에게 정하신 것이요 그 후에는 심판이 있으리니

일이다. 진리의 성령을 통해서 14년째 다시 예언하고 있고, 새 언약의 말씀으로 하나님의 아들들, 백성들을 다시 창조하고 계신다. 13년이 지난 이제야 은혜로교회 성도 중에 이 진리를 알아듣는 성도, 하나님의 아들들이 나왔다. 믿든 안 믿든 이는 사실이다. 창세 이래 단 한 세대도 이렇게 "하나님의 아들들"[롬8:14, 19]이 실상이 되는 때는 없었다.

로마서 8:14, 19
14 무릇 하나님의 영으로 인도함을 받는 그들은 곧 하나님의 아들이라
19 피조물의 고대하는 바는 하나님의 아들들의 나타나는 것이니

"사람의 귀를 여시고 인치듯 교훈하시나니" 이미 하나님께서 "내가 네게 장가들어 영원히 살되 의와 공변됨과 은총과 긍휼히 여김으로 네게 장가들며 진실함으로 네게 장가들리니 네가 여호와를 알리라"[호2:19~20]고 하신 예언이 사실이 되어 진리의 성령인 나를 통해 영생하도록 있는 양식을 먹이며[요6:27] 다시 택하신 이스라엘 백성들을 하나님의 교훈으로 인치고 있다. 따라서 하나님의 가르치심을 전하고, 하나님의 인치시는 자는 지금 이 세대는 진리의 성령인 나, 신옥주 목사다. 영생하도록 있는 양식은 육체도 죽지 아니하고 영원히 영생에 이르는 전대미문의 새 언약으로 "씨 뿌리는 비유의 비밀"[마13장, 막4장, 눅8장]이 실상이 되었으며, 이렇게 하나님의 뜻, 천국의 비밀을 열고 지켜 실행하여 하나님께서 약속하신 땅에 이사하여 일하게 하는 이 일

요한복음 6:27
썩는 양식을 위하여 일하지 말고 영생하도록 있는 양식을 위하여 하라 이 양식은 인자가 너희에게 주리니 인자는 아버지 하나님의 인치신 자니라

누가복음 21:10~13
10 또 이르시되 민족이
민족을, 나라가 나라를 대
적하여 일어나겠고
11 처처에 큰 지진과 기
근과 온역이 있겠고 또 무
서운 일과 하늘로서 큰 징
조들이 있으리라
12 이 모든 일 전에 내 이
름을 인하여 너희에게
손을 대어 핍박하며 회당
과 옥에 넘겨주며 임금들
과 관장들 앞에 끌어가려
니와
13 이 일이 도리어 너희
에게 증거가 되리라

때문에 마귀의 세력, 곧 공중의 권세 잡은 자들에 의
해 7년형을 선고받고 옥에 갇히는 송사가 일어난 것
이다[눅21:10~13].

세상에 우연은 단 하나도 없다. 코로나19 온역 재
앙은 우연이 절대 아니다. "하나님의 진노가 불의로 진
리를 막는 사람들의 모든 경건치 않음과 불의에 대하여
하늘로 좇아 나타나나니"[롬1:18]라고 하신 예언은 이
미 사실이 되어 "죄에 대하여, 의에 대하여, 심판에 대하
여"[요16:7~13] 하나하나 밝히는 이때, 이 세상에 속
한 관원들인 목사들이 성경을 가지고 사람의 말로 변
개, 왜곡시켜서 가르친 것 때문에 14년째 전하는 진
리의 도를 훼방하고 가로막는 일을 두고 말씀하신 것
이다. 온 세상에 있는 모든 문제와 해답을 하나님의
말씀에서 찾고, 하나님의 말씀대로 지켜 실행하지 아

베드로전서 4:17
하나님 집에서 심판을 시
작할 때가 되었나니 만일
우리에게 먼저 하면 하나
님의 복음을 순종치 아니
하는 자들의 그 마지막이
어떠하며

니하면, 혀로 "오직 예수" 하며 성경과 다른 거짓말
로 가르치고 지옥으로 사람을 보내는 자들, 우상들
이 서 있는 하나님의 집에서부터 먼저 심판하신다[벧
전4:17]. 혀로 "주여, 주여" 하며 기도한다고 하는 자들
이 먼저 심판을 받는다. 이제 시간이 없다. 하나님께

요한복음 6:27
썩는 양식을 위하여 일하
지 말고 영생하도록 있는
양식을 위하여 하라 이 양
식은 인자가 너희에게 주
리니 인자는 아버지 하나
님의 인치신 자니라

서 친히 은혜로교회 신옥주 목사인 나를 통해 썩는 양
식이 아니라 영생하는 양식을 위해 일하고 있는 이 일

을 훼방하는 것은 하나님과 쟁변하는 것이며, 이 세상에 재앙을 내리는 원인이 된 것이다. 속히 인치듯 교훈하시는 새 언약의 말씀으로, 진리로 돌아서야 한다.

"이는 사람으로 그 꾀를 버리게 하려 하심이며 사람에게 교만을 막으려 하심이라" "꾀"란 사람이 일을 교묘하게 꾸미는 생각이나 수단을 뜻한다. 사람의 생각은 하나님의 계명대로 살기 싫어하고 꾀를 내어 교묘하게 예수님이 인류의 모든 죄를 다 지시고 죽으셨으며 어떤 죄를 지어도 다 용서하셨다고 거짓말로 가르친 결과, 기독교인들의 생각은 가르치는 귀신이 주인이 되어 하나님의 행하심을 대적하고 수많은 꾀를 내어 더 타락하고 부패하게 만들었다. 이로 말미암아 내리는 재앙이 홍수요, 불 심판이며, 코로나19 전염병이다. 현재 코로나19 재앙도, 홍수도, 불볕 더위도 기후변화 때문이 아니라, 모든 사람의 꾀를 버리게 하시는 하나님의 징계하심이다.

그래서 "복 있는 사람은 악인의 꾀를 좇지 아니하며"[시 1:1]라고 하셨고, 하나님의 큰일을 대적하고 부인하는 악인들은 "저희 입에 신실함이 없고 저희 심중이 심히 악하며 저희 목구멍은 열린 무덤 같고 저희 혀로는 아첨하나이다 하나님이여 저희를 정죄하사 자기 꾀에 빠지게 하시고 그 많은 허물로 인하여 저희를 쫓아내소서 저희가 주를 배역함이니이다"[시5:9~10]라고 하신 말씀대로 전 세계에 실상이 되어 있다. 백신만이 해답이라고 하는 선진국에서 백신을 자랑해도 더 많은 코로나19 확진자가 나오고, 더 강한 바이러스가 발생하고 백신을 맞아도 돌파 감염이 되어 또 확진자가 나오는 것은 왜 이럴까? 이것은 하나님께서 사람들로 하여금 자신들의 꾀를 버리게 하시고 교만을 막으려고 하시는 것이다. 이는 죽는 자의 죽는 것도 기뻐하지 아니하시는 하나님께서 "그는 사람의 혼으로 구덩이에 빠지지 않게 하시며 그 생명으로 칼에 멸망치 않게 하시느니라"[욥33:18]라는 말씀대로 영원한 죽음에서 생명으로 돌이키기 위한 하나님의 사랑이다. 그러나 지금 전 세계 어느 종교 지도자가 이 사실을 성경대로 알고 있는가?

에스겔 18:32
나 주 여호와가 말하노라 죽는 자의 죽는 것은 내가 기뻐하지 아니하노니 너희는 스스로 돌이키고 살찌니라

자기가 판 구덩이에 빠진 **쑥별들**

15열방은 자기가 판 웅덩이에 빠짐이여 그 숨긴 그물에 자기 발이 걸렸도다 16여호와께서 자기를 알게 하사 심판을 행하셨음이여 악인은 그 손으로 행한 일에 스스로 얽혔도다 17악인이 음부로 돌아감이여 하나님을 잊어버린 모든 열방이 그리 하리로다 [시9:15~17]

각자 재앙을 받는 것은 자신들의 생각의 결과다[렘6:19]. 홍수로, 불로, 전염병으로 징벌하시는 하나님의 행하심을 인정해야 이 모든 재앙을 피할 수 있다. 그러나 지금 전 세계 성경을 사용하는 종교 지도자들에게 "열방은 자기가 판 웅덩이에 빠짐이여"라고 하신 말씀이 실상이 되어 있다. "구덩이"는 음부, 곧 지옥불을 뜻한다. 육체가 죽어서 무덤에 들어가는 것을 "그들을 죽여 구덩이에 던지니라"[렘41:7]고 하셨고, "악인을 위하여 구덩이를 팔 때까지 평안을 주시리이다"[시94:13]라고 하셨다. 악인을 위하여 구덩이를 팔 때까지 하나님께서 지키시고, 그들이 하는 모든 언행을 하나님께서 다 아시기에 반드시 보응하신다. 따라서 악인은 반드시 자기가 판 구덩이, 즉 지옥 영벌에 떨어진다.

그러나 악인을 위하여 구덩이를 파는 심판날인 지금 이 세대는 "전대미문의 새 언약"[히8장]으로 만세 전에 택하여 두신 천국의 상속자들인 "이스라엘"을 다시 택하시는 일 또한 실상이 되는 때다[사14:1~2]. 전 우주적인 일곱째 날, 여호와의 날, 인자의 날이자 심판날인 이때가 될 때까지 악인들은 하는 일마다 잘되고, 궁전 같은 교회를 짓고 수천, 수만, 수십만 명의 교인들을 모아 성경과 다른 거짓말로 죽이고 파쇄

예레미야 6:19
땅이여 들으라 내가 이 백성에게 재앙을 내리리니 이것이 그들의 생각의 결과라 그들이 내 말을 듣지 아니하며 내 법을 버렸음이니라

이사야 14:1~2
1 여호와께서 야곱을 긍휼히 여기시며 이스라엘을 다시 택하여 자기 고토에 두시리니 나그네 된 자가 야곱 족속에게 가입되어 그들과 연합할 것이며 2 민족들이 그들을 데리고 그들의 본토에 돌아오리니 이스라엘 족속이 여호와의 땅에서 그들을 얻어 노비를 삼겠고 전에 자기를 사로잡던 자를 사로잡고 자기를 압제하던 자를 주관하리라

하며, 의인을 괴롭히고 핍박하는 악한 재판장이라는 사실을 아무도 모르니까 평안했던 것이다[시94편]. 오죽하면 하나님께서 누가 일어나서 행악자들, 죄악을 행하는 자들을 칠꼬[시94:16] 하셨을까? 성경을 사용하지만 진리는 단 한 절도 모르면서 설교하고 가르치는 귀신의 처소는 자기가 자기를 위하여 판 "구덩이"인 줄 모른다. 그래서 날마다 호화로이 연락하고 평안했던 것이다. 이들은 성경이 모든 것을 죄 아래 가두어 둔 기간에 자신이 죽을 짓만 일생하다가 육체가 죽으면 영원히 다시는 기회가 없는 구덩이, 곧 음부인 지옥 불구덩이에 들어가는 줄 모른다.

시편 94:16
누가 나를 위하여 일어나서 행악자를 치며 누가 나를 위하여 일어서서 죄악 행하는 자를 칠꼬

> [12]너 아침의 아들 계명성이여 어찌 그리 하늘에서 떨어졌으며 너 열국을 엎은 자여 어찌 그리 땅에 찍혔는고 [13]네가 네 마음에 이르기를 내가 하늘에 올라 하나님의 뭇별 위에 나의 보좌를 높이리라 내가 북극 집회의 산 위에 좌정하리라 [사14:12~13]

이 악인들, 성경과 다른 거짓말로 일생 설교하여 귀신의 처소 바벨론 왕이 된 목사, 사제들을 두고 "계명성"이라 하며, 그런 자들을 따라 다니는 목사들을 "뭇별"이라고 한다. 이 "별들"은 "세째 천사가 나팔을 부니 횃불같이 타는 큰 별이 하늘에서 떨어져 강들의 삼분의 일과

여러 물샘에 떨어지니 이 별 이름은 쑥이라 물들의 삼분의 일이 쑥이 되매 그 물들이 쓰게 됨을 인하여 많은 사람이 죽더라"[계8:10~11]고 하신 말씀대로 전 세계 열국을 엎은 자들이다. 천주교 교회가 전 세계 천주교인들을 엎었고, 한국에서 전 세계에 유명한 목사인 귀신론 대가가 열국을 엎었다. 예수 이름으로 "귀신아 떠나갈지어다"라는 말로 온 세계 기독교인들을 미혹하여 불법하는 자들이 되게 하였고, 귀신이 가르친 방언을 성령받은 증거라고 속여 온 세상의 기독교인들을 엎었다.

이런 교회 지도자를 "쑥별"이라고 한다. 이들의 입에서 나오는 설교를 두고 "대저 음녀의 입술은 꿀을 떨어뜨리며 그 입은 기름보다 미끄러우나 나중은 쑥같이 쓰고 두 날 가진 칼같이 날카로우며 그 발은 사지로 내려가며 그 걸음은 음부로 나아가나니 그는 생명의 평탄한 길을 찾지 못하며 자기 길이 든든치 못하여도 그것을 깨닫지 못하느니라"[잠5:3~6]고 하셨다. 교회를 세워 놓고 혀로 "오직 예수, 하나님" 하고 말은 하지만 하나님도, 예수님도 안 믿는 자들이며, 교인들을 성경과 다른 거짓 설교로 지옥에 보내는 목사와 사제들을 "음녀"라고 한다. 그래서 귀신의 처소 바벨론 왕은 "큰 음녀, 음녀들의 어미"라고 하며, 이런 음녀인 여의도 순복음교회 조용기 목사 한 사람이 귀신의 소리 "방언"으로 일생 수많은 음녀들을 만들어 낸 "하늘에서 땅에 떨어진 아침의 아들 계명성"[사14:12~13]인 줄 정작 그 목사 자신과 교인들은 모른다. 성락교회 김기동 목사는 자신이 햇불같이 타는 "큰 별"[계8:10~11]이며, "음녀"[잠5:3~6], "가르치는 귀신"[딤전4:1~2]인 줄 모른다.

"예수님이 모든 인간의 죄를 다 지시고 십자가에 죽으셨다, 혀로 예수 믿습니다"라고 하면 어떤 죄도 다 용서받았다고 가르치는 음녀들, 이들이 하는 설교는 꿀같이 달고 미끄러워서 목에 잘 넘어가나 그 결국은 지옥불, 곧 음부로 내려가는 "영혼 살인"을 저지른 것이다. 그들이 하는 설교를 두고 "공법을 인진으로 변하며 정의를 땅에 던지는 자들아"[암5:7]라고 하셨고, "너희는 공법을 쑥개로 변하며 정의의 열매를 인진으로 변하며 허무한 것을 기뻐하며 이르기를 우리의 뿔은 우리 힘으로 취하지 아니하였느냐 하는 자로다"[암6:12~13]라고 말씀하셨다.

"공법"이란 하나님의 나라와 하나님의 백성들의 관계를 규정하는 법률, 창조주 하나님과 피조물인 사람 사이를 바르게 규정하는 법, 영혼 성전 건축을 하는 방법인 "하나님의 말씀"을 뜻한다. 이런 하나님의 말씀

을 가지고 성경과 다른 거짓말로 변개시켜 교인들을
죽이는 목회를 하는 것을 두고 "그는 비록 악을 달게 여
겨 혀 밑에 감추며 아껴서 버리지 아니하고 입에 물고 있을
찌라도 그 식물이 창자 속에서 변하며 뱃속에서 독사의 쓸
개가 되느니라 그가 재물을 삼켰을찌라도 다시 토할 것은
하나님이 그 배에서 도로 나오게 하심이니 그가 독사의 독
을 빨며 뱀의 혀에 죽을 것이라"[욥20:12~16]고 예언하셨
다. 지금 전 세계 성경을 가지고 예수 이름 사용하는
귀신의 처소에서 하는 목회가 다 이렇게 "독사의 독"
을 빨고 뱀, 곧 사단, 마귀의 설교로 죽이고 있다. 전

디모데전서 6:10
돈을 사랑함이 일만 악
의 뿌리가 되나니 이것을
사모하는 자들이 미혹을
받아 믿음에서 떠나 많은
근심으로써 자기를 찔렀
도다

부 예수 이름으로 일만 악의 뿌리인 "돈"과 연관된 모
든 설교, 성경과 다른 거짓말로 영적인 살해를 당할
것을 이미 3421년 전에 다 예언해 두셨다. 그러나 이
런 예언이 쓴 물을 먹이는 목회를 하는 자들 눈에는
한 절도 보이지 않고, 도리어 자신들은 하나님께서
복을 주셨다고 거짓 자랑하고 교만하며 거만하여 절
대 살아 계신 하나님의 말씀을 듣지 않는다. 이들은
전부 자신이 하나님 노릇, 예수 그리스도 노릇하고
있다. 그러나 뭇별들 또한 자기 욕심에 끌려 그 부자
목사처럼 되고 싶어서 따라 다니는 큰 교회 부목사,
강도사, 전도사들로 '설마' 하고 안 믿겠지만 너무나
참혹한 사실이며, 이런 자들로 인해 이 땅에 재앙이

내리는 것이다.

이런 음녀, 하늘에서 땅에 떨어진 쑥별, 지옥불에서 나오는 소리를 일생하는 자들이 예수 이름 사용하는 자들이라는 증거는 또 있다. "그 살로 나를 사방으로 쏘아 인정 없이 내 허리를 뚫고 내 쓸개로 땅에 흘러나오게 하시는구나"[욥16:13]라고 하신 예언은 당시 욥에 대한 실상이 아니라, 하나님의 아들 예수 그리스도에 대한 예언이다. "쓸개 탄 포도주를 예수께 주어 마시게 하려 하였더니 예수께서 맛보시고 마시고자 아니 하시더라"[마27:34]고 하신 이 말씀은 예수 그리스도 이름으로 목회를 하는 사람들이 쑥별이 되어 쓴 물을 먹이므로 열매가 다 인진이 된다는 비밀이 감추어져 있었다[암6:12~13]. "쓸개"를 예수 그리스도께 식물로 드리는 자들, 영혼이 갈급한 교인들에게 초로 마시우게 하는 자들이 바로 혀로는 "오직 예수" 하면서 계명은 단 한 절도 지키지 않고 성경과 다른 거짓말로 설교하여 교인들에게 독사의 독, 쓸개 탄 포도주를 마시게 하고 신 포도주를 먹이고 있는 자칭 목사들, 자칭 기독교인들이며, 자신들은 이미 생명책에서 이름이 도말된 자들인 줄 모른다[시69:22~28].

이 기막힌 사실을 당시 예수님도 모르셨다는 것을

아모스 6:12~13
12 말들이 어찌 바위 위에서 달리겠으며 소가 어찌 거기 밭 갈겠느냐 그런데 너희는 공법을 쓸개로 변하며 정의의 열매를 인진으로 변하며
13 허무한 것을 기뻐하며 이르기를 우리의 뿔은 우리 힘으로 취하지 아니하였느냐 하는 자로다

시편 69:22~28
22 저희 앞에 밥상이 올무가 되게 하시며 저희 평안이 덫이 되게 하소서
23 저희 눈이 어두워 보지 못하게 하시며 그 허리가 항상 떨리게 하소서
24 주의 분노를 저희 위에 부으시며 주의 맹렬하신 노로 저희에게 미치게 하소서
25 저희 거처로 황폐하게 하시며 그 장막에 거하는 자가 없게 하소서
26 대저 저희가 주의 치신 자를 핍박하며 주께서 상케 하신 자의 슬픔을 말하였사오니
27 저희 죄악에 죄악을 더 정하사 주의 의에 들어오지 못하게 하소서
28 저희를 생명책에서 도말하사 의인과 함께 기록되게 마소서

지금 이 세대 누가 믿겠는가? 천국이 비밀이라고 해도, 비밀이라고 생각을 안 하는 기독교인들이다. 자신이 하는 설교가 무슨 뜻인지도 모르고 지껄이는 쑥별들은 눈이 있으나 보지 못하고, 귀가 있으나 듣지 못하는 영적인 소경이며, 귀머거리요, 하나님의 말씀을 한 절도 전하지 못하는 "벙어리 개"라고 하셨다[사 56:10]. 이들이 영적인 벙어리인 이유는 "귀신 들려 벙어리 된 것"이다[마9:32]. 진실로 사실이었다. 14년째 보고 있다. 이런 자들이 교회를 세우고 강단에 서 있는 미운 물건, 우상이 되어 하나님의 자리에 앉아 하는 설교만 믿고 성경과 다른 거짓말인 줄 모르고 있는 교인들은 우상 숭배하는 것이다. 그래서 "그들은 하나님께 제사하지 아니하고 마귀에게 하였으니 곧 그들의 알지 못하던 신, 근래에 일어난 새 신, 너희 열조의 두려워하지 않던 것들이로다"[신32:17] 하신 말씀 또한 이미 실상이 되었다.

이사야 56:10
그 파숫군들은 소경이요 다 무지하며 벙어리개라 능히 짖지 못하며 다 꿈꾸는 자요 누운 자요 잠자기를 좋아하는 자니

마태복음 9:32
저희가 나갈 때에 귀신 들려 벙어리 된 자를 예수께 데려오니

"수금된 자"를 이끌어 내사 형통케 하시고

5그 거룩한 처소에 계신 하나님은 고아의 아버지시며 과부
  의 재판장이시라 6하나님은 고독한 자로 가속 중에 처하게

하시며 수금된 자를 이끌어 내사 형통케 하시느니라 오직 거역하는 자의 거처는 메마른 땅이로다 [시68:5~6]

마태복음 19:29
또 내 이름을 위하여 집이나 형제나 자매나 부모나 자식이나 전토를 버린 자마다 여러 배를 받고 또 영생을 상속하리라

마가복음 10:29~30
29 예수께서 가라사대 내가 진실로 너희에게 이르노니 나와 및 복음을 위하여 집이나 형제나 자매나 어미나 아비나 자식이나 전토를 버린 자는
30 금세에 있어 집과 형제와 자매와 모친과 자식과 전토를 백배나 받되 핍박을 겸하여 받고 내세에 영생을 받지 못할 자가 없느니라

누가복음 18:29~30
29 이르시되 내가 진실로 너희에게 이르노니 하나님의 나라를 위하여 집이나 아내나 형제나 부모나 자녀를 버린 자는
30 금세에 있어 여러 배를 받고 내세에 영생을 받지 못할 자가 없느니라 하시니라

구덩이에 들어가는 쑥별들, 음녀들에 의해 옥에 갇힌 이 송사는 "수금된 자를 이끌어 내어 형통케 하는" 일의 실상이다. 이 말씀은 예수 그리스도에 대한 예언이 아니다. 예수님은 세상 법에 고소한 자칭 유대인들, 바리새인들에 의해 죽임을 당하셨다. 이 예언은 명백하게 하나님의 계명을 지키다가[마19:29, 막10:29~30, 눅18:29~30] 옥에 갇힌 진리의 성령인 나, 신옥주 목사와 은혜로교회 성도들에 대한 예언이다. "가속" 또한 하나님의 집안, 하나님의 권속, 가족을 일컫는 말로 "누구든지 하늘에 계신 내 아버지의 뜻대로 하는 자가 내 형제요 자매요 모친이니라 하시더라"[마12:50]고 하신 말씀을 듣고 행하는 "누구든지"는 지금은 온 세상에서 진리의 성령인 나와 은혜로교회 성도들뿐이다.

내가 그로 그 자식과 권속에게 명하여 여호와의 도를 지켜 의와 공도를 행하게 하려고 그를 택하였나니 이는 나 여호와가 아브라함에게 대하여 말한 일을 이루려 함이니라 [창18:19]

"여호와의 의와 공도"를 행하기 위해서는 반드시 "내가 네게 장가들어 영원히 살되 의와 공변됨과 은총과 긍휼

히 여김으로 네게 장가들며 진실함으로 네게 장가들리니 네가 여호와를 알리라"[호2:19~20]고 하신 말씀이 실상이 된 진리의 성령이 이 세상에 나타나 "하나님의 권속, 거룩한 떡덩이들"이 실상이 되게 할 때, 모든 종교의 실체와 숨겨진 허상이 밝히 드러나서 다 무너지게 된다 [계18:2]. 하나님의 가르치심을 대언하고 있는 진리의 성령이 실상이 된 나를 통해 행하는 14년째 전대미문의 새 일이 "의와 공도, 여호와의 도 곧 하나님의 도"를 행하는 것이며, 다른 모양으로 "믿음"[갈3:22~23]이다. 또한 기근과 환난을 준비하는 여호와의 땅에 이주한 나와 은혜로교회 성도들이 "하나님의 권속"이다. 이스라엘은 "하나님과 겨루어 이기는 자"를 뜻하며, 구약 당시 야곱은 모형이요, 그림자였다[히8:5]. 하나님과 겨루어 이기는 자는 반드시 사람이 한 번 죽는 것은 정한 이치[히9:27]라고 하신 말씀을 이겨서 육체도 죽지 아니하고 영원히 살아서 하나님의 뜻을 지키는 자들이 "다시 택한 이스라엘"이다. 이들은 온전한 영생, 온전한 구원에 이르는 자들로 현재 진리의 성령과 은혜로교회 성도들이며, 3421년이 지난 지금 이미 하나님의 권속, 곧 가속을 이루어 이 예언이 성취된 것이다.

온 세상에 어느 교회가, 어느 목사가 이렇게 기록된

요한계시록 18:2
힘센 음성으로 외쳐 가로되 무너졌도다 무너졌도다 큰 성 바벨론이여 귀신의 처소와 각종 더러운 영의 모이는 곳과 각종 더럽고 가증한 새의 모이는 곳이 되었도다

갈라디아서 3:23
믿음이 오기 전에 우리가 율법 아래 매인바 되고 계시될 믿음의 때까지 갇혔느니라

히브리서 8:5
저희가 섬기는 것은 하늘에 있는 것의 모형과 그림자라 모세가 장막을 지으려 할 때에 지시하심을 얻음과 같으니 가라사대 삼가 모든 것을 산에서 네게 보이던 본을 좇아 지으라 하셨느니라

히브리서 9:27
한 번 죽는 것은 사람에게 정하신 것이요 그 후에는 심판이 있으리니

이사야 14:1
여호와께서 야곱을 긍휼히 여기시며 이스라엘을 다시 택하여 자기 고토에 두시리니 나그네 된 자가 야곱 족속에게 가입되어 그들과 연합할 것이며

예언이 땅에 사실이 되어 이룬 자가 있는가? 인간이 죽을 수밖에 없는 근본 원인을 각자 진리를 진리대로 보고, 듣고, 깨달아 죄를 짓는 근본 자체를 영원히 해결하므로 모든 인간이 신실로 추구하는 온전한 행복이 다 이루어지는 것이 바로 "참 진리"다. 그래서 "진리를 알찌니 진리가 너희를 자유케 하리라"고 하신 것이다. 그래서 진리의 하나님이시고, 아들 예수 그리스도도 자신을 길이요, 진리라고 하셨으며, 예수 그리스도께서 약속하신 성령을 진리의 성령이라고 하신 것이다. 진실로 성경만이 참 진리이며, 사실이며, "영생"이 기독교의 핵심이요 팩트다. 이 때문에 그 누구도 들어 본 적이 없는 "전대미문의 새 언약"이라고 하며, 사람들이 만들어 낸 모든 이론을 다 파하는 "강력"이다[고후10:4].

고린도후서 10:4
우리의 싸우는 병기는 육체에 속한 것이 아니요 오직 하나님 앞에서 견고한 진을 파하는 강력이라

사람이 만든 모든 종교는 아무것도 아니다. 진리를 알게 되면 진실로 아무것도 아닌 것에 모두 미쳐 있다는 것을 알게 되고, 이 세상에 속한 자들이 얼마나 쓸데없고 저급한 것에 미쳐 있는지 그냥 보이고 알게 된다. 모든 세상 사람, 곧 천하 만민이 아브라함의 자손으로 인하여 복을 받는 근본은 바로 "영생"이다. 이 영생을 실상으로 이루라고 진리의 성령을 하나님께서 정하신 전 우주적인 일곱째 날, 여호와의 날, 인자의

날에 실상으로 보내신 것이다. 진리는 이러한데 이 세상에 속한 쑥별 같은 자들, 음녀들은 오히려 진리의 성령인 나를 옥에 가두고 핍박하고 수치와 치욕을 주며 하나님과 쟁변하고 있다. 하나님과 겨루어 이길 자는 이 세상에 아무도 없다. 진리의 성령을 훼방한 죄로 인해 이 세상에 재앙이 내리는 것이다.

쑥별들, 육체가 살아서 지옥 음부에 서 있는 미운 물건들이 거룩한 강단에서 성경과 다른 거짓말하는 것은 이제 끝났다. 속히 진리로 돌아서지 아니하면 가장 먼저 하나님의 집인 교회부터 심판[벧전4:17]하신다. 진리의 성령을 훼방한 모든 자들은 속히 공개 사과하고 회개하라. 더 이상 시간이 없다. 코로나19는 빙산의 일각일 뿐이다. 이제 각자 지은 죄대로 모든 보응을 받을 일만 남았다.

베드로전서 4:17
하나님 집에서 심판을 시작할 때가 되었나니 만일 우리에게 먼저 하면 하나님의 복음을 순종치 아니하는 자들의 그 마지막이 어떠하며

11

"양의 목자"보다 먼저 온
절도와 강도, 악어의 정체

「조선일보, 동아일보」 2021년 8월 27일 금요일

스마트폰으로 QR 코드를 스캔 하시면
[이제 온 천하는 잠잠하라] 전문을 다운로드 받을 수 있습니다.

나보다 먼저 온 자는 다 절도요 강도니

그러므로 예수께서 다시 이르시되 내가 진실로 진실로 너
희에게 말하노니 나는 양의 문이라 [요10:7]

초림 당시에 "양의 문"은 오직 예수 그리스도 한 분
이시다. 이를 증명하는 하나님의 증거가 아무리 많은
세월, 많은 시간이 흘렀어도 땅의 역사를 예수님께서
이 땅에 오신 때를 기준으로 다시 시작하신 것이다.
그래서 지금 전 세계가 모두 2021년을 사용하고 있
다. 하나님께서 그 많은 사람 가운데 아브라함을 택
하셔서 언약을 하셨다. 아브라함의 아들 여덟 명 중
본처 사라의 몸으로 아브라함 100세에 난 이삭에게
"하나님의 언약"이 이어지고, 이삭의 두 아들 에서와
야곱 중에 야곱에게 언약이 이어졌으며, 야곱의 이름
을 이스라엘이라 하시고, 야곱의 열두 지파에 이어진

히브리서 8:1
이제 하는 말의 중요한 것
은 이러한 대제사장이 우
리에게 있는 것이라 그가
하늘에서 위엄의 보좌 우
편에 앉으셨으니

언약은 다윗에게로 이어져서 아브라함, 다윗의 자손으로 이 땅에 보내신 하나님의 아들에게 이어지더니, 땅의 역사를 다 무효하고 다시 시작하여 아들 예수 그리스도가 하나님 나라 "대제사장"[히8:1]이리고 하신 것이다.

그러나 "나는 양의 문이라"는 말씀만 사람 생각으로 해석하면 "오직 예수"라는 말로 간사하게 변개시켜 입으로 시인만 하면 다 구원받고, 이미 예수님께서 우리의 모든 죄를 다 지시고 십자가에서 죽으셨으며, 어떤 죄를 지어도, 심지어 고의적인 살인자도, 연쇄 살인범도 입으로 "예수 그리스도를 마음에 영접합니다" 라고 시인만 하면 이미 구원받았다고 해버리는 치명적인 "귀신의 가르침"이 된 것이다. 하나님께서 정하신 때가 될 때까지 예수 이름 사용하는 자들이 교회 안에서 하는 모든 일들은 다 돈으로 바꾸고, 매매하고, 불의한 자, 불법하는 자들이 지도자 노릇하여 단 한 사람도 변화된 사람이 없을 것을 이미 다 보여주신 것이다. 예수 그리스도께서 벌거벗은 채 십자가에 달리시고, 머리에 "가시 면류관"을 쓰신 이유가 바로 이 때문이다.

나보다 먼저 온 자는 다 절도요 강도니 양들이 듣지 아니하

였느니라 [요10:8]

　예수님 당시로 말하면, 구약 성경을 사용하여 설교하는 유대인 대제사장들과 서기관들, 바리새인들인 종교 지도자는 다 "절도"라고 하신 것이다. 예수님께서는 이런 절도들에 의해 세상 법에 고소당해 결국 십자가에서 죽임을 당하셨다. "강도"란 폭행, 협박 등 강제 수단으로 남의 금품을 빼앗는 일들을 뜻한다. 성경에서 말씀하시는 절도와 강도는 사람들이 본능적으로 아는 절도, 강도들을 말씀하신 것이 아니다. 성경을 가지고 하나님의 뜻은 모른 채 목사나 사제, 곧 설교자들이 자신이 아는 세속적인 말로 변개시켜 성경과 다른 거짓말로 설교하는 것을 두고 절도요 강도라고 하신 것이다[요10:8]. 이런 자들을 다른 모양으로 음녀, 귀신의 처소 바벨론에서 "가르치는 귀신들"[딤전4:1], "하나님을 떠난 자"라고 하셨고, 이들은 전부 예수 이름으로 포도주에 취한 자들이며, 탐식자, 관원, 부자, 미련한 자, 악한 눈이 있는 자라고 하신 것이다[잠23:1~9].

절도요 강도인 자들의 주인은 귀신이다. 귀신 들려 눈멀고 벙어리 된 자들[마12:22]의 특징이 게으르고 더러우면서 욕심만 가득 차서 모두 육체에 해당하는 것만

요한계시록 17:5
그 이마에 이름이 기록되었으니 비밀이라, 큰 바벨론이라, 땅의 음녀들과 가증한 것들의 어미라 하였더라

디모데전서 4:1
그러나 성령이 밝히 말씀하시기를 후일에 어떤 사람들이 믿음에서 떠나 미혹케 하는 영과 귀신의 가르침을 좇으리라 하셨으니

잠언 23:1~2
1 네가 관원과 함께 앉아 음식을 먹게 되거든 삼가 네 앞에 있는 자가 누구인지 생각하며
2 네가 만일 탐식자여든 네 목에 칼을 둘 것이니라

마태복음 12:22
그때에 귀신 들려 눈멀고 벙어리 된 자를 데리고 왔거늘 예수께서 고쳐 주시매 그 벙어리가 말하며 보게 된지라

고린도전서 2:14
육에 속한 사람은 하나님
의 성령의 일을 받지 아
니하나니 저희에게는 미
련하게 보임이요 또 깨닫
지도 못하나니 이런 일은
영적으로라야 분변함이
니라

추구한다[고전2:14]. 근본부터 거짓이다. 죄로 시작하여 영원히 지옥불에 떨어져서 영벌을 받는 것으로 영원히 끝이다. 육체를 입고 이 땅에 사는 동안 삶의 결과로 인해 "영원"이 결판나는데 귀신은 자신도 속고, 다른 사람도 속이는 것이다. 전 세계 기독교인들, 천주교인들이 도두 이러하다. 자신들은 잘 믿는다고 생각한다. 그 생각의 주인이 귀신이라고 해도 이 말도 안 듣고 계속 상상에서 벗어나지 않는다. 전부 오래 교회 다닌 사람의 특징이며, 이들은 전부 "상상"한다. 성경에 기록된 말씀을 믿지 않고, 하나님을 거짓말하는 자로 만들어 버리는 무지몽매한 자들이다. 이런 자들이 교회 안에서 지도자 노릇하고 있는 절도요 강도들이다.

성령의 이름으로 **비둘기 파는 악어들**

[12]예수께서 성전에 들어가사 성전 안에서 매매하는 모든 자를 내어쫓으시며 돈 바꾸는 자들의 상과 비둘기 파는 자들의 의자를 둘러 엎으시고 [13]저희에게 이르시되 기록된바 내 집은 기도하는 집이라 일컬음을 받으리라 하였거늘 너희는 강도의 굴혈을 만드는도다 하시니라 [마21:12~13]

귀신의 소리 방언 은사를 성령 받은 증거라고 가르친 자들이 명백히 비둘기 파는 자들이다. 오늘날 여의도 순복음교회에서 귀신이 가르친 "랄랄라 따따따" 하는 소리를 성령 받은 증거라고 속이고, 70~80만 명의 사람을 모아 부자가 된 조용기 목사와 그 아래 목사들, 성령 세미나 한다고 돈 받고 속이는 목사들이 다 비둘기 파는 강도들이요, 돈 바꾸는 자들이며, 매매하는 자들이다. "매매"란 팔고 사는 것을 말한다. 예수 이름으로 거짓말로 설교하여 헌금을 받은 자들이 매매하는 자요, 돈 바꾸는 자들이다. 예수님께서 성전에서 하신 일을 기록한 이 말씀[마21:12~13]을 가지고 간사하게 구약의 제사 때 가난한 자는 비둘기를 드리고, 부자들은 소, 양 등을 드리는 것이라며 그럴듯하게 속이는 목사 자신이 교회 강단에서 "비둘기 파는 강도"라는 사실을 감추고 강도짓 하는 것이다.

예수 이름으로 "성령 받을지어다~"라며 성령 세미나를 하는 자들, "신년축복성회"라고 하여 교인들 머리에 손 얹고 기도해 주고 헌금 봉투 받는 자들, 가정마다 돌아다니며 심방한다고 심방비 받는 자들, 병 고쳐 준다고 기도해 주고 돈 받는 자들, 교인들 사업장에 매달 방문하며 예배드려 주고 돈 받는 자들...등

등 꾀를 내어 셀 수 없이 돈으로 바꾸는 일을 하는 자들이 혀로 예수 이름 팔아서 매매하는 자요, 돈 바꾸는 자들이다. 한국 기독교 140여 년 동안 무슨 짓을 했는지 이제는 성경대로 정확히 알아야 한다. 하나님 나라와 아무 관계가 없을 뿐만 아니라 지옥 영벌에 떨어질 일만 하고 왔다는 사실을 깨달아 모두 영적인 깊은 잠에서 깨어 일어나야 한다.

> [13]유대인의 유월절이 가까운지라 예수께서 예루살렘으로 올라가셨더니 [14]성전 안에서 소와 양과 비둘기 파는 사람들과 돈 바꾸는 사람들의 앉은 것을 보시고 [15]노끈으로 채찍을 만드사 양이나 소를 다 성전에서 내어 쫓으시고 돈 바꾸는 사람들의 돈을 쏟으시며 상을 엎으시고 [16]비둘기 파는 사람들에게 이르시되 이것을 여기서 가져가라 내 아버지의 집으로 장사하는 집을 만들지 말라 하시니 [요2:13~16]

이 말씀을 문자 그대로만 보고 예수님께서 당시 유대인들이 구약의 제사법대로 예배드리는 것을 엎으신 것이라고 설교하면 아무것도 모르는 교인들은 "그런가~" 하고 자기 목사가 "강도"이며, 자기가 다니는 교회가 "강도의 굴혈"인 줄 모른다. 이런 일들을 왜 마태, 마가, 누가, 요한복음 네 군데 다 기록해 두셨을까? 회칠한 무덤 같은 바리새인들이 성경을 가지고 하나님의 집인 교회에서 예수 그리스도의 이름

마태복음 23:27
화 있을찐저 외식하는 서기관들과 바리새인들이여 회칠한 무덤 같으니 겉으로는 아름답게 보이나 그 안에는 죽은 사람의 뼈와 모든 더러운 것이 가득하도다

으로, 성부 하나님의 이름으로 돈으로 바꾸는 자들이 나올 것을 미리 예언하신 것이다. 초림 이후 2021년 지금 이 시간까지도 전 세계에 얼마나 많은 교회에서 매매하는 일들이 자행되고 있는지 알면 모든 사람들이 경악할 것이다.

교인들은 하나님의 물건이다. 하나님의 물건들을 가지고 하나님의 뜻을 알게 하고 천국에 들어가게 하기는 커녕, 일생 헛된 종교생활을 하고 육체가 죽어서 지옥 가게 만드는 목사가 하나님과 아무 관계가 없으니 남의 물건을 절도한 것이요, 강도짓 한 것이며, 도적질한 자요, "영적인 살인자들"이다. 그런데 예수님께서는 당신의 이름으로 2021년 지금 이 시간까지 교회, 곧 성전 안에서 매매하고 돈 바꾸는 자들, 비둘기 파는 자들이 전 세계에 교회를 세워 놓고 절도, 강도짓을 할 줄 모르셨다. 이미 구약 성경에 예언되어 있었는데도 말이다. 전 성경에 강도짓을 하는 지도자를 "악어"[욥41장]와 "애굽왕"에 비유하시고, 강도의 굴혈이 된 교회를 "애굽"[계11:8]에 비유하셨다.

마태복음 21:13
저희에게 이르시되 기록된바 내 집은 기도하는 집이라 일컬음을 받으리라 하였거늘 너희는 강도의 굴혈을 만드는도다 하시니라

요한계시록 11:8
저희 시체가 큰 성길에 있으리니 그 성은 영적으로 하면 소돔이라고도 하고 애굽이라고도 하니 곧 저희 주께서 십자가에 못 박히신 곳이니라

> ¹네가 능히 낚시로 악어를 낚을 수 있겠느냐 노끈으로 그 혀를 맬 수 있겠느냐 ²줄로 그 코를 꿸 수 있겠느냐 갈고리로 그 아가미를 꿸 수 있겠느냐 ³그것이 어찌 네게 연속 간구

하겠느냐 유순한 말로 네게 이야기하겠느냐 4어찌 너와 계
약하고 영영히 네 종이 되겠느냐 [욥41:1~4]

이 "악어"가 바로 오늘날 예수 이름 사용하여 성경
과 다른 거짓말을 가르치고 교인들을 속이고 돈으로
바꾸는 자들이다. 이들은 하나님 보시기에 폭행하는
자들이요, 협박하여 천국을 팔아먹은 자들이다.

"노끈으로 그 혀를 맬 수 있겠느냐" 하신 말씀은 교회
안에 "악어"가 성경과 다른 거짓말로 설교하는 것을
예수 이름으로는 절대 막을 수 없다는 뜻을 감추시고
말씀하신 것이다. 욥기에 기록된 이 예언은 1430년
후 예수 그리스도께서 땅에서 사역하실 때 성전 안에
서 매매하는 자들, 돈 바꾸는 자들, 비둘기 파는 자들
을 노끈으로 절도, 강도, 도적질하는 자들의 혀를 맬
수 없다는 뜻이다. 욥기41장에 기록하신 악어에 대한
말씀 속에 2021년 지금 이 세대까지 예수 이름 사용
하는 강도, 곧 예수 이름으로 폭행하고 협박하여 빼
앗은 자들에 대한 비밀이 감추어져 있었다는 사실을
예수님도 모르셨고, 아무도 몰랐던 것이다.

"악어"는 귀신의 소리 방언을 성령 받은 은사라고
속여 비둘기 팔아서 부자가 된 여의도 순복음교회 목

사, "예수 이름으로 귀신아 떠날지어다"라고 하여 부
자 된 성락교회 목사, 매매하고 돈으로 바꾸어 화려
한 궁전을 지어서 교인들끼리 서로 싸우는 사랑의 교
회 목사 등등 이들 전부 "악어"에 해당하는 자들이다.
다른 말로 표현하면 옛 뱀, 용, 사단, 마귀, 멸망으로
인도하는 크고 넓은 문에 서 있는 자, 강도, 절도, 광
명의 천사, 벨리알, 아바돈, 아볼루온 등등 여러 부분,
여러 모양[히1:1]으로 기록해 두신 것이다.

히브리서 1:1
옛적에 선지자들로 여러
부분과 여러 모양으로 우
리 조상들에게 말씀하신
하나님이

　진실로 "네가 능히 낚시로 악어를 낚을 수 있겠느냐 노끈
으로 그 혀를 맬 수 있겠느냐"고 하신 예언이 사실이었
다. 예수 이름으로는 그들의 혀를 매어 다시는 혀를
놀리지 못하게 할 수 없었다. 그래서 이렇게 전 세계
가 타락하고 부패한 것이다. 부자 목사가 된 자들을
부러워하여 자신들도 부자가 되고 싶어 따라 다니고,
흉내를 내고 했던 것이다. 이런 절도, 강도자들은 도
리어 사람들에게 존경받으면서 그들의 더러운 부패
가 다 드러나도 형사, 검사, 판사, 변호사인 교인들이
있어 다 무마시키고, 아무 일도 없는 듯이 감추고 계
속 목회를 하고 있다. 이런 자들로 인해 이 땅에 재앙
이 내리는 것이다.

　또한 이런 악어 아래 있는 교인들을 두고 "모든 높은

것을 낮게 보고 모든 교만한 것의 왕이 되느니라"[욥41:34]
라고 판결하셨다. 이런 악어들이 심판받는 "이 세상 임
금들"[요16:11]이며, 이들의 실체를 드러내는 사람을
두고 "또 다른 보혜사 진리의 성령"이라고 한 것이다. 성
경을 사용하면서 교회 안에서 절도, 강도, 악어, 모든
교만한 것의 왕이 된 자들, 혀로 "예수 예수" 하면서
예수 그리스도와 하나님 나라와 아무 상관이 없는 일
을 목회라고 하는 자들은 이미 하나님의 심판을 받고
있다. 초림 당시 예수님께서 노끈으로 성전에서 장사
하고 돈으로 바꾸는 자들을 내어 쫓았어도, 예수 이
름으로는 이들의 혀를 매어 매매를 할 수 없게 못 한
다는 것 또한 2천 년 기독교 역사가 증명해 주고 있
다. 반드시 예수 그리스도께서 약속하신 진리의 성령
이 실상으로 와서 "죄에 대하여, 의에 대하여, 심판에 대
하여 세상을 책망할 때"[요16:7~13] 비로소 이들의 실체
가 만천하에 밝혀지며, 더 이상 거룩한 강단에서 절
도, 강도짓을 못하도록 "악어들의 혀를 맬 수 있다"는 뜻
이다. 이미 실상이 된 지 14년째다.

요한복음 16:11
심판에 대하여라 함은 이
세상 임금이 심판을 받았
음이니라

이런 악어들에 대한 심판의 말씀이 또 있다. 사단
에 의해 모든 것을 다 잃고 고난을 당하고 있는 욥을
찾아온 엘리바스가 욥을 책망하자 책망하는 친구들

에게 "너희는 고아를 제비 뽑으며 너희 벗을 매매할 자로구나"[욥6:27]라고 욥이 대답한다. 이 말씀 또한 오늘날 예수 이름 사용하여 매매하는 자들에 대한 예언이다. "엘리바스"는 욥의 친구 셋 중 제일 나이 많은 자이며, "에돔" 사람이다. 엘리바스는 "에서의 후손"이다. 에돔은 에서의 별명이다. 오늘날로 말하면 예수 이름 사용하여 성경을 가지고 절도, 강도, 도둑질하는 자들, 욥기41장으로 말하면 악어들, 성경과 다른 거짓말로 설교하여 왕 노릇하는 자들이 모두 에서의 자손이라는 뜻이다. 혀로 "오직 예수, 하나님" 하지만 멸망으로 인도하는 크고 넓은 문에 있는 자들[마7:13~2기]은 다 하나님께 택하심을 입지 못한 에서, 곧 "불택자들"이다. 예수 이름 사용하는 악인들은 다 이런 자들이다. 에서의 후손은 사람이 보기에는 성공하고 부자이며 유명한 목사, 사제들로 잘 먹고 잘 살지만, 하나님 나라와 아무 관계가 없는 자들로 "마귀"요, "마귀의 자식들"이다. 한 몫의 삶에서 날마다 호화로이 연락하고 살다가 육체가 죽어서야 자신이 간 곳이 지옥 불구덩이인 줄 알게 되는 자들이다[눅16:19~31].

마태복음 7:13
좁은 문으로 들어가라 멸망으로 인도하는 문은 크고 그 길이 넓어 그리로 들어가는 자가 많고

누가복음 16:23~24
23 저가 음부에서 고통 중에 눈을 들어 멀리 아브라함과 그의 품에 있는 나사로를 보고
24 불러 가로되 아버지 아브라함이여 나를 긍휼히 여기사 나사로를 보내어 그 손가락 끝에 물을 찍어 내 혀를 서늘하게 하소서 내가 이 불꽃 가운데서 고민하나이다

18수고하여 얻은 것을 도로 주고 삼키지 못할 것이며 매매하여 얻은 재물로 즐거워하지 못하리니 19이는 그가 가난한 자를 학대하고 버림이요 자기가 세우지 않은 집을 빼앗음

이니라 [욥20:18~19]

매매하는 자, 절도요 강도짓 하는 자들이 일할 시기가 끝났다. 그 실체를 하나하나 밝히 드러내므로 다시는 매매할 수 없다[욥20:18~19]. 이미 하나님께서 이런 절도자들, 강도들의 혀를 닫게 하신 심판이 "코로나19 온역 재앙"이다. 이미 코로나19로 인해 교인 가운데 십분의 일만 겨우 대면 예배를 드릴 수 있다. 또한 불의를 저지르는 패역한 입을 닫으라고 마스크를 쓰게 하신다. 그러나 1년 7개월이 되어도 교회 안에서 매매하는 자들, 절도요 강도짓 하는 악어들은 자신들이 무슨 짓을 하는지 모른다. 그래서 종교 지도자들의 죄는 씻을 길이 없다. 이들이 한 목회가 스스로를 지옥불에 떨어지게 하는 자해하는 행위인 줄 알면 누가 이런 언행을 하겠는가? 어느 누가 자신이 영원히 지옥 불구덩이에 들어가는 짓을 하겠는가? 어떻게 부부가 다 목사가 되고, 산에 기도원을 세워서 부인은 기도원 원장, 남편은 교회 목사가 되어 예수 이름으로 무당짓을 할 수 있는가? 돈만 내면 아무나 목사를 만들어 너도나도 설교라고 하고 있는 이 세상이다. 그래서 이 땅에 재앙이 내리는 것이다. 그러나 이제 이들이 일할 시기가 끝났다. 그래서 그들의 추악한 실체가 만천하에 낱낱이 다 드러나는 것이다.

여호와의 문을 여는 **"양의 목자"**

궁핍한 자는 곤란에서 높이 드시고 그 가족을 양무리 같게
하시나니 [시107:41]

　예수 그리스도를 진실로 믿어 예수님을 통해 하신
하나님의 계명을 지킨 일로 인해 악어 같은 자들, 매
매하는 자들, 절도요 강도들에 의해 옥에 갇힌 진리
의 성령인 나, 신옥주 목사를 두고 하신 말씀이다[시
107:41]. 이 말씀에 해당하는 "가족"은 아무나, 누구나
가 아니다. 반드시 예수 그리스도를 믿는 자들 중에서
"누구든지 하늘에 계신 내 아버지의 뜻대로 하는 자가 내 형
제요 자매요 모친이니라 하시더라"[마12:50, 막3:35, 눅8:21]
고 하신 말씀에 해당하는 자가 바로 하나님의 영원한
가족, 가속, 권속이 되며, 아브라함의 후손인 것이다.
예수 그리스도께서 "나는 양의 문이라"[요10:7]고 하신
말씀은 반드시 예수 그리스도를 진실로 믿는 기독교
인들 중에서 영원한 언약을 받고 지켜 실행하는 "하나
님의 가족, 가속, 권속"이 나올 것을 예언하신 것이다.

요한복음 10:7
그러므로 예수께서 다시
이르시되 내가 진실로 진
실로 너희에게 말하노니
나는 양의 문이라

요한복음 14:16
내가 아버지께 구하겠으니 그가 또 다른 보혜사를 너희에게 주사...

요한계시록 3:7
빌라델비아 교회의 사자에게 편지하기를 거룩하고 진실하사 다윗의 열쇠를 가지신 이 곧 열면 닫을 사람이 없고 닫으면 열 사람이 없는 그이가 가라사대

말라기 3:1
만군의 여호와가 이르노라 ... 또 너희의 구하는바 주가 홀연히 그 전에 임하리니 곧 너희의 사모하는 바 언약의 사자가 임할 것이라

에베소서 2:15
...이는 이 둘로 자기의 안에서 한 새 사람을 지어 화평하게 하시고

요한계시록 12:1
하늘에 큰 이적이 보이니 해를 입은 한 여자가 있는데 그 발 아래는 달이 있고 그 머리에는 열두 별의 면류관을 썼더라

디모데전서 5:3
참과부인 과부를 경대하라

미가 4:10
딸 시온이여 해산하는 여인처럼 애써 구로하여 낳을찌어다...

¹내가 진실로 진실로 너희에게 이르노니 양의 우리에 문으로 들어가지 아니하고 다른 데로 넘어가는 자는 절도며 강도요 ²문으로 들어가는 이가 양의 목자라 [요10:1~2]

예수 그리스도께서 자신을 "양의 문이라"고 말씀하셨는데, 왜 "문으로 들어가는 이가 양의 목자라"[요10:2]고 하실까? 예수 그리스도께서 자신만을 두고 하신 말씀일까? 아니다. 이 말씀은 예수 그리스도를 말씀하신 것이 아니라, "하나님의 가족"이 누구인지 "하나님의 양떼"가 누구인지를 지시하신 것이다. 하나님께서 말씀하시는 언약의 종, 곧 하나님의 종은 반드시 예수 그리스도의 이름으로 오실 것과 이는 또 다른 보혜사인 진리의 성령[요14:16~17]이며, 다른 모양으로 말하면 다윗의 집의 열쇠를 받은 빌라델비아 교회 사자[계3:7~13]이고, 언약의 사자[말3:1]이며, 셋이 하나 된 새 사람의 실상[엡2:15]이고, 해를 입은 여자[계12:1]이며, 현숙한 여인[잠31장]이자, 송사에 걸린 참과부[딤전5:3~5, 9~10]로서, 영영한 제사장들, 하나님의 백성들을 해산하는 "목사"[미4:10]이자 신령한 교회의 표상인 "자유하는 여자"[갈4:26~27]이며, "온전한 믿음"[갈3:23]인 나, 신옥주 목사에 대한 비밀이 감추어져 있다.

¹⁹내게 의의 문을 열찌어다 내가 들어 가서 여호와께 감사하리로다 ²⁰이는 여호와의 문이라 의인이 그리로 들어가리로다 [시118:19~20]

목사는 이 온 세상 만물을 창조하신 하나님을 대신하는 그릇이다. 한 치 앞만 보고 사는 사람들에게 하나님의 뜻이 무엇인지 밝혀서 육체를 입고 이 땅에 사는 삶이 얼마나 중요한지 알게 하는 것이 "목사의 사명"이다. 또한 모두 "영원"을 바라보아야 한다. 하나님의 가장 중요한 핵심 명령은 "영생"이다[요12:50]. 육체도 죽지 않는 영생에 이르게 하는 "여호와의 문"은 오직 예수 그리스도를 진실로 믿는 자들이 들어가는 문이다[시118:19~20]. 이 문은 진리의 성령인 나, 신옥주 목사를 통해 14년째 전하는 "전대미문의 새 언약"에 대한 예언이다. 노아의 홍수 때 방주에도 하층, 중층, 상층이 기록되어 있고, 솔로몬을 통해서 지은 성전에도 기록되어 있듯이, 여호와의 문은 하층에서 중층으로, 중층에서 상층으로 올라가는 문이다. 이 문은 하나님께서 친히 열어 주시는 "여호와의 문"이며, 여호와 하나님께서 영원히 거처하시는 주의 궁정, 주의 집, 하나님의 처소가 되는 "사람"이다.

⁷빌라델비아 교회의 사자에게 편지하기를 거룩하고 진실

갈라디아서 4:26
오직 위에 있는 예루살렘은 자유자니 곧 우리 어머니라

갈라디아서 3:23
믿음이 오기 전에 우리가 율법 아래 매인바 되고 계시될 믿음의 때까지 갇혔느니라

요한복음 12:50
나는 그의 명령이 영생인 줄 아노라 그러므로 나의 이르는 것은 내 아버지께서 내게 말씀하신 그대로 이르노라 하시니라

하사 다윗의 열쇠를 가지신 이 곧 열면 닫을 사람이 없고 닫으면 열 사람이 없는 그이가 가라사대 ⁸볼찌어다 내가 네 앞에 열린 문을 두었으되 능히 닫을 사람이 없으리라 내가 네 행위를 아노니 네가 적은 능력을 가지고도 내 말을 지키며 내 이름을 배반치 아니하였도다 [계3:7~8]

히브리서 8:8
저희를 허물하여 일렀으되 주께서 가라사대 볼찌어다 날이 이르리니 내가 이스라엘 집과 유다 집으로 새 언약을 세우리라

열면 닫을 사람이 없고 닫으면 열 사람이 없는 "다윗의 집의 열쇠"는 영원한 언약인 전대미문의 새 언약[히8장]이며, 다윗의 열쇠를 받은 나에 대한 예언이 실상이 된 것이 바로 "문으로 들어가는 이가 양의 목자라"[요10:2]고 하신 말씀이다. 예수 그리스도의 계명을 지켜 실행하여 예수 그리스도 안으로 들어갔으며, 이는 중층에서 상층으로 오르는 유일한 "여호와의 문"이다. 곧 "내가 네게 장가들어 영원히 살되 의와 공변됨과 은총과 긍휼히 여김으로 네게 장가들며 진실함으로 네게 장가들리니 네가 여호와를 알리라"[호2:19~20]고 하신 예언이 실상이 된 사람인 진리의 성령을 두고 여러 부분, 여러 모양으로 말씀하신 것이다.

³그날에 궁전의 노래가 애곡으로 변할 것이며 시체가 많아서 사람이 잠잠히 처처에 내어버리리라 이는 주 여호와의 말씀이니라 ⁴궁핍한 자를 삼키며 땅의 가난한 자를 망케 하려는 자들아 이 말을 들으라 [암8:3~4]

"그날"이 바로 2021년 지금 이 세대다. 여호와의 날, 인자의 날, 심판날이다. 예수 그리스도께서 약속하신 진리의 성령인 내가 실상으로 와서 전대미문의 새 언약으로 여호와의 문을 열기 전에 성경을 가지고 교회 안에서 성경과 다른 거짓말을 하는 자들은 모두 절도요 강도며, 매매하는 자들이자 악어들이다. 전 성경 속에 감추어 둔 천국의 비밀은 단 한 절도 모르고, 귀신들도 이용하여 속고 속이는 이 세상은 이제 끝이 다 되었다. 혀로 말만 하는 말쟁이들은 아무도, 그 누구도 천국과 상관이 없는 자들이다. 그 증거가 코로나19 재앙으로 하나님의 집에서부터 심판이 이미 시작된 것이다[벧전4:17].

베드로전서 4:17
하나님 집에서 심판을 시작할 때가 되었나니 만일 우리에게 먼저 하면 하나님의 복음을 순종치 아니하는 자들의 그 마지막이 어떠하며

이제 정말 때가 급하다. 하나님께서 친히 가르치시는 새 언약의 말씀을 대언하는 나를 통해서 성경을 가지고 절도, 강도, 살인, 도적질하는 자들을 영원히 살리고자 하는 하나님의 사랑을 훼방하고 믿지 않았던 죄가 얼마나 무서운지 영원히 각자가 겪게 된다. 나를 통한 하나님의 큰 일을 무시하고 멸시하며 온 세상에 치욕을 주고 혀로, 손으로 학대한 자들아, 모두 공개 사과하고 회개하라! 부당하게 옥에 가둔 나를 속히 석방하지 아니하면 전 성경에 기록된 모든 재앙이 이 땅에 다 내린다.

12

이제 온 천하는 **잠잠하라**

"불에 던질 화목들아"
진리로 돌아서라!

「조선일보, 동아일보」 2021년 9월 3일 금요일

스마트폰으로 QR 코드를 스캔 하시면
[이제 온 천하는 잠잠하라] 전문을 다운로드 받을 수 있습니다.

아무도 **"하나님"**을 믿는 자가 없었다

하나님이 또 모세에게 이르시되 너는 이스라엘 자손에게
이같이 이르기를 나를 너희에게 보내신 이는 너희 조상의
하나님 곧 아브라함의 하나님, 이삭의 하나님, 야곱의 하나
님 여호와라 하라 이는 나의 영원한 이름이요 대대로 기억
할 나의 표호니라 [출3:15]

여호와는 유일하신 참 하나님 아버지의 이름이다. 아들
도 이름이 있고, 성령도 이름이 있다. 예수 그리스도
께서 태어나실 때 이름을 "예수"라 하라고 기록해 두
신 것은 진리의 성령에 대해서 상상할까봐 이름을 말
씀하시고 기록하신 것이다. 하나님의 이름에 대해서
도 분명히 기록되어 있는데 성경을 성경으로 찾아서
해답을 명확하게 알아볼 생각을 안 한다. 오히려 신
학자들, 성경 박사들이 혼란스럽게 만든 것이다. 전

누가복음 1:31
보라 네가 수태하여 아들
을 낳으리니 그 이름을 예
수라 하라

출애굽기 3:15

...이는 너희 조상의 하나님 곧 아브라함의 하나님, 이삭의 하나님, 야곱의 하나님 여호와라 하라 이는 나의 영원한 이름이요 대대로 기억할 나의 표호니라

성경에 성자 하나님, 성령 하나님이라고 단 한 군데도 기록되어 있지 않다. 분명히 영원하신 하나님의 이름은 "여호와"라고 하셨고, 이 이름은 대대로 기억할 표호이나. 그러나 사람들이 교묘하고 혼란스럽게 만들 줄 하나님께서는 이미 아셨고 명백하게 "여호와라 이름하신 주만 온 세계의 지존자로 알게 하소서"[시 83:18]라고 말씀하셨다.

"지존자"란 더없이 존귀한 분, 임금을 높여 이르는 단어로서 어떤 분야의 최고에 이를 때 지존이라는 말을 사용한다. 즉 "여호와 하나님만 지존하신 분이시다"라는 뜻이다. 진리는 이러한데 너무나 간사하게 "성자 하나님, 성령 하나님"이라는 용어를 사용하여, 이것이 고착화된 거짓 지식이 되게 만든 것이다.

> [6]내가 말하기를 너희는 신들이며 다 지존자의 아들들이라 하였으나 [7]너희는 범인같이 죽으며 방백의 하나같이 엎더지리로다 [시82:6~7]

지존자(하나님)의 아들들이라고 하셨는데 왜 모두 다 죽은 것일까? 심지어 예수 그리스도께서도 죽으셨으니 하나님의 명령인 "영생"을 아무도 안 믿는 것이다. 예수 그리스도만 하나님의 아들이시냐? 분명

히 지존자, 곧 여호와 하나님의 아들들이라고 복수로 말씀하셨다. 그런데 누가 이 말씀을 믿었는가? "영생"을 안 믿었다. 진리의 성령인 나, 신옥주 목사가 나타나서 전대미문의 새 언약을 선포함으로 이제 믿는 자들이 나타나기 시작한 것이다. 그 전에는 아무도 말씀을 안 믿었다. 그래서 진리의 성령의 다른 표현이 "믿음"[갈3:23]이다. 반드시 믿음이 실상이 될 때인 지금 이 세대에 "복음에는 하나님의 의가 나타나서 믿음으로 믿음에 이르게 하나니 기록된바 오직 의인은 믿음으로 말미암아 살리라 함과 같으니라"[롬1:17]고 하신 말씀이 이미 14년째 실상이 되었다.

히브리서 8:8
저희를 허물하여 일렀으되 주께서 가라사대 볼찌어다 날이 이르리니 내가 이스라엘 집과 유다 집으로 새 언약을 세우리라

갈라디아서 3:23
믿음이 오기 전에 우리가 율법 아래 매인바 되고 계시될 믿음의 때까지 갇혔느니라

하나님은 "영"이시지만 지존하신 자라는 것은 하나님 한 분만 더없이 존귀한 분, 지극히 거룩하고 존귀한 자, 영원한 왕이시라는 뜻이다. 이런 하나님께서 당신이 창조하신 사람을 사용하셔서 성경을 기록하셨고, 기록된 성경은 하나님의 말씀이며, 그래서 "내 말이 영이요 생명이라"[요6:63]고 하셨으며, "이 말씀은 곧 하나님이시니라"[요1:1]고 하신 것이다. 따라서 하나님께서 만드신 사람이 하나님의 아들들이면 하나님처럼 살아야 하는데, 왜 다 일반 사람들처럼 하나님을 믿는다고 하는 사람들이 죽었을까? 해답은 성경 속에 있다.

요한복음 6:63
살리는 것은 영이니 육은 무익하니라 내가 너희에게 이른 말이 영이요 생명이라

요한복음 1:1
태초에 말씀이 계시니라 이 말씀이 하나님과 함께 계셨으니 이 말씀은 곧 하나님이시니라

누가복음 16:22~23

22 이에 그 거지가 죽어 천사들에게 받들려 아브라함의 품에 들어가고 부자도 죽어 장사되매

23 저가 음부에서 고통 중에 눈을 들어 멀리 아브라함과 그의 품에 있는 나사로를 보고

요한계시록 16:14

저희는 귀신의 영이라 이적을 행하여 온 천하 임금들에게 가서 하나님 곧 전능하신이의 큰 날에 전쟁을 위하여 그들을 모으더라

요한복음 14:16

내가 아버지께 구하겠으니 그가 또 다른 보혜사를 너희에게 주사 영원토록 너희와 함께 있게 하시리니

"신령하다"는 것은 영원히 소멸되지 않는다는 뜻이며, 사람에게 "영"이라는 단어를 사용한 것은 사람의 영혼도 영원히 죽지 아니한다는 뜻이 감추어져 있기 때문이다. 따라서 사람이 죽고 살고 하는 단이는 육체를 뜻하는 것이다. 부자와 나사로에 대한 기록[눅16:19~31]과 순교자들에 대한 기록[계6:9~11]은 명확하게 사람의 영혼(혼)은 죽지 않는다는 것을 증명한다. 이런 기록은 절대 안 믿고, "영"이라는 단어를 전 성경으로 보지 않고 조각만 취해 상상하는 것이다. 그래서 생각의 주인이 귀신인 사람을 "귀신의 영"[계16:14]이라 하고, 하나님과 동행하며 진리로 충만한 사람을 "진리의 성령"[요14:16~17]이라고 한다.

모두 육체가 죽고 "영생"에 이르지 못한 이유

[1]사람이 땅 위에 번성하기 시작할 때에 그들에게서 딸들이 나니 [2]하나님의 아들들이 사람의 딸들의 아름다움을 보고 자기들의 좋아하는 모든 자로 아내를 삼는지라 [3]여호와께서 가라사대 나의 신이 영원히 사람과 함께 하지 아니하리니 이는 그들이 육체가 됨이라 그러나 그들의 날은 일백 이십 년이 되리라 하시니라 [창6:1~3]

하나님의 아들들이 범인처럼 죽은 이유는 하나님의 영이 함께 하지 않았기 때문이다. 그 결과 모든 인간은 반드시 육체가 한 번 죽은 것이다[창6:1~3]. 그러나 이 속에 하나님의 뜻이 또 감추어져 있었다. "살리는 것은 영이니 육은 무익하니라"[요6:63]고 하신 말씀이다. 하나님의 말씀으로 거듭나면 육체도 죽지 아니하는 비밀을 하나님의 말씀인 성경 속에 감추어 두셨다. 그래서 구약 성경에 육체도 죽지 않고 옮기운 "에녹과 엘리야"에 대해 기록해 두시고, 하나님의 아들 예수 그리스도를 성경에 약속하신 대로 이 땅에 사람으로 보내시고 범인, 곧 일반 사람들에 의해 죽임을 당하셔도 영원히 죽지 아니하는 육체를 다시 주셨다. 그리고 약속을 그대로 지키신 하나님께서는 아들을 통해서 또 약속하셨다. 예수 그리스도께서 "실상을 말하노니" 하시면서 부활 승천하는 것이 너희에게 유익하며, 내 이름으로 또 다른 보혜사인 진리의 성령을 보내시겠다고 약속하신 말씀이 곧 "진리의 성령은 실상"이라는 뜻이다. 그러므로 예수 그리스도께서 하나님이 아니신 이유가 육체를 입고 계시기 때문이고, 그 육체는 한 번 죽으셔야 한다는 것을 보여 주시고 교훈하신 것이며, 예수님을 통해 약속하신 말씀을 믿는 것이 하나님을 믿는 것이다.

요한계시록 20:4~5
4 또 내가 보좌들을 보니
거기 앉은 자들이 있어 심
판하는 권세를 받았더라
또 내가 보니 예수의 증
거와 하나님의 말씀을 인
하여 목 베임을 받은 자
의 영혼들과 또 짐승과 그
의 우상에게 경배하지도
아니하고 이마와 손에 그
의 표를 받지도 아니한 자
들이 살아서 그리스도로
더불어 천년 동안 왕 노릇
하니
5 (그 나머지 죽은 자들은
그 천년이 차기까지 살지
못하더라) 이는 첫째 부
활이라

요한계시록 6:9
다섯째 인을 떼실 때에 내
가 보니 하나님의 말씀과
저희의 가진 증거를 인하
여 죽임을 당한 영혼들이
제단 아래 있어

요한복음 12:50
나는 그의 명령이 영생인
줄 아노라 그러므로 나의
이르는 것은 내 아버지께
서 내게 말씀하신 그대로
이르노라 하시니라

"예수께서 가라사대 나는 부활이요 생명이니 나를 믿는 자는 죽어도 살겠고"[요11:25]라고 하신 말씀을 믿고 순교한 자들이 제자들이며, 스데반 집사, 사도 바울이다. 이들 순교자들은 반드시 7년 대환난 끝에 영원히 죽지 아니하는 육체, 곧 신령한 몸으로 다시 살아난다[계20:4~5]. 그러나 아무 때나 부활하는 것이 아니고, 하나님께서 정하신 때에 부활하게 하신다. 그래서 순교자들은 육체가 죽어서 흙으로 돌아가도 그 영혼은 죽지 아니하고 제단 아래서 쉬고 있는 것이다[계6:9~11]. 여기서 전 세계 사람들이 반드시 알아야 할 진리는 순교자들은 육체가 살아 있을 때 믿은 것이 아니었다는 것이다. 따라서 순교를 주장하는 자들은 하나님의 뜻을 단 한 절도 모른다. 하나님께서는 예수 그리스도의 죽음도 기뻐하시지 않으신다[사1:10~12].

10너희 소돔의 관원들아 여호와의 말씀을 들을찌어다 너희 고모라의 백성아 우리 하나님의 법에 귀를 기울일찌어다 11여호와께서 말씀하시되 너희의 무수한 제물이 내게 무엇이 유익하뇨 나는 수양의 번제와 살진 짐승의 기름에 배불렀고 나는 수송아지나 어린 양이나 수염소의 피를 기뻐하지 아니하노라 12너희가 내 앞에 보이러 오니 그것을 누가 너희에게 요구하였느뇨 내 마당만 밟을 뿐이니라 [사1:10~12]

이사야 1장의 말씀은 하나님의 명령인 영생을 안

믿고, 언약하신 약속을 믿지 않는 모든 것을 기뻐하지 않으시고, 받지도 않으신다는 뜻이다. "예수의 피로, 피로"라고 말하는 모든 자들은 절대 하나님의 나라와 아무 상관이 없다. 하나님께서 기뻐하시는 것은 육체도 죽지 아니하고 옮기운 "에녹"이며, 에녹은 하나님의 말씀을 믿었기 때문이다[히11:5].

히브리서 11:5
믿음으로 에녹은 죽음을 보지 않고 옮기웠으니 하나님이 저를 옮기심으로 다시 보이지 아니하니라 저는 옮기우기 전에 하나님을 기쁘시게 하는 자라 하는 증거를 받았느니라

¹²너희가 내 앞에 보이러 오니 그것을 누가 너희에게 요구하였느뇨 내 마당만 밟을 뿐이니라 ¹³헛된 제물을 다시 가져오지 말라 분향은 나의 가증히 여기는 바요 월삭과 안식일과 대회로 모이는 것도 그러하니 성회와 아울러 악을 행하는 것을 내가 견디지 못하겠노라 ¹⁴내 마음이 너희의 월삭과 정한 절기를 싫어하나니 그것이 내게 무거운 짐이라 내가 지기에 곤비하였느니라 ¹⁵너희가 손을 펼 때에 내가 눈을 가리우고 너희가 많이 기도할찌라도 내가 듣지 아니하리니 이는 너희의 손에 피가 가득함이니라 [사1:12~15]

전 세계 하나님의 이름, 예수 이름 사용하는 모든 종교인들이 다 헛된 예배를 드리고 있다[사1:12~15]. 그래서 하나님께서 "나의 안식할 곳이 어디냐"[사66:1]고 하신 것이다. 이런 교회들은 하나님의 성전 마당만 밟을 뿐이며, 성경과 다른 거짓말로 드린 헌금도, 헌신도, 시간도, 모든 것도 하나님께서 받으신 것이 아니다. 이런 것들을 요구한 자들은 다 우상이요 사단

이사야 66:1
여호와께서 이같이 말씀하시되 하늘은 나의 보좌요 땅은 나의 발등상이니 너희가 나를 위하여 무슨 집을 지을꼬 나의 안식할 처소가 어디랴

이며 마귀에게 제사하는 것이다. 이런 자들은 조사도 않으시고 더 악한 이방인들에게 짓밟히게 던지신다. 성경을 가지고 성경과 다른 거짓 설교로 교인들을 영적으로 살인하는 예배를 드리고 기도하는 것을 두고 악을 행한다고 하셨으며, "너희가 내 단 위에 헛되이 불 사르지 못하게 하기 위하여 너희 중에 성전 문을 닫았으면 좋겠도다"[말1:10]라고 하셨다. 전 세계 교회들이 모두 이런 영적인 상태다. 그래서 이 땅에 코로나19 전염병과 온갖 재앙이 내리는 것이다.

예수 이름으로 **"불에 던질 화목들"**

²인자야 포도나무가 모든 나무보다 나은 것이 무엇이랴 삼림 중 여러 나무 가운데 있는 그 포도나무 가지가 나은 것이 무엇이랴 ³그 나무를 가지고 무엇을 제조할 수 있겠느냐 그것으로 무슨 그릇을 걸 못을 만들 수 있겠느냐 ⁴불에 던질 화목이 될 뿐이라 불이 그 두 끝을 사르고 그 가운데도 태웠으면 제조에 무슨 소용이 있겠느냐 ⁵그것이 온전할 때에도 아무 제조에 합당치 않았거든 하물며 불에 살라지고 탄 후에 어찌 제조에 합당하겠느냐 [겔15:2~5]

요한복음 15:5
나는 포도나무요 너희는 가지니 저가 내 안에, 내가 저 안에 있으면 이 사람은 과실을 많이 맺나니 나를 떠나서는 너희가 아무것도 할 수 없음이라

모든 나무, 곧 모든 사람들이 죽는 것처럼 자신을 포도나무에 비유하신 예수 그리스도[요15:5]도 죽으

셨다. 하나님께서 "포도나무"가 나은 것이 무엇이냐고 하신다. 삼 일 만에 부활하신 것이 나은 것일까? 그 것은 하나님께서 약속하신 대로 영원히 죽지 아니할 육체로 다시 살리신 것이다. 하나님께서 살리신 것 이지, 아들이 능력이 있어 살아나신 것이 아니다[롬 8:11]. 포도나무가 모든 나무보다 나으신 것은 그분은 하나님의 아들이시고, 하늘에서 하나님께서 보내신 하나님의 사람이라 진토로 돌아가게 아니하고, 언약 하신 그대로 영원히 죽지 아니하는 신령한 몸으로 다 시 살아나신 것이다.

로마서 8:11
예수를 죽은 자 가운데서 살리신 이의 영이 너희안 에 거하시면 그리스도 예 수를 죽은 자 가운데서 살 리신 이가 너희 안에 거하 시는 그의 영으로 말미암 아 너희 죽을 몸도 살리시 리라

또한 "포도나무 가지"는 예수 이름 사용하여 설교하 고 잘난 척, 잘 믿는 척 가장하는 자들을 뜻한다. 이들 은 하나님을, 예수 그리스도를 믿은 것이 아니다. 지 금 전 세계 천주교 교황부터 사제들, 기독교 목사들 까지 이들이 이 세상에 태어나기 전인 B.C 593년경 에 이미 "나은 것이 없다"고 판결해 두셨다. 이 진리 가 사실이란 것을 역사가 증명하고 있다.

"불에 던질 화목"이란 예수 이름, 하나님의 이름 사용 하며 우상을 만들고, 다 허망한 우상 숭배를 하는 자 들로 모두 육체가 죽는다는 뜻이다. 이렇게 예언된 대로 포도나무인 예수님도 죽으셨고, 전 세계 모든

사람이 다 죽었다. 예수 이름, 하나님의 이름을 사용하는 교황이, 사제가, 목사들이 우상이 되어 교인들이 다 허망한 우상 숭배를 하고 있다고 하면 누가 이 말을 믿을까? 그러나 사실이다. 그래서 "불에 던질 화목"이라고 하신 것이다.

³너희는 흉한 날이 멀다 하여 강포한 자리로 가까와지게 하고 ⁴상아 상에 누우며 침상에서 기지개 켜며 양떼에서 어린 양과 우리에서 송아지를 취하여 먹고 ⁵비파에 맞추어 헛된 노래를 지절거리며 다윗처럼 자기를 위하여 악기를 제조하며 ⁶대접으로 포도주를 마시며 귀한 기름을 몸에 바르면서 요셉의 환난을 인하여는 근심치 아니하는 자로다 ⁷그러므로 저희가 이제는 사로잡히는 자 중에 앞서 사로잡히리니 기지개 켜는 자의 떠드는 소리가 그치리라 ⁸만군의 하나님 여호와께서 가라사대 주 여호와가 자기를 가리켜 맹세하였노라 내가 야곱의 영광을 싫어하며 그 궁궐들을 미워하므로 이 성읍과 거기 가득한 것을 대적에게 붙이리라 하셨느니라 ⁹한 집에 열 사람이 남는다 하여도 다 죽을 것이라 ¹⁰죽은 사람의 친척 곧 그 시체를 불사를 자가 그 뼈를 집 밖으로 가져갈 때에 그 집 내실에 있는 자에게 묻기를 아직 너와 함께한 자가 있느냐 하여 대답하기를 아주 없다 하면 저가 또 말하기를 잠잠하라 우리가 여호와의 이름을 일컫지 못할 것이라 하리라 ¹¹보라 여호와께서 명하시므로 큰 집이 침을 받아 갈라지며 작은 집이 침을 받아 터지리라 [암6:3~11]

"다윗처럼 자기를 위하여 악기를 제조하며"라고 하신 것은 다윗의 자손으로 이 땅에 오신 예수 그리스도의 이름으로 온 교회가 하나님께 대적하는 것과 실제 온갖 비싼 악기도 다 갖추어 두고, 헛되고 헛된 노래인 성경과 다른 거짓말로 설교하는 자들이 "예수 이름으로 제조된 악기들"이다. 하나님의 아들 예수님이 이 땅에 태어나시기 746년 전에 아모스 선지자를 통해 예수 이름이 전 세계에 퍼지고, 귀신의 소리 방언으로 전 세계에 사람들을 미혹하여 유명해진 목사, "예수 이름으로 귀신아 떠날지어다"라는 말로 미혹하여 부자가 된 목사, 예수 믿기만 하면 죽어서 천국 간다는 새빨간 거짓말로 속여 부자가 된 수많은 목사들이 수천, 수만, 수십만 명의 교인들을 끌어모아 "귀신의 처소 바벨론"이 된 교회를 만들고, 예수 이름으로 사람들을 영원한 지옥 영벌인 둘째 사망으로 보내는 언행을 할 것을 예언하신 것이다.

하나님의 말씀을 마음에 받아 교인들로 하여금 구원에 이르지 못하게 하는 "마귀들"을 지칭하시는 예언이 바로 "비파에 맞추어 헛된 노래를 지절거리며 다윗처럼 자기를 위하여 악기를 제조하며"라고 하신 것이다. 지금 이 세대까지 예수 이름으로 전 세계 교회가 타락할 것을 에스겔 15장과 아모스 6장에 예언하신 대로 사실이 되어 2020년부터 코로나19 온역 재앙으로 하나님의 집에서부터 심판이 시작된 것이다[벧전4:17]. 특히, 진리의 성령인 나, 신옥주 목사를 통해 14년째 하는 하나님의 큰일을 훼방하고 대적한 모든 일은 혀로 함부로 말한 것 하나까지 다 본인들이 성경에 기록된 대로 겪고, 보응을 받는다. 이 예언의 절정은 7년 대환난 때에 실상이 되어 사람들이 세상에 일어날 일을 생각하며 무서워하여 기절하게 된다[눅21:26].

아모스 6장의 말씀은 예수 그리스도께서 신령한 몸으로 부활하신 후에 왜 하나님께 세세토록 받으신 열쇠가 "사망과 음부의 열쇠"[계1:18]인지에 대한 해답이며, 모두 육체가 죽는 것을 두고 "불에 던질 화목"[겔15:4]이라고 하신 이유다. 지금 전 세계가 부패하고 타락할 것이 이미 전 성경에 다 예언되어 있었다. 성경을 가지고 예수 이름으로 성경과 다른 거짓말인 썩는 양식을 위해 일생 일하게 하여 사망의 세력을 잡은 큰 집이나 작은 교회인 작은 집이 다 침을 받아 음부, 곧 지옥 불구덩이에 보내졌고, 보내진다는 판결이다[암6:3~11]. 이것은 예수 그리스도를 비하하는 것이 절대 아니다. 2천 년 전에 신령한 몸으로 부활하셨지만 왜 2021년 지금 이때까지 하나님 우편에서 쉬고 계시는지에 대한 이유다. 혀로 "예수, 예수" 하는 모든 자들이 이대로 있으면 아모스 6장의 예언대로 모두 "불에 던질 화목"이 된다.

이 세상에 속한 모든 자들은 2021년 지금 이 세대까지 모두 썩는 양식을 위해 일하고, 각자 자신의 이익을 위해서 일한 것이지 절대 예수 그리스도를 위해서, 하나님을 위해서 일한 것이 아니며 도리어 대적한 것이다. 지금 이 세대는 "심판날"로서 악인들, 곧 용, 사단, 마귀, 뱀, 독사, 짐승, 귀신, 악어, 마귀의 세력들, 귀신들, 심지어 우편에 속한 자들까지 하나님께 지은 모든 죄에 대하여 낱낱이 드러내고 공의로 심판하시는 때이다. 예수 그리스도께서 신령한 몸으로 부활하신 후 제자들에게 나타나셔서 구약 성경을 가지고 자신에 대해서 자세히 설명하여 해석하기 전까지[눅24장] 또한 "우편"에 해당하는 일이다. 십자가에 죽으시고 신령한 몸으로 부활하시기 전에 하신 일은 전부 무효해야 한다.

누가복음 24:27
이에 모세와 및 모든 선지자의 글로 시작하여 모든 성경에 쓴바 자기에 관한 것을 자세히 설명하시니라

다시 말하면 지금 전 세계 교회 90%가 다 육체에 해당하는 일로 인해 실족하여 넘어져 있다. 십분의 일은 하나님께서 거룩한 자로 정해 두셨고 이들은 지금

갈라디아서 3:22
그러나 성경이 모든 것을 죄 아래 가두었으니 이는 예수 그리스도를 믿음으로 말미암은 약속을 믿는 자들에게 주려 함이니라

부터 "전대미문의 새 언약의 말씀을 받고 돌아설 택한 자들"을 뜻하신 것이다. 2008년 6월 16일 전대미문의 새 언약을 하기 전까지 온 세상은 모두 죄 아래 가두어져 있었다[갈3:22].

¹²만일 누구든지 금이나 은이나 보석이나 나무나 풀이나 짚으로 이 터 위에 세우면 ¹³각각 공력이 나타날 터인데 그날이 공력을 밝히리니 이는 불로 나타내고 그 불이 각 사람의 공력이 어떠한 것을 시험할 것임이니라 ¹⁴만일 누구든지 그 위에 세운 공력이 그대로 있으면 상을 받고 ¹⁵누구든지 공력이 불타면 해를 받으리니 그러나 자기는 구원을 얻되 불 가운데서 얻은 것 같으리라 [고전3:12~15]

"공력"이란 "발걸음, 힘, 공을 들이고 애쓰는 힘, 열심히 수고한 일"을 뜻한다. 이 말씀을 기록한 사도 바울도 무슨 말인지 모르고 기록했다. 육체가 죽어 낙원에 가 있는 사람들은 자신들이 일생 헌신하고 교회 다녀도 썩는 양식을 위해 일한 것이고, "자신은 구원을 얻되 불 가운데서 얻은 것 같으리라"에 해당하는 실상들이다. 또한 전 우주적인 일곱째 날이자 심판날인 지금 이 세대에 "내가 야곱의 영광을 싫어하며 그 궁궐들을 미워하므로 이 성읍과 거기 가득한 것을 대적에게 붙이리라"[암6:8]고 하셨고, "한 집에 열 사람이 남는다 하여도 다 죽을 것이라"고 하신 말씀이 실상이 된다. 예수만이 구

원자라고 믿고 있는 모든 자들은 다 "불에 던질 화목"이 된다는 뜻이다. 구원자는 오직 성부 하나님이시다. 예수님께서는 자신의 공력이 다 불에 타는 것이었다는 사실을 초림 당시에 모르셨다. 예수님의 제자 사도들도 마찬가지다. 제자들이 일한 모든 것이 불에 타서 자신들만 구원을 얻되 불 가운데 얻은 것 같다고 하신 말씀에 사도 바울도 해당한다. 그도 순교했으니 둘째 사망에는 들어가지 않았지만 육체는 죽었다. 하나님의 아들 예수 그리스도께서도 자신만 신령한 몸으로 다시 부활하셨고, 예수님의 가르침을 받은 제자들도, 아무도 아직 부활하지 못하고 있는 것이 이에 대한 명백한 증거다.

때가 급하다!
"전대미문의 새 언약"으로 돌아서야 한다

"불에 던질 화목"이 되지 않기 위해서는 반드시 육체가 살아 있을 때 진리의 성령을 통해 하나님께서 친히 가르치시는 "전대미문의 새 언약"으로 돌아서야 한다. 하나님을 아는 지식으로 나아가야 한다[호4:6]. 그러므로 지금 이 시간 나를 통해 전하는 영원한 복음인

호세아 4:6
내 백성이 지식이 없으므로 망하는도다 네가 지식을 버렸으니 나도 너를 버려 내 제사장이 되지 못하게 할 것이요 네가 네 하나님의 율법을 잊었으니 나도 네 자녀들을 잊어버리리라

마태복음 12:32

또 누구든지 말로 인자를 거역하면 사하심을 얻되 누구든지 말로 성령을 거역하면 이 세상과 오는 세상에도 사하심을 얻지 못하리라

새 언약의 말씀과 14년째 하나님께서 친히 행하신 이 일의 중요함은 온 세상의 어떤 말로도 다 표현을 할 수가 없다. 그러므로 성령을 훼방하는 것은 이 세상에서도 오는 세상에서도 영원히 사하심을 얻지 못하고 영원한 죄에 처한다고 판결하신 것이다. 코로나19 전염병으로, 폭우와 홍수, 폭염과 산불로 각종 사고와 전쟁으로 인해 산 채로 불에 타 죽는 사람들이 나오는 것을 무심히 봐서는 절대 안 된다. 하나님 나라의 비밀, 천국의 비밀이 열리는 지금 이 시간을 낭비하는 것은 다시는 돌아올 수 없는 시간, 은혜, 긍휼을 저버리는 "자해 행위"다.

육체가 살아 있을 때 영원이 결정된다. 혀로 "주여 주여" 한다고 예수 그리스도께서 그 기도와 말을 듣는 것이 절대 아니다. 하나님께서 분명히 "저희는 내 언약 안에 머물러 있지 아니하므로 내가 저희를 돌아보지 아니하였노라"[히8:9]고 하셨다. 이는 곧 "다윗이 자기를 위해 악기를 제조하고, 자기를 위하여 한 나무를 택하며"라고 하신 예언대로 사실이 된 판결이다. 더 구체적으로 말하면 다윗의 자손으로 이 땅에 오신 예수 그리스도께서 자신이 일일이 제자들을 택하여 세우신 일도 다 자기를 위하여 악기를 제조한 일에 해당한다. 그 제자들이

예수 그리스도를 "랍비, 곧 선생"[요1:38]이라고 했고, 제자들은 "사도들"이라 하여 지금 이 세대까지 "우상"이 되어 있었다고 하면 누가 믿을까마는 이 또한 사실이다. 이들로 인하여 얼마나 많은 우상들, 새 신들이 생겼는지 알면 기절할 일이다. 모두 불에 던진 바 된 화목이었다. 그래서 포도나무가 모든 나무보다 나은 것이 무엇이냐고 하신 해답 중에 하나다.

진리는 반드시 실상이 된다. 지금 영원한 언약인 새 언약으로 돌아서지 아니하면 모두 불에 던져질 화목이 된다. 하나님께서는 어린 양의 피도 기뻐하시지 않으신다. 죽는 자의 죽는 것도 기뻐하시지 않는 하나님께서 "코로나19 전염병"으로 징계하시는 이유도 모두 성부 하나님께로, 진리로 돌아서라는 지극하신 사람 사랑하심이다. 하나님의 큰일을 하는 진리의 성령인 나, 신옥주 목사를 부당한 판결로 옥에 가두고 핍박한 자들은 육체가 살아 있을 때 공개 사과하고 회개하라. 더 늦기 전에 부당한 판결을 속히 돌이켜라.

요한복음 1:38
예수께서 돌이켜 그 좇는 것을 보시고 물어 가라사대 무엇을 구하느냐 가로되 랍비여 어디 계시오니이까 하니 (랍비는 번역하면 선생이라)

에스겔 15:2
인자야 포도나무가 모든 나무보다 나은 것이 무엇이랴 삼림 중 여러 나무 가운데 있는 그 포도나무 가지가 나은 것이 무엇이랴

에스겔 18:32
나 주 여호와가 말하노라 죽는 자의 죽는 것은 내가 기뻐하지 아니하노니 너희는 스스로 돌이키고 살찌니라

13

이제 온 천하는 **잠잠하라**

"그리스도 안에서"
모든 사람이 "삶"을 얻는 실상

「조선일보, 동아일보」 2021년 9월 10일 금요일

스마트폰으로 QR 코드를 스캔 하시면
[이제 온 천하는 잠잠하라] 전문을 다운로드 받을 수 있습니다.

아담 안에서 모든 사람이 죽은 것같이

아담 안에서 모든 사람이 죽은 것같이 그리스도 안에서
모든 사람이 삶을 얻으리라 [고전15:22]

이 말씀을 가지고 성경 박사, 신학자들이 여출일구
하는 말이 창세기 2~3장에 그 아담, 곧 하와의 남편
에게 죄의 원인을 돌리고 이를 두고 "원죄"라고 한다.
원죄란 아담과 하와가 금단의 열매인 선악과를 따먹
은 이후부터 죄가 시작되었다는 뜻이다. 곧 인간이
본래부터 지니고 태어나게 되었다는 죄를 말한다. 그
리고 이 죄는 "예수 그리스도께서 십자가에 죽으시면
서 모든 인류의 죄, 과거, 현재, 미래의 죄까지 다 지
시고 십자가에 죽으셨기 때문에 예수를 믿기만 하면
어떤 죄도 다 용서받고 천국 간다, 천국도 육체가 죽
어서 간다"고 가르쳐서 자살하도록 하는 원인을 제공

하여 더 죽인 것이다.

"아담 안에서 모든 사람이 죽은 것같이"라고 하신 말씀 속에는 2021년 지금 이 시간까지 사람들이 예수 이름으로 하는 모든 언행들이 예언되어 있다. 그러나 문자적으로 보면 말이 안 되는 부분이 있다. 에녹, 엘리야는 죽음을 보지 아니하고 하나님께 기뻐하심을 얻어 육체가 옮기운 것[히11:5]은 어떻게 설명할 것인가? 사도 바울은 자신이 분명히 신령한 것은 신령한 것으로 영적인 것은 영적인 것으로 분별하라[고전 2:13~14]고 기록했지만, 정작 "아담은 오실 자의 표상이라"[롬5:14]고 기록하면서 "아담 안에서 모든 사람이 죽은 것같이"라고 한 말씀은 적용을 안 해 사람들이 곡해할 수 있게 기록한 것이다. 그래서 하나님께서 "나는 사람에게서 증거를 취하지 아니하노라"[요5:34]라고 하셨고, 신령한 것, 즉 하나님의 뜻은 반드시 하나님께서 가르쳐 주시지 아니하면 절대 알 수 없다.

창세기의 "아담"은 오실 자인 예수 그리스도의 표상으로 육체를 입고 이 땅에 오실 하나님의 아들에 대한 비밀이 감추어져 있었다. "아담 안에서 모든 사람이 죽은 것같이"라는 말씀의 뜻은 "육체대로" 예수 그리스도를 보고 듣고 믿으면 모든 사람이 죽는다는 뜻이

히브리서 11:5
믿음으로 에녹은 죽음을 보지 않고 옮기웠으니 하나님이 저를 옮기심으로 다시 보이지 아니하니라 저는 옮기우기 전에 하나님을 기쁘시게 하는 자라 하는 증거를 받았느니라

고린도전서 2:13~14
13 ...신령한 일은 신령한 것으로 분별하느니라
14 ...이런 일은 영적으로라야 분변함이니라

로마서 5:14
그러나 아담으로부터 모세까지 아담의 범죄와 같은 죄를 짓지 아니한 자들 위에도 사망이 왕 노릇하였나니 아담은 오실 자의 표상이라

다. 2021년 지금 이 시간까지 예수 그리스도를 하나님의 아들이라고 인정하지 않고 믿지 않는 사람들이 "유대교인들"이다. 그들은 예수 그리스도를 아버지 요셉과 어머니 마리아에게서 태어난 사람으로만 보고 당신이 하나님의 아들이며, 하늘에서 내려온 떡, 산떡이라고 하시는 말씀을 알아듣지 못하고 안 믿은 것이다. 결국 이들은 하나님의 아들을 사형시키고, 그에 대한 징벌을 2021년 지금 이 시간까지 받고 있다.

그렇다면 부활하신 예수 그리스도께서 하나님의 아들이시며 심지어 성자 하나님이라고 믿는 천주교, 기독교인들은 왜 2021년 이때까지 육체가 다 죽은 것일까? 또한 왜 예수 그리스도 "혼자만" 십자가에 죽은 지삼 일 만에 영원히 병들지도 아니하고 죽지도 아니하는 몸으로 부활하셔서 영원한 생명을 얻으셨을까? 예수 그리스도를 믿는다고 하는 천주교, 기독교인들 중왜 단 한 사람도 예수 그리스도처럼 부활한 사람도 없고, 육체도 죽지 아니하고 영원한 삶을 사는 자가 없는 것일까? 이 질문에 대한 해답이 바로 "아담 안에서 모든 사람이 죽은 것같이"라는 말씀 속에 감추어져 있다. 이 말씀 속에 감추어진 하나님의 뜻을 몰랐기에 전 세계에 사람이 만든 잡다한 종교들이 생긴 것이다.

영원히 죽지 아니하는 육체로, 곧 신령한 몸으로 다시 부활하신 하나님의 아들이 엠마오로 가는 두 제자에게 나타나셨는데 세사들이 알아보지 못한다[눅 24:13~16]. 그 이유는 "저희의 눈이 가리워져서 그인 줄 알아보지 못하거늘"[눅24:16]이라고 하셨다. 영적인 눈이 가리워져서 그리스도께서 함께 동행하고 계시는데 알아보지 못한 것이다. 3년 동안 동고동락한 제자들이 하나님의 아들을 만나고도 알아보지 못하는 이 일은 전 세계 성경을 사용하는 모든 종교인들이 2천 년이 지날 때까지 예수님의 공생애 동안 하신 이적만 흉내 내고, 십자가에 죽으시고 삼 일 만에 부활하신 하나님의 아들은 알아보지 못할 것을 예언해 두신 것이다. 예수 그리스도께 직접 가르침을 받았던 제자들이 신령한 몸으로 부활하신 그리스도를 알아보지 못한 것처럼, 예수 그리스도께서 한 몫의 삶을 사실 때 하신 일을 기록한 신약 성경만 사람의 시각으로 보고 그대로 흉내를 내며 육체대로 아는 수준으로는 절대 하나님의 아들을 알 수 없다는 뜻이 감추어져 있다는 뜻이다. 지금 전 세계 목사, 사제들이 모두 육체대로 예수 그리스도를 알고 있다.

누가복음 24:13-16
13 그날에 저희 중 둘이 예루살렘에서 이십오 리 되는 엠마오라 하는 촌으로 가면서
14 이 모든 된 일을 서로 이야기하더라
15 저희가 서로 이야기하며 문의할 때에 예수께서 가까이 이르러 저희와 동행하시나
16 저희의 눈이 가리워져서 그인 줄 알아보지 못하거늘

달이라도 명랑치 못하고
별도 깨끗지 못하거든

⁵하나님의 눈에는 달이라도 명랑치 못하고 별도 깨끗
지 못하거든 ⁶하물며 벌레인 사람, 구더기인 인생이랴
[욥25:5~6]

"달"은 예수 그리스도를 뜻하고 "별"은 예수 이름으
로 목회를 하는 지도자들을 말한다. 하나님께서 보시
기에 달이라도 명랑치 못하고, 별도 깨끗지 않은 영
적인 상태가 2천 년간 지속된 전 세계 천주교, 기독
교인들의 상태이며, 이런 상태로는 천국과 아무 관계
가 없다. 그래서 "포도나무가 모든 나무보다 나은 것이 무
엇이랴"라고 하셨고, 포도나무를 불에 던질 화목이 될
뿐이라고 하셨다[겔15:2~8]. 예수님께서는 자신을 포
도나무에 비유하셨다[요15:5]. "명랑하다"라는 말은 맑
고 밝고 쾌활하다는 뜻이다. 이렇게 되는 길은 오직
한 길, "영원한 언약"을 지켜 실행함으로 사람의 생각,
마음을 잡아 자신의 욕망대로 살게 만들고, 결국 죄
를 지어 죽게 만들고 지옥에 보내는 "귀신"이 다 떠나
야 명랑하게 된다. 그러나 욥기서의 예언대로 예수
그리스도께서 십자가를 지시기 전에 심히 고민하여

에스겔 15:2, 4

2 인자야 포도나무가 모
든 나무보다 나은 것이 무
엇이랴 삼림 중 여러 나
무 가운데 있는 그 포도나
무 가지가 나은 것이 무엇
이랴

4 불에 던질 화목이 될 뿐
이라 불이 그 두 끝을 사
르고 그 가운데도 태웠으
면 제조에 무슨 소용이 있
겠느냐

요한복음 15:5

나는 포도나무요 너희는
가지니 저가 내 안에, 내
가 저 안에 있으면 이 사
람은 과실을 많이 맺나니
나를 떠나서는 너희가 아
무것도 할 수 없음이라

죽게 되었다고 기도하시고, 결국 십자가에 달리셔서 "엘리 엘리 라마 사박다니(나의 하나님 나의 하나님 어찌하여 나를 버리셨나이까)"라고 하시며 하나님을 전면 부인한 것이다. 이것은 "달이라도 명랑치 못하고"라고 하신 예언이 실상이 된 것이며, 별들 또한 진리를 진리대로 알지 못하는 상태로 모두 육체가 죽은 것이다.

그래서 "달과 별들로 밤을 주관케 하신 이에게 감사하라"[시136:9]고 하셨다. 예수 이름으로 별들인 목사들이 밤에 속하는 자들을 주관케 하신 것이다. 그러나 "너희는 다 빛의 아들이요 낮의 아들이라 우리가 밤이나 어두움에 속하지 아니하나니"[살전5:5]라고 하셨고, "자는 자들은 밤에 자고 취하는 자들은 밤에 취하되"[살전5:7]라고 하셨다. 이것은 "밤에 속한 자들"은 포도주에 취해서 혀로 "오직 예수, 예수" 말은 하지만 자신들은 예수 그리스도와 아무 관계가 없다는 것을 알지 못한다는 뜻이다. 이 한 절의 뜻만 깨달아도 지금 영적인 잠에서 깨지 아니하면 안 된다는 것을 알게 된다. 밤에 해당하는 기간이 6일(6천 년=구약 4천 년 + 신약 2천 년)이다. "밤"은 어두움, 흑암이라 빛이 어두움에 비취어도 어두움이 깨닫지 못한다고 하셨다[요1:5].

¹⁶이제는 내 마음이 내 속에서 녹으니 환난날이 나를 잡음

이라 ¹⁷밤이 되면 내 뼈가 쑤시니 나의 몸에 아픔이 쉬지 아
니하는구나 [욥30:16~17]

전 우주적인 심판날인 지금 이때에 대한 판결과 예
수 그리스도에 대한 예언을 3421년 전에 이렇게 예
언해 두셨다[욥30:16~23]. "밤이 되면 내 뼈가 쑤시니 나
의 몸에 아픔이 쉬지 아니하는구나"[욥30:17]라는 이 예언
은 예수 이름을 사용하지만 크고 넓은 문에 서 있는
멸망하는 자들이 나올 것과[마7:13~27], 그들은 전부
불에 던질 인생으로 아무 열매가 없다는 것을 예언해
두신 말씀인데, 예수 그리스도께서는 이 사실을 모르
셨다. 또한 "하나님이 나를 진흙 가운데 던지셨고 나로 티
끌과 재 같게 하셨구나"[욥30:19]라는 말씀 속에 예수님
이 땅에 침을 뱉어 진흙으로 소경의 눈을 뜨게 하시
는 일도 아무것도 아니라는 뜻이 감추어져 있으며,
결국 실제 육의 눈 뜬 소경도 티끌로 돌아가 육체가
죽었다. 실상의 당시 눈 뜬 소경도 말이다[요9장]. 예
수님이 사역하실 때 일을 2천 년이 지난 지금 이 세대
까지 얼마나 많은 사람들이 예수님 흉내를 내고 술에
취해 있는지 알면 기절할 것이다. 오죽하면 네 가지
중한 벌을 내릴 때 노아, 다니엘, 욥이 있어도 그들은
자기 의로 자신만 구원받는다[겔14:14, 20]고 하셨을
까? 혀로 "예수 예수" 하며 하나님과 무관하게 자기

마태복음 7:13
좁은 문으로 들어가라 멸
망으로 인도하는 문은 크
고 그 길이 넓어 그리로
들어가는 자가 많고

요한복음 9:6~7
6 이 말씀을 하시고 땅에
침을 뱉아 진흙을 이겨 그
의 눈에 바르시고
7 이르시되 실로암 못에
가서 씻으라 하시니 (실
로암은 번역하면 보냄을
받았다는 뜻이라) 이에
가서 씻고 밝은 눈으로 왔
더라

에스겔 14:14, 20
14 비록 노아, 다니엘,
욥, 이 세 사람이 거기 있
을찌라도 그들은 자기의
의로 자기의 생명만 건지
리라 나 주 여호와의 말이
니라
20 비록 노아, 다니엘, 욥
이 거기 있을찌라도 나의
삶을 두고 맹세하노니 그
들은 자녀도 건지지 못하
고 자기의 의로 자기의 생
명만 건지리라 나 주 여호
와의 말이니라 하시니라

일을 한 자들, 지금 전 세계 교회 안에 입으로는 "하나님, 예수님" 하지만 아무 상관이 없는 자들에 대한 판결이 "아담 안에서 모든 사람이 죽은 것같이"에 해당한다. 그래서 2천 년간 모두 육체가 죽은 것이다.

요한복음 2:14~15
14 성전 안에서 소와 양과 비둘기 파는 사람들과 돈 바꾸는 사람들의 앉은 것을 보시고
15 노끈으로 채찍을 만드사 양이나 소를 다 성전에서 내어 쫓으시고 돈 바꾸는 사람들의 돈을 쏟으시며 상을 엎으시고

디모데전서 4:1
그러나 성령이 밝히 말씀하시기를 후일에 어떤 사람들이 믿음에서 떠나 미혹케 하는 영과 귀신의 가르침을 좇으리라 하셨으니

아모스 6:11
보라 여호와께서 명하시므로 큰 집이 침을 받아 갈라지며 작은 집이 침을 받아터지리라

요한복음 6:70
예수께서 대답하시되 내가 너희 열둘을 택하지 아니하였느냐 그러나 너희 중에 한 사람은 마귀니라 하시니

"유다가 그 조각(곧 부분)을 받고 곧 나가니 밤이러라"[요13:30]라고 하신 말씀과 자신이 상관이 없다고 생각하는 자칭 목사들은 자신들이 한 언행들이 "조각"이 되고, 그 결과 가룟 유다처럼 사단이 들어가 예수 이름 사용하여 돈 바꾸는 자들이며, 예수님을 팔아먹은 자들이다[요2:14~15]. 이렇게 부자가 되어 궁궐 같은 교회를 지어놓고 교인들을 영원히 지옥에 보내고 있는데 그런 교회가 좋아서 너도 나도 그곳에서 그 별을 우상 숭배한다. 이런 별, 곧 목사는 이름이 "마귀"이며, "가르치는 귀신"이다[딤전4:1~2]. "우상"이며 "미운 물건"이다. 이런 자들이 있는 교회를 두고 큰 집이든 작은 집이든 다 침을 받는다고 하셨다[암6:11]. 그래서 "너희 중에 한 사람은 마귀니라"[요6:70]고 하셨는데, 모두 자신들은 잘 믿고 잘 알고 있다고 착각한다. 예수 이름으로 목회하는 종교 지도자들은 다 "밤에 속한 별들"이며, 성경과 다른 거짓말로 설교하며 "가르치는 마귀들"이라는 사실을 인정하지 않는다.

그런데 이 마귀가 2021년 지금 이 세대까지 예수님을 이용하여 왕 노릇하고 있는 자칭 목사들, 사제들인 줄 당시에 예수님도 모르셨고, 아무도 몰랐다. 천국의 비밀은 하나님께서만 아셨던 것이다. 그래서 성경이 모두를 죄 아래 가두어 두었다고 하신 것이다[갈 3:22~23]. 마귀는 거짓의 아비다. "너희는 너희 아비 마귀에게서 났으니 너희 아비의 욕심을 너희도 행하고자 하느니라 저는 처음부터 살인한 자요 진리가 그 속에 없으므로 진리에 서지 못하고 거짓을 말할 때마다 제 것으로 말하나니 이는 저가 거짓말장이요 거짓의 아비가 되었음이니라"[요8:44]고 판결한 말씀을 안 믿는 자들이 전 세계 모든 사제, 목사들이다. 이런 마귀의 세력들을 합법적으로 불에 던지는 완전한 지혜가 "사망과 음부의 열쇠"[계1:18]이며, "사망의 세력을 잡은 자 곧 마귀를 없이 하시며"[히2:14]라고 하신 말씀이 실상이 된 것이다. 이 모든 천국의 비밀을 밝히는 진리의 성령이 실상이 되어 14년째 밝히고 있기 때문이다.

"내가 너희에게 전한 것은 주께 받은 것이니 곧 주 예수께서 잡히시던 밤에 떡을 가지사 축사하시고 떼어 가라사대 이것은 너희를 위하는 내 몸이니 이것을 행하여 나를 기념하라 하시고… 그러므로 누구든지 주의 떡이나 잔을 합당치

갈라디아서 3:22~23
22 그러나 성경이 모든 것을 죄 아래 가두었으니 이는 예수 그리스도를 믿음으로 말미암은 약속을 믿는 자들에게 주려 함이니라
23 믿음이 오기 전에 우리가 율법 아래 매인바 되고 계시될 믿음의 때까지 갇혔느니라

요한계시록 1:18
곧 산 자라 내가 전에 죽었노라 볼찌어다 이제 세세토록 살아 있어 사망과 음부의 열쇠를 가졌노니

히브리서 2:14
자녀들은 혈육에 함께 속하였으매 그도 또한 한 모양으로 혈육에 함께 속하심은 사망으로 말미암아 사망의 세력을 잡은 자 곧 마귀를 없이 하시며

않게 먹고 마시는 자는 주의 몸과 피를 범하는 죄가 있느니라"[고전11:23~27]고 하신 일을 육으로만 보고 지금까지 하고 있는 자들은 "밤에 속하는 자들"이다. 2천 년 동안 이어져 온 떡과 포도주를 가지고 거룩한 척 성찬식을 하고, 자신들은 이미 구원받았다고 감쪽같이 속고 속이는 자들은 자신들이 시험하는 돌에 걸려 넘어져 "실족한 자들"인 줄 모른다. 이들이 사망과 음부의 열쇠를 사용하여 흑암에 가두어진 유리하는 별들, 마귀의 세력들인 줄 모르고 있는 자들이다. "사람이 자기를 살피고 그 후에야 이 떡을 먹고 이 잔을 마실찌니 주의 몸을 분변치 못하고 먹고 마시는 자는 자기의 죄를 먹고 마시는 것이니라"[고전11:28~29]고 하신 말씀을 고민하지 않는 자들이다. 죄를 먹고 마시면서 자신은 이미 거룩해졌다고 착각하며 강단에서 설교하고 있다. 이 말씀은 현재 전 세계에서 하고 있는 성찬식만을 뜻하는 것이 아니다. 성경을 가지고 성경과 다른 거짓말로 설교하고, 그 설교를 듣고 아멘하여 교회생활을 하는 모든 자들이 다 자기의 죄를 먹고 마시는 것이다. 이렇게 사기 치고 공갈 협박하는 자들은 존경받으며 부자가 되어 견고하게 서 있다. 그러나 이제 이들이 일할 시간이 끝났다.

이사야 28:16
그러므로 주 여호와께서 가라사대 보라 내가 한 돌을 시온에 두어 기초를 삼았노니 곧 시험한 돌이요 귀하고 견고한 기초 돌이라 그것을 믿는 자는 급절하게 되지 아니하리로다 예수 이름으로 귀신 쫓고 병 고치고 권능을 행하는 자들은 "아담 안에서 모든 사람이 죽은 것같이"에 해당하는 자들이며, 멸망으로 인도하는 크고 넓은 문에 서 있는 자들, 불법을 행하는 자들이 되어 예수 그리스도께서 "내가 너희를 도무지 알지 못하니 불법을 행하는 자들아 내게서 떠나가라 하리라"[마7:13~27]고 하신 자들이다. 즉, 아담 안에서 죽은 모든 자들은 하나님의 나라를 상속받지 못할 뿐만 아니라 "둘째 사망 곧 지옥 불구덩이"[계21:8]에 가서 영원히 살아야 한다.

결국 진실로 "시험하는 돌"이 예수님이셨다. 아담 안에서 죽은 자들, 불법을 행하는 자들의 실상의 주인공들이 나를 통해 하나님의 가르치심을 대언하는 14년째 한 일을 자신들이 자원하여 직접 낙토까지 가서 다 보고도 배반하고 후욕하며 고소한 자들이다. 자칭 이단감별사 이인규, 박형택, 진용식, 예장합신 총회, 난디한 인교회 박상기, 피지 내 자칭 선교사들, 감리교 총회, 수바 순복음한인교회, 베트남 하노이한인교회, 잡족들이 만든 잡지인 현대종교 탁지일, 종교와 진리 오명옥, 자기 손으로 나를 고소한 그들, 소송장을 쓴 자들, 이들의 모해, 위증만 믿고 판결한 자들 모두는 "만일 네 손이나 네 발이 너를 범죄케 하거든 찍어 내버리라

고린도전서 15:22
아담 안에서 모든 사람이 죽은 것같이 그리스도 안에서 모든 사람이 삶을 얻으리라

요한계시록 21:8
그러나 두려워하는 자들과 믿지 아니하는 자들과 흉악한 자들과 살인자들과 행음자들과 술객들과 우상 숭배자들과 모든 거짓말하는 자들은 불과 유황으로 타는 못에 참예하리니 이것이 둘째 사망이라

불구자나 절뚝발이로 영생에 들어가는 것이 두 손과 두 발을 가지고 영원한 불에 던지우는 것보다 나으니라 만일 네 눈이 너를 범죄케 하거든 빼어 내버리라 한 눈으로 영생에 들어가는 것이 두 눈을 가지고 지옥불에 던지우는 것보다 나으니라"[마18:8~9]고 하신 예언의 주인공들이다. 아직 육체가 살아 있을 때 공개 사과하고 회개하지 않으면 "불에 던질 화목"이 된다. 나는 이미 경고했다.

그리스도 안에서
모든 사람이 삶을 얻으리라

"삶"이란 육체를 입고 사는 일, 살아 있는 일, 생, 목숨, 생명을 뜻한다. 그런데 왜 구약 시대에는 육체도 죽지 않고 옮기운 에녹, 엘리야가 있었는데, 신약 시대에는 2021년 지금까지 아무도 없었을까? 그래서 "그리스도 안에서 모든 사람이 삶을 얻으리라"고 하신 말씀이 너무 중요하다. 땅에 있는 모든 문제를 해결할 수 있는 핵심 열쇠가 바로 이 말씀이다. 하나님은 절대 거짓말하시는 분이 아니시다[히6:18]. 문제는 언약하신 하나님을 믿지 않았던 "사람들"이다.

"나 여호와는 해를 낮의 빛으로 주었고 달과 별들을 밤의

히브리서 6:18
이는 하나님이 거짓말을 하실 수 없는 이 두 가지 변치 못할 사실을 인하여 앞에 있는 소망을 얻으려고 피하여 가는 우리로 큰 안위를 받게 하려 하심이라

빛으로 규정하였고"[렘31:35]라는 예언은 진실로 사실이 되어 여호와의 날, 인자의 날인 지금 이 세대에 낮에 속한 자들, 곧 여호와 하나님께 속한 자들, 하늘에 속한 자들, 천국의 상속자들에게 빛은 "해", 곧 "여호와 하나님"이시며[시84:11], 이때가 되어야 천국의 비밀이 밝혀지고 하나님께 속한 하나님의 아들들, 백성들이 실상이 되는 것이다. 또한 "하늘에 큰 이적이 보이니 해를 입은 한 여자가 있는데 그 발 아래는 달이 있고 그 머리에는 열두 별의 면류관을 썼더라"[계12:1]고 하신 말씀이 실상이 되어 14년째 이 땅에 이루어진 것이다.

시편 84:11
여호와 하나님은 해요 방패시라 여호와께서 은혜와 영화를 주시며 정직히 행하는 자에게 좋은 것을 아끼지 아니하실 것임이니이다

해이신 하나님의 영으로 충만한 사람을 성경에서는 "해를 입은 여자"라고 하신다. 해를 입은 여자는 전 우주적으로 단 한 사람이다. 해를 입은 실상을 호세아 선지자는 B.C 750년경에 "내가 네게 장가들어 영원히 살되 의와 공변됨과 은총과 긍휼히 여김으로 네게 장가들며 진실함으로 네게 장가들리니 네가 여호와를 알리라"[호2:19~20]고 예언하였다. 이 예언은 이미 실상이 된 지 14년째가 되었으니 이제 예언이 아니고, 실상, 곧 사실이다. 이 사실을 믿지 아니하는 자들은 아직 영적인 잠을 자고 있으며, 그들에게 아직은 살아 계신 하나님이 아니시다[렘31:1]. 2021년 지금 이 세대에

요한계시록 12:1
하늘에 큰 이적이 보이니 해를 입은 한 여자가 있는데 그 발 아래는 달이 있고 그 머리에는 열두 별의 면류관을 썼더라

예레이먀 31:1
나 여호와가 말하노라 그 때에 내가 이스라엘 모든 가족의 하나님이 되고 그들은 내 백성이 되리라

13. "그리스도 안에서" 모든 사람이 "삶"을 얻는 실상　　247

땅에 있는 모든 사람들에게 이적은 "해를 입은 여자"가 이미 실상이 되었다는 사실이다. 진실로 하늘의 이적이며, 이 이적은 예수 그리스도께서 한 몫의 삶을 사실 때 귀신 쫓고, 병 고치고, 죽은 자도 살리신 이적과는 하늘과 땅의 차이다.

"해를 입은 여자"가 실상이 될 때 "무릇 살아서 나를 믿는 자는 영원히 죽지 아니하리니"[요11:26]라고 하신 말씀이 땅에서 사실이 되어 이루어지고, 예수 그리스도를 살아서 믿는 자들이 되며, 영원히 살아 계신 하나님과 동행하며 사는 "온전한 영생"이 실상이 된다. 이때가 될 때까지는 아무도 하나님의 뜻을 알 수 없었고, 기록된 말씀이 이루어지지 않았기에 "영생"을 안 믿은 것이며, 예수 그리스도도, 성부 하나님도 안 믿었다. 그래서 성령도 상상한 것이다.

그러므로 "때"를 모르면 모두 헛된 일을 한다. 계시록 전문가라고 자랑하는 목사들은 해를 입은 여자를 예수 그리스도를 육으로 낳은 마리아라고 할 것이다. 마리아는 예수님께서 말씀을 전하실 때 듣지도 않았으며, 예수님께서 말씀하신 모친과 형제는 하나님의 뜻대로 행하는 사람들이다[마12:47~50]. 그러므로 자신이 성경 말씀 중 어느 한 부분의 전문가라고 자랑하

마태복음 12:47~50
47 한 사람이 예수께 여쭈오되 보소서 당신의 모친과 동생들이 당신께 말하려고 밖에 섰나이다 하니
48 말하던 사람에게 대답하여 가라사대 누가 내 모친이며 내 동생들이냐 하시고
49 손을 내밀어 제자들을 가리켜 가라사대 나의 모친과 나의 동생들을 보라
50 누구든지 하늘에 계신 내 아버지의 뜻대로 하는 자가 내 형제요 자매요 모친이니라 하시더라

는 목사는 또 죄를 짓는다. 모두 이러했다. 이렇게 천
국의 비밀을 밝히는 것은 나, 신옥주 목사의 말이 아
니다. 하나님의 뜻이다. 이 뜻을 대언하는 자는 사람
이 보기에 반드시 "여자"이어야 하고, "목사"라야 한
다[계3:7~13]. 이러한 사실을 사실대로 밝히는 이유는
"사람이 마음으로 믿어 의에 이르고 입으로 시인하여 구원
에 이르느니라"[롬10:10]고 하신 말씀대로 하나님 앞에,
사람 앞에 시인하는 것이다. 그래서 진리의 성령인
나, 신옥주 목사는 실상의 "믿음"[갈3:23]이며, 반드시
알아야 할 것은 사람인 내가 하는 일이 아니라, 하나
님께서 나를 사용하셔서 하시는 일이다. 그래서 영이
신 하나님께서 하나님의 영인 "진리의 성령"을 사용하
셔서 일을 하시는 것이다. 그래서 "해를 입었다"고 하
신 것이다.

전 우주적인 일곱째 날인 지금 이 세대에 "해를 입
은 여자"가 실상이 되는 이 이적은 "달과 별들이 빛이 되
는 때가 끝났다"는 뜻이며, 밤에 속한 자들이 일할 시기
가 끝났다는 징조요, 징표다. 이것은 하나님께서 이
미 규정해 두신 일로서 아무도 변개할 수 없다. 이것
은 "아담 안에서 모든 사람이 죽은 것같이 그리스도 안에서
모든 사람이 삶을 얻으리라"고 하신 말씀이 실상이 되는

요한계시록 3:7
빌라델비아 교회의 사자
에게 편지하기를 거룩하
고 진실하사 다윗의 열쇠
를 가지신 이 곧 열면 닫
을 사람이 없고 닫으면 열
사람이 없는 그이가 가라
사대

갈라디아서 3:23
믿음이 오기 전에 우리가
율법 아래 매인바 되고 계
시될 믿음의 때까지 갇혔
느니라

요한계시록 12:1
하늘에 큰 이적이 보이니
해를 입은 한 여자가 있는
데 그 발 아래는 달이 있
고 그 머리에는 열두 별의
면류관을 썼더라

로마서 8:14, 19
14 무릇 하나님의 영으로
인도함을 받는 그들은 곧
하나님의 아들이라
19 피조물의 고대하는 바
는 하나님의 아들들의 나
타나는 것이니

요한복음 16:8
그가 와서 죄에 대하여,
의에 대하여, 심판에 대하
여 세상을 책망하시리라

요한복음 6:45
선지자의 글에 저희가 다
하나님의 가르치심을 받
으리라 기록되었은즉 아
버지께 듣고 배운 사람마
다 내게로 오느니라

때가 도래했다는 뜻이다. 그래서 해를 입은 여자의 머리에는 "열두 별의 면류관"[계12:1]을 썼더라고 하신 것이다. 이는 예수 그리스도께서 십자가에 죽으실 때 쓰신 면류관인 가시 면류관과 완전히 다른, 진실로 "하늘의 면류관"이다. 전대미문의 새 언약으로 다시 창조함을 받은 "하나님의 아들들"[롬8:14, 19]이 나타났음을 증거하는 것이다.

"아담 안에서 모든 사람이 죽었고"라는 말씀이 2021년 이때까지 사실이 되어 온 명백한 증거는 하나님께서 정하신 때가 될 때까지 아무도 하나님의 뜻을 몰랐고 죄에 대해서, 의에 대해서, 심판에 대해서도 하나님께서 가르쳐 주시지 않았다면 그 누구도 알 수 없다는 사실이다. 하나님께서 알게 해 주셔야 알 수 있고 대언하는 것이다. 그래서 하나님께서 친히 가르치신다고 한 것이다[요6:45]. 14년째 진리의 성령인 나, 신옥주 목사를 통한 전대미문의 새 언약은 "그리스도 안에서 모든 사람이 삶을 얻으리라"의 실상이며, 영원히 그 누구도 폐하지 못하는 영원한 언약이다.

그러나 이러한 진리를 알지 못하고 패역하고 있는 전 세계에 내리고 있는 하나님의 징벌을 보라. 나, 신옥주 목사가 7년형을 확정받은 2020년 2월 27일 이후 전 세계에 일어나고 있는 모든 재앙들은 절대 우연이 아니다. 전 세계가 영원한 복음인 새 언약의 말씀으로 돌아서지 아니하고 계속 혀로 "오직 예수, 하나님" 하면서 성경과 다른 거짓말을 가르치고 가르침받으면 재앙이 절대 그치지 않는다. 유럽에 잘사는 나라, 못사는 나라 상관없이 물로, 불로, 전염병으로 재앙을 내리는 것은 저들이 먼저 기독교를 믿었고, 하나님께서 야벳 족속에게 주신 세상적인 지혜로 온 세상을 지배하며 살면서 하나님의 계명은 다 무시하고 멸시한 대가다. 그래서 재앙도 저들에게 먼저 내리는 것이다. 중국, 일본이 재앙을 많이 당하는 것은 다른 나라를 침범하여 많은 사람들을 죽였기에 심판을 받는 것이다.

하나님께서 온 세상을 통치하시는 세상이 도래했다[계 11:15]. 사람을 높이거나 사람을 의지하는 때는 이미 지났다. "진리의 도"를 훼방하고 핍박한 모든 자들은 진실로 하나님 앞에 공개 사과하고 회개하고, 부당한 판결을 속히 돌이켜야 한다. 하나님께서 정하신 때가 이미 이르렀고, 하나님의 징계는 이미 시작되었다.

요한계시록 11:15
일곱째 천사가 나팔을 불매 하늘에 큰 음성들이 나서 가로되 세상 나라가 우리 주와 그 그리스도의 나라가 되어 그가 세세토록 왕 노릇하시리로다 하니

14

"**갇힌 자의 탄식**"을 들으시며
"**죽이기로 정한 자**"를
해방하시는 때

「조선일보, 동아일보」 2021년 9월 17일 금요일

스마트폰으로 QR 코드를 스캔 하시면
[이제 온 천하는 잠잠하라] 전문을 다운로드 받을 수 있습니다.

이제 **"원욕"**을 그칠 때다

¹너는 청년의 때 곧 곤고한 날이 이르기 전, 나는 아무 낙이 없다고 할 해가 가깝기 전에 너의 창조자를 기억하라 ²해와 빛과 달과 별들이 어둡기 전에, 비 뒤에 구름이 다시 일어나기 전에 그리하라 ³그런 날에는 집을 지키는 자들이 떨 것이며 힘 있는 자들이 구부러질 것이며 맷돌질 하는 자들이 적으므로 그칠 것이며 창들로 내어다 보는 자가 어두워질 것이며 ⁴길거리 문들이 닫혀질 것이며 맷돌 소리가 적어질 것이며 새의 소리를 인하여 일어날 것이며 음악하는 여자들은 다 쇠하여질 것이며 ⁵그런 자들은 높은 곳을 두려워할 것이며 길에서는 놀랄 것이며 살구나무가 꽃이 필 것이며 메뚜기도 짐이 될 것이며 원욕이 그치리니 이는 사람이 자기 영원한 집으로 돌아가고 조문자들이 거리로 왕래하게 됨이라 [전12:1~5]

"원욕"이란 인간의 기본적인 욕망, 식욕, 성욕 등

히브리서 9:27
한 번 죽는 것은 사람에게 정하신 것이요 그 후에는 심판이 있으리니

창세기 6:5~7
5 여호와께서 사람의 죄악이 세상에 관영함과 그 마음의 생각의 모든 계획이 항상 악할 뿐임을 보시고
6 땅 위에 사람 지으셨음을 한탄하사 마음에 근심하시고
7 가라사대 나의 창조한 사람을 내가 지면에서 쓸어 버리되 사람으로부터 육축과 기는 것과 공중의 새까지 그리하리니 이는 내가 그것을 지었음을 한탄함이니라 하시니라

출애굽기 30:12
네가 이스라엘 자손의 수효를 따라 조사할 때에 조사 받은 각 사람은 그 생명의 속전을 여호와께 드릴찌니 이는 그 계수할 때에 그들 중에 온역이 없게 하려 함이라

에스겔 15:4~5
4 불에 던질 화목이 될 뿐이라 불이 그 두 끝을 사르고 그 가운데도 태웠으면 제조에 무슨 소용이 있겠느냐
5 그것이 온전할 때에도 아무 제조에 합당치 않았거든 하물며 불에 살라지고 탄 후에 어찌 제조에 합당하겠느냐

자신의 사적인 소원에 마음이 쏠리는 것을 뜻한다. 원욕은 모든 인간이 가지고 있는 사심이며, 사욕이자, 정욕이다. 이 원욕 때문에 모든 인간이 한 번 육체가 죽어야 하는 것이다[히9:27]. 하나님께서는 이에 대해 이미 인간의 생각이 항상 악할 뿐이라고 판결하셨고, 땅에 사람 지으셨음을 한탄하시고 땅에 홍수를 내리신 원인이 되었다[창6:5~7]. 종교가 생긴 것은 이 원욕 때문에 생긴 것이다. 그러나 인간은 다른 어떤 방법으로도 원욕을 해결할 수 없다는 것을 역사가, 땅에 있는 모든 종교가 증명해 주고 있다. 인간의 생각과 마음의 주인이 "귀신"일 때는 이 원욕대로 산다. 이런 원욕, 곧 정욕에 찌든 자는 "그러므로 하나님께서 저희를 마음의 정욕대로 더러움에 내어 버려두사 저희 몸을 서로 욕되게 하셨으니"[롬1:24]라고 하신 말씀대로 죄에서 벗어날 수가 없다. 또한 전도서 12장의 말씀이 이미 14년째 실상이 되었다.

전도서를 기록한 솔로몬 왕도 일생 원욕대로 삶을 살았던 사람이다. 지난 1년 반 동안 코로나19로 455만 명이 넘게 죽었다. 이들은 하나님께서 조사도 하지 않고[출30:12] 악한 병으로 죽어 장례조차 제대로 치르지 못하고 불에 던져진 화목이 되었다[겔15:4~5].

사실 인간은 원욕으로 인하여 모두 영원한 지옥불에 떨어지는 것이다. 육체를 입고 살던 한 몫의 삶을 파괴할 뿐만 아니라 "영원히" 멸망하는 것이다[롬7:5].

> 우리가 육신에 있을 때에는 율법으로 말미암는 죄의 정욕
> 이 우리 지체 중에 역사하여 우리로 사망을 위하여 열매를
> 맺게 하였더니 [롬7:5]

인간의 원욕이 그대로 있는 상태에 목사나 사제가 되어 성경을 사용하면 할수록 더 큰 죄의 정욕이 생기게 만드는 것은 "귀신의 가르침" 때문이다[딤전4:1~2]. 모두 자신의 원욕을 채우기 위해 점점 게으르고, 더럽고, 미쳐가는 것이 성경이 모든 것을 죄 아래 가두어 두었던 기간, 곧 "영적인 밤"을 지나는 과정이었다[갈3:22]. 문제는 성경을 가지고도 진리 한 절 전하지 못하는데 이미 양심에 화인을 맞아서 자신들은 잘 믿고 있고, 잘 알고 있다고 착각하는 것이다. 원욕으로 인해 생각과 마음이 이미 흑암에 잡혀서 영적인 눈, 귀가 닫혀 있기 때문이다. 이런 원욕 때문에 이 땅에 하나님의 진노가 임하는 결과를 낳았다[골3:5~6].

> 5그러므로 땅에 있는 지체를 죽이라 곧 음란과 부정과 사욕
> 과 악한 정욕과 탐심이니 탐심은 우상 숭배니라 6이것들을
> 인하여 하나님의 진노가 임하느니라 [골3:5~6]

디모데전서 4:1~2
1 그러나 성령이 밝히 말씀하시기를 후일에 어떤 사람들이 믿음에서 떠나 미혹케 하는 영과 귀신의 가르침을 좇으리라 하셨으니
2 자기 양심이 화인 맞아서 외식함으로 거짓말하는 자들이라

갈라디아서 3:22
그러나 성경이 모든 것을 죄 아래 가두었으니 이는 예수 그리스도를 믿음으로 말미암은 약속을 믿는 자들에게 주려 함이니라

"목사의 직무"는 이런 하나님의 진노가 임하지 않도록 교인들로 하여금 원욕에서 벗어나서 하나님의 계명을 지켜 실행하도록 돕고 이기도록 책망하고 인도하는 것이다. 그런데 지금까지 목사들이 무엇을 했으며, 무슨 일을 하고 있는가? 목사가, 사제가 자신의 원욕 하나도 이기지 못한 채 교인들로 하여금 원욕을 더 추구하도록 부추기고 미혹하고 있다.

성경을 사용하는 자들이 계속 죄를 짓고, 또 회개하고 혀로 "주여, 주여" 한다고 하나님 나라에 들어가는 것이 아님을 전 성경에 이미 예언해 두셨다. 명백하게 "죄를 짓는 자마다 불법을 행하나니 죄는 불법이라"[요일3:4]고 하셨으며, 불법을 행하는 자는 거짓 선지자들로 멸망으로 인도하는 크고 넓은 문에서 주의 이름으로 선지자 노릇하며, 주의 이름으로 귀신을 쫓아내며, 주의 이름으로 많은 권능을 행하였다고 하는 자들이다. 이들에게 예수 그리스도께서 "내가 너희를 도무지 알지 못하니 불법을 행하는 자들아 내게서 떠나가라"[마7:23]고 하셨다. 불법을 행하는 자들은 예수 그리스도를 믿는 것이 아니다. 그들은 교인들을 멸망으로 인도하는 거짓 선지자들이며, 처음부터 거짓말하는 자들이다[요일3:8]. 또한 거짓 선지자들로 "양의 옷을 입고

마태복음 7:22~23
22 그날에 많은 사람이 나더러 이르되 주여 주여 우리가 주의 이름으로 선지자 노릇하며 주의 이름으로 귀신을 쫓아 내며 주의 이름으로 많은 권능을 행치 아니하였나이까 하리니
23 그때에 내가 저희에게 밝히 말하되 내가 너희를 도무지 알지 못하니 불법을 행하는 자들아 내게서 떠나가라 하리라

요한일서 3:8
죄를 짓는 자는 마귀에게 속하나니 마귀는 처음부터 범죄함이니라 하나님의 아들이 나타나신 것은 마귀의 일을 멸하려 하심이니라

나아오나 속에는 노략질하는 이리"[마7:15]라고 하셨다.

왜 구약도 아닌 신약 성경에 기록된 이런 말씀은 안 믿고 교회 안에서 귀신들이 가르친 거짓말은 그리도 잘 믿나? 성경에서 "거짓말하는 자"라고 하신 것은 전부 성경을 사용하는 자들에 대한 지칭이다. "거짓 선지자가 많이 일어나 많은 사람을 미혹하게 하겠으며 불법이 성하므로 많은 사람의 사랑이 식어지리라"[마24:11~12] 하시고, "거짓 그리스도들과 거짓 선지자들이 일어나 큰 표적과 기사를 보이어 할 수만 있으면 택하신 자들도 미혹하게 하리라"[마24:24]고 하신 이 예언이 사실이 된 지 2천 년이 되었다. 이들은 "또 내가 보매 개구리 같은 세 더러운 영이 용의 입과 짐승의 입과 거짓 선지자의 입에서 나오니 저희는 귀신의 영이라"[계16:13~14]고 하신 자들이다. 그래서 입에서 나오는 성경과 다른 거짓말이 사람들을 더럽게 한다[마15:18]. "예수님께서 인간의 과거의 죄, 현재, 미래의 죄까지 이미 다 지시고 십자가에 죽으셨기에 어떤 죄를 지어도 다 용서받는다, 이미 용서받았다"고 하는 거짓말이 얼마나 인간을 더럽게 하고 영원한 둘째 사망인 지옥 영벌에 떨어지게 했는지 전 세계 모든 사람들이 알아야 한다. 진리를 진리로 분별하지 않으면 아무도 불법을 행하는 "거짓

마태복음 15:18
입에서 나오는 것들은 마음에서 나오나니 이것이야말로 사람을 더럽게 하느니라

선지자들"이 어디에서 무슨 일을 하고 있는지 절대 알 수가 없었다. 그들은 성경을 가지고 교회 안에서 거룩한 척, 고상한 척, 잘 믿는다고 가장하며 가르치는 귀신들이기 때문이다. 그래서 자신들이 스스로 심판을 자초한 것이다.

인간의 원욕이 하나님의 진노를 부르고 재앙을 일으키는 근본 이유다. 그래서 하나님께서 법(성경)을 주셨고, 이 법 앞에는 그 누구도 예외가 없다. 사람들의 증거를 취하시지 않는다고 하신 그대로 하나님께서 친히 당신의 뜻을 밝히시는 지금 이 세대가 되기 이전의 모든 사람들의 육체가 다 죽은 이유가 바로 이 "원욕" 때문이다. 인간이 만든 모든 종교는 다 원욕을 해결하려고 만든 또 다른 꾀에 불과하다. 따라서 인간이 만든 모든 종교는 절대 구원과 상관이 없으며, 아무것도 아니다.

"인간의 원욕"에서 비롯된 "악한 생각"이 자신의 한 몫의 삶도 헛되고 헛되게 보내게 하고, 결국 하나님의 진노를 받아 영원한 지옥 불구덩이에 들어가 영원히 고통받고 영벌을 받으며 살게 한다. 이런 원욕을 육체가 살아 있을 때 깨닫고 버리게 하고 지옥에서 천국으로 옮기게 하는 것이 "목사의 직무"인데, 도

리어 더 더럽게 하며 원욕을 부추기고 죄를 짓게 만
드는 자들이 성경을 가지고 성경과 다른 교훈, 곧 거
짓말을 가르치는 "거짓 선지자들"[딤전6:3~5]이다. 이들
로 인한 삶의 결과는 영원히 불로 소금치듯 하는 지
옥 불구덩이에서 사는 영벌이다.

> ³누구든지 다른 교훈을 하며 바른 말 곧 우리 주 예수 그리
> 스도의 말씀과 경건에 관한 교훈에 착념치 아니하면 ⁴저는
> 교만하여 아무것도 알지 못하고 변론과 언쟁을 좋아하는
> 자니 이로써 투기와 분쟁과 훼방과 악한 생각이 나며 ⁵마음
> 이 부패하여지고 진리를 잃어버려 경건을 이익의 재료로
> 생각하는 자들의 다툼이 일어나느니라 [딤전6:3~5]

온 세상의 그 누구도 이제 변명할 수 없다. 문자 그대로
읽어도 어떤 죄를 짓는지 다 보이도록 신약 성경은
더 직설적으로 기록이 되어 있는데 왜 자신들이 목회
서신이라고 말하는 디모데전후서를 보면서 말씀에
비추어 스스로를 살피지 않는가? 그래서 하나님의
말씀으로 거듭나지 않은 사람이 목사가 되면 "흉악한
귀신"이 되어 더 악하게 되는 것이다. 예수 이름으로
사람의 생각과 마음에 들어온 "일곱 귀신"은 온갖 죄
에 죄를 더하여 경건의 도를 자신의 원욕을 채울 재
료로 삼은 것이다[딤전6:3~5].

이렇게 명백하게 기록해 두셨어도 하나같이 하나님을 두려워하지 않고 사욕이 더 심해지는 것은 "다른 교훈"을 했기 때문이며[딤전6:3], 원욕이 있는 영적인 상태에서 성경을 가지고 부귀영달을 추구하는 자신의 원욕을 채우기 위한 재료로 사용했기 때문이다. 처음부터 성경과 다른 거짓말, 곧 다른 교훈을 가지고 시작했기 때문에 이들의 교만은 절대 해결되지 않는다. 목사, 사제가 된 것이 오히려 시험, 함정, 올무에 빠진 것이다. 이런 자들의 원욕이 그치게 하는 두 가지 방법이 있다.

에스겔 15:4
불에 던질 화목이 될 뿐이라 불이 그 두 끝을 사르고 그 가운데도 태웠으면 제조에 무슨 소용이 있겠느냐

첫째는 각자 땅에서 주어진 한 몫의 삶이 끝나고 육체가 죽어 불에 던질 화목으로 가서 그친다[겔15:4]. 이는 영원히 지옥 불구덩이에서 그 혼은 영벌을 받으며 살아야 한다. 그래서 지옥은 블랙홀과 같다고 하는 것이다. 이미 육체가 살아 있을 때 구덩이, 함정, 올무, 덫, 올가미에 빠진 것인데 일생 성경을 가지고 원욕대로 사용하여 스스로 지옥 영벌에 빠진 것이다.

둘째는 하나님께서 온 땅에 사는 자들의 원욕이 그치게 하시는 때인 6일(구약 4천 년+신약 2천 년인 6천 년)이 끝나는 여호와의 날, 인자의 날인 지금 이 세대에 그치게 된다. 하나님께서 원욕대로 사는 자들이

이 세상을 지배하고 다스리는 때로 정해 두시고 허락하신 기간 6천 년(6일)이 지나면 인간의 원욕을 그치게 하신다. 그래서 지금 이 세대는 이제 온 천하, 곧 하늘에 속한 자나, 땅에 속한 자나 다 원욕이 그치게 되는 때라 하나님 앞에 잠잠해야 할 때다. 이제 원욕을 가지고 한 몫의 삶을 사는 자들이 다스리는 세상은 끝이다.

하나님의 긍휼하심을 받는 **"정한 기한"**이 이르렀다

[12]여호와여 주는 영원히 계시고 주의 기념 명칭은 대대에 이르리이다 [13]주께서 일어나사 시온을 긍휼히 여기시리니 지금은 그를 긍휼히 여기실 때라 정한 기한이 옴이니이다 [시102:12~13]

"전도자가 가로되 헛되고 헛되도다 모든 것이 헛되도다"[전12:8]라고 하신 이 한 절 속에 하나님의 가르치심과 진리의 성령을 통해 대언하는 14년째 영원한 복음인 새 언약이 세상에 드러나기 전까지 성경을 사용하고 종교생활을 하는 모든 사람들, 다른 종교인들, 무신론자들이 땅에서 행한 모든 일이 다 헛되고 헛되다고 하신 것이다. 진실로 2008년 6월 16일부터 이 모든 헛된 것, 헛된 삶에서 영원한 삶을 얻는 "영원한 언약"을 시작하였다. 전 우주적인 일곱째 날, 여호와의 날, 인자의 날인 지금 이때 2008년 6월 16일 시작으로 "하나님의 정한 기한"이 임하여 하나님께서 친히 일어나셔서 우리를 긍휼히 여기신다고 하신 예언이 땅에서 사실이 되어 이루어지고 있다[시102:12~13].

때와 기한은 하나님께서 정하신 것이며, 이 "정한 기한"은 사단, 마귀, 귀신, 큰 용, 옛 뱀, 큰 악어, 아볼루온, 아바돈, 무저갱(지옥)의 사자들, 즉 악한 자들이 일하는 시기가 끝나는 때이며, 반대로 이제부터 하나님의 자녀들이 일어나서 일하는 정한 때다. 그래서 하나님께서 안식하신다고 말씀하신 것이다. 하나님께서 영원히 거하실 처소, 곧 하나님께서 장가드셔서 성전 된 사람[호2:19~20]인 진리의 성령인 나, 신옥주 목사가 실상이 되어 나타난 것이 바로 하나님께서 정하신 기한이 되었다는 징조요, 표적이며, 이적이다.

호세아 2:19~20
19 내가 네게 장가들어 영원히 살되 의와 공변됨과 은총과 긍휼히 여김으로 네게 장가들며
20 진실함으로 네게 장가들리니 네가 여호와를 알리라

따라서 반드시 "정한 기한"이 되어야 영원히 살아 계시는 하나님이심을 보고 듣고 믿게 되는 것이고, 사람이 육체도 죽지 아니하고 영원히 영생하며, 이들이 있는 곳이 바로 하나님 나라가 이 땅에 이루어진 것이다.

이때를 두고 "그러나 내가 하나님의 성령을 힘입어 귀신을 쫓아내는 것이면 하나님의 나라가 이미 너희에게 임하였느니라"[마12:28]고 말씀하신 것이다. 이렇게 실상이 되어 귀신을 영원히 쫓아내는 때가 바로 "전대미문의 새 언약"을 하는 지금 이때이며, "정한 기한"이 된 것이다.

> ¹⁵이에 열방이 여호와의 이름을 경외하며 세계 열왕이 주의 영광을 경외하리니 ¹⁶대저 여호와께서 시온을 건설하시고 그 영광 중에 나타나셨음이라 [시102:15~16]

이 예언은 예수 그리스도께서 이 땅에 오시기 전 B.C 1000~400년경에 기록된 것이다. 당시 저 이스라엘 유대인들만 선민이었을 때에 실상이 되는 말씀이 아니라, 21세기 지금 이 세대에 열방, 곧 온 세상 나라, 세상 모든 민족, 이방 나라, 전 세계 열왕이 하나님을 경외하며 돌아올 것과 하나님께서 "다시 택하신 예루살렘", 곧 "시온"을 건설하실 것을 예언하신 것이다[시102:15~16]. 진리의 성령인 나, 신옥주 목사를 통해 14년째 이 예언대로 이미 이루어지고 있는 실상이 되었기에 "사랑은 언제까지든지 떨어지지 아니하나 예언도 폐하고 방언도 그치고 지식도 폐하리라"[고전13:8]고 하신 말씀대로 예언을 폐하는 것이다.

이는 히브리서 8장의 말씀이 온전히 땅에 이루어지는 14년째 일로서, 하나님의 계명을 지켜 실행하는 하나님의 아들들, 백성들을 사용하셔서 시온을 건설하시고 계신나[시102:16]. 이 예언은 예수님 당시에 사실이 되는 예언이 절대 아니다. 전 세계 구석구석에서 하나님과 예수님에 대해서 다 아는 때가 되었을 때[히8:11], 전대미문의 새 언약으로 생각과 마음에 할례를 받아 계명대로 지켜 실행하여 **영생을 이미 얻은** 성도들이 "시온"을 건설하는 것이다.

히브리서 8:11
또 각각 자기 나라 사람과 각각 자기 형제를 가르쳐 이르기를 주를 알라 하지 아니할 것은 저희가 작은 자로부터 큰 자까지 다 나를 앎이니라

"갇힌 자의 탄식"을 들으시며
"죽이기로 정한 자"를 해방하사

¹⁷여호와께서 빈궁한 자의 기도를 돌아보시며 저희 기도를 멸시치 아니하셨도다 ¹⁸이 일이 장래 세대를 위하여 기록되리니 창조함을 받을 백성이 여호와를 찬송하리로다 ¹⁹여호와께서 그 높은 성소에서 하감하시며 하늘에서 땅을 감찰하셨으니 ²⁰이는 갇힌 자의 탄식을 들으시며 죽이기로 정한 자를 해방하사 ²¹여호와의 이름을 시온에서, 그 영예를 예루살렘에서 선포케 하려 하심이라 [시102:17~21]

하나님의 정한 기한이 이르러 또 다른 보혜사 진리

의 성령이 이 땅에 실상으로 하나님의 영원한 복음인 전대미문의 새 언약을 선포하고 있다. 하나님의 말씀 대로 순종하여 지켜 실행한 일로 말미암아 옥에 갇 히게 되어 B.C 593년경에 예언하신 "인자야 무리가 줄 로 너를 동여매리니 네가 그들 가운데서 나오지 못할 것이 라"[겔3:25]고 하신 말씀이 2018년 7월 24일에 사실이 되어 이루어졌으며, 3년이 넘게 "참 과부의 송사"에 걸 려 옥에 갇혀 있는 이 일을 하나님께서 친히 변론하 시고 징계하시는 사건이 바로 코로나19 온역 재앙이다.

전대미문의 새 언약을 전하는 나, 신옥주 목사를 만 나 본 적도 없는 자들인 이인규, 박형택, 진용식, 탁 지일, 종교와 진리 오명옥, 난디한인교회 박상기, 수 바 순복음교회, 감리교회, 자칭 선교사들, 베트남 하 노이한인교회 목사와 300여 명이 자신들의 혀와 손 가락으로 무슨 치명적인 죄를 지었는지 육체가 살아 있을 때 깨달아야 한다. 이들은 모두 교만하여 패망 의 길로 가고 있는 자들이다. 베트남에 교회 허가를 내주지 말라고 베트남 공안부에 탄원한 자들, 한국 과 미국 뉴욕에서, 호주 시드니와 멜버른에서, 일본 동경과 오사카에서, 중국에서, 뉴질랜드에서 전부 하 나님의 음성을 대언하는 하나님의 큰일을 훼방하고 진리의 도를 핍박했다. 그 근본 이유가 다 원욕, 곧 정욕 때문이다. 이로 인해 갇힌 자의 탄식이 실상이 되었으며, 그들 또한 하나님의 일에 천한 그릇으로 쓰임을 받은 것이다.

"갇힌 자의 탄식을 들으시며"라고 하신 말씀은 "내가 진실로 너희에게 이르노니 나와 및 복음을 위하여 집이나 형제나 자매나 어미나 아비나 자식이나 전토를 버린 자는 금세에 있어 집과 형제와 자매와 모친과 자식과 전토를 백 배나 받되 핍박을 겸하여 받고 내세에 영생을 받지 못할 자가 없느니라"[마19:16~29, 막10:17~30, 눅18:18~30]고 예수님께서 말씀하신 계명을 지키고 하나님의 뜻대로 행하다가 감옥에 갇힌 나와 은혜로교회 성도들에 대한 예언이다. 영적으로 거듭나지 않은 자식들을 두고 옥에 갇힌 나의 탄식을 "이와 같이 성령도 우리 연약함을 도우시나니 우리가 마땅히 빌 바를 알지 못하나 오직 성령이 말할 수 없는 탄식으로 우리를 위하여 친히 간구하시느니라 마음을 감찰하시는 이가 성령의 생각을 아시나니 이는 성령이 하나님의 뜻대로 성도를 위하여 간구하심이니라"[롬8:26~27]라고 하셨으며, 이 기간 동안 성령이 말할 수 없는 탄식과 하나님의 뜻대로 간구하심으로 인해 "하나님의 아들들"이 태어나고 있다[롬8:14, 19].

로마서 8:14, 19
14 무릇 하나님의 영으로 인도함을 받는 그들은 곧 하나님의 아들이라
19 피조물의 고대하는 바는 하나님의 아들들의 나타나는 것이니

"하나님의 말씀과 기도로 거룩하여짐이니라"[딤전4:5]고 하신 말씀의 기도는 각자 자신들이 정욕대로 원하는 바를 구하는 것이 아니라, 하나님의 말씀 자체가 기도이다. 또한 성령이 사람들이 상상하는 성령이 아니라는 증거가 "성령의 생각을 아시나니"라고 하신 말씀이다. 상상하는 성령이라면 이를 어떻게 설명할 것인가? "생각"은 오직 인간에게 하나님께서 주신 것이다. 생각이란 머리를 써서 궁리함, 가늠하여 헤아리거나 판단함, 마음의 쏠림, 분별, 무엇을 이루거나 하려고 하는 마음먹음, 어떤 사물에 대해 가지는 견해, 지난 일을 돌이켜 봄, 떠올려봄, 앞날의 일을 머리 속에 그려봄, 그리거나 그리워하는 마음, 아끼거나 염려하는 마음, 마음을 써 줌, 헤아려 주는 마음, 그렇게 여김이라는 많은 뜻이다. 상상하는 추상적인 성령이 절대 아니고 "실상의 사람"임을 명백하게 증명하신 말씀이 롬8:26~27절이다.

로마서 8:26~27
26 이와 같이 성령도 우리 연약함을 도우시나니 우리가 마땅히 빌 바를 알지 못하나 오직 성령이 말할 수 없는 탄식으로 우리를 위하여 친히 간구하시느니라
27 마음을 감찰하시는 이가 성령의 생각을 아시나니 이는 성령이 하나님의 뜻대로 성도를 위하여 간구하심이니라

따라서 "갇힌 자의 탄식"은 예수 그리스도에 대한 예언도 아니고, 다윗에 대한 예언도 아니다. 성령의 생각은 하나님의 뜻을 잘 알아 하나님의 뜻대로 간구하니까 하나님께서 성령의 생각을 아시는 것이다. 하나님의 뜻은 예수 그리스도께서도 알지 못하셨고,

그래서 당연히 열매가 없었다. 또한 하나님의 뜻을 행하는 자는 영원히 땅에 거하는데 창세 이래 누가 하나님의 뜻을 알았는가? 아무도 몰랐다는 명백한 증거가 하나님께서 창조하신 땅에 영원히 육체가 살아서 거하는 자가 단 한 명도 없었다는 것이다. 하나님의 뜻은 반드시 하나님께서 아신다. 진리의 성령은 하나님의 뜻을 알기에 하나님께서 친히 장가드시는 호2:19~20절의 말씀이 실상이 된 "사람"으로, 하나님의 뜻을 대언하여 밝히 드러내고 지켜 실행하도록 "온전한 믿음"을 보여서 하나님의 자녀들로 하여금 연약하여 계명을 지키지 못하고 살던 것을 지킬 수 있도록 돕는 것이다. 또한 만세 전에 하나님의 택한 백성을 모두 불러 모으시기 위한 하나님의 완전한 지혜가 바로 나와 성도들이 옥에 갇히는 "참 과부의 송사"[사1:17, 23]이며, 실상으로 갇혀 불법과 불의를 행하며 멸망의 길로 달려가는 이 세상을 향해 탄식하며, 하나님의 참된 복음을 알리기 위해 영적인 전쟁을 하고 있는 진리의 성령인 나, 신옥주 목사다. 진실로 시편의 예언대로 2008년 6월 16일부터도 탄식하고 간구했지만, 2018년 7월 24일에 갑자기 감옥에 갇히고 더 이 말씀이 사실이 되어 현재도 실행되고 있다. 이렇게 예언이 실상이 되면 폐하여지고, 성령에

호세아 2:19~20
19 내가 네게 장가들어 영원히 살되 의와 공변됨과 은총과 긍휼히 여김으로 네게 장가들며
20 진실함으로 네게 장가들리니 네가 여호와를 알리라

이사야 1:17, 23
17 선행을 배우며 공의를 구하며 학대받는 자를 도와주며 고아를 위하여 신원하며 과부를 위하여 변호하라 하셨느니라
23 네 방백들은 패역하여 도적과 짝하며 다 뇌물을 사랑하며 사례물을 구하며 고아를 위하여 신원치 아니하며 과부의 송사를 수리치 아니하는도다

대해서 사람들이 상상하고 추상적으로 잘못 알고 있었던 지식도 폐하고 있는 것이다[고전13:8].

성경에 기록된 진리는 반드시 이 땅에 실상이 된다. 하나님의 말씀은 아무나, 누구나 본다고 다 아는 것이 절대 아니다. 반드시 생명책인 성경에 이름이 기록되어 있어야 한다[계20:15]. 그래서 전 성경을 기록하신 목적을 아는 것이 너무 중요하다[시102:18]. 성경은 장래 세대인 지금 2021년 이 세대를 위해서 기록되었으며, 반드시 하나님께서 친히 가르치시는 전대미문의 새 언약으로 돌아오지 않으면 절대 안 된다. 혀로 오직 예수 한다고 구원받는 것이 절대 아니다. 새 언약으로 반드시 다시 창조되어야 한다는 뜻이다. 전 성경의 예언이 온전히 실상이 되는 때가 지금 이 세대다. 더 늦기 전에 진리의 성령을 훼방한 자들은 공개 사과하고 회개하라. 부당한 판결을 속히 돌이켜야 한다. 성경에 기록된 모든 재앙이 내리기 전에 속히 진리로 돌아서야 한다.

고린도전서 13:8
사랑은 언제까지든지 떨어지지 아니하나 예언도 폐하고 방언도 그치고 지식도 폐하리라

요한계시록 20:15
누구든지 생명책에 기록되지 못한 자는 불못에 던지우더라

시편 102:18
이 일이 장래 세대를 위하여 기록되리니 창조함을 받을 백성이 여호와를 찬송하리로다

15

이제 온 천하는 **잠잠하라**

세상을 미혹하는
"말 탄 자"와 **"말들"**의 종말

「조선일보, 동아일보」 2021년 9월 24일 금요일

스마트폰으로 QR 코드를 스캔 하시면
[이제 온 천하는 잠잠하라] 전문을 다운로드 받을 수 있습니다.

"복술"로 세상을 미혹하는 자들

²¹이에 한 힘센 천사가 큰 맷돌 같은 돌을 들어 바다에 던져 가로되 큰 성 바벨론이 이같이 몹시 떨어져 결코 다시 보이지 아니하리로다 ²²또 거문고 타는 자와 풍류하는 자와 퉁소 부는 자와 나팔 부는 자들의 소리가 결코 다시 네 가운데서 들리지 아니하고 물론 어떠한 세공업자든지 결코 다시 네 가운데서 보이지 아니하고 또 맷돌 소리가 결코 다시 네 가운데서 들리지 아니하고 ²³등불 빛이 결코 다시 네 가운데서 비취지 아니하고 신랑과 신부의 음성이 결코 다시 네 가운데서 들리지 아니하리로다 너의 상고들은 땅의 왕족들이라 네 복술을 인하여 만국이 미혹되었도다 ²⁴선지자들과 성도들과 및 땅 위에서 죽임을 당한 모든 자의 피가 이 성중에서 보였느니라 하더라 [계18:21~24]

창세 이래 하나님의 원수요 대적자들은 성경을 가지고 성경과 다른 거짓말로 가르쳐서 온 세상 나라,

곧 만국을 미혹시켜서 하나님의 진노를 쌓았고, 이들 귀신의 처소의 지도자들에 의해 많은 순교자들이 죽임을 당했을 뿐만 아니라, 이들은 교인들을 일생 헛된 종교생활을 하게 만들이 결국 지옥 불구덩이에 보낸 악한 자들이요, 살인자들이다. 그래서 하나님의 집에서부터 심판을 하시는 것이다[벧전4:17]. 아무나 자원하면 목사 안수를 주고, 아무나 교사로 세워 성경을 가르치고 영적인 살인을 저지르는, 절도요 강도이면서 죄가 죄인 줄 모르고 한 모든 언행을 말씀을 몰라서 그랬다고 핑계할 수 없다. 흉악한 귀신들은 자신들이 하는 짓이 도리어 하나님을 잘 섬기는 일이라고 거짓말로 가르치고, 하나님의 일을 하는 것이라고 핑계한다. 절대 아니다.

베드로전서 4:17
하나님 집에서 심판을 시작할 때가 되었나니 만일 우리에게 먼저 하면 하나님의 복음을 순종치 아니하는 자들의 그 마지막이 어떠하며

"복술"이란 원어로 보면 "약을 복용하다"라는 뜻으로 환각에 빠지는 약을 먹고 환상을 보고 점을 치는 일을 가리킨다. 하나님 이름, 예수 이름을 사용하여 무당 노릇하는 자들뿐만 아니라, 성경을 가지고 성경과 다른 거짓말로 설교하는 모든 자들은 다 복술가들이다. 이들은 전 세계 교회들을 이곳저곳 돌아다니며 부흥회를 하고, 자신이 복을 주는 사람인 양 머리에 손을 얹고 안수하며 "축복 받을지어다"라고 교인

들에게 사기 치며, 성경 말씀을 일만 악의 뿌리인 돈으로 바꾸어 자신들의 원욕을 채우기 위해 설교하는 자들이며, 헌금을 많이 거두는 지도자들은 더 인기가 많아서 여기저기 불려 다니며 악을 쏟아 내는 가르치는 귀신들로 만국을 미혹한다. 이들에게 속은 교인들 또한 자신들의 원욕에 의해 부자 목사처럼 되고 싶어서 헌금하고 따라 다닌다. 온 세상 나라, 곧 만국을 복술로 미혹한 흉악한 귀신들은 예수 이름으로 거룩한 척 가장하는 교황이요, 사제들이고 목사들이며 하나님 자리에, 예수 그리스도 자리에 자신들이 앉아서 하나님 마음 같은 체 광명의 천사 노릇하는 자들이다 [고후11:14].

디모데전서 6:10
돈을 사랑함이 일만 악의 뿌리가 되나니 이것을 사모하는 자들이 미혹을 받아 믿음에서 떠나 많은 근심으로써 자기를 찔렀도다

고린도후서 11:14
이것이 이상한 일이 아니라 사단도 자기를 광명의 천사로 가장하나니

화 있을찐저 이 사람들이여, 가인의 길에 행하였으며 삯을 위하여 발람의 어그러진 길로 몰려 갔으며 고라의 패역을 좇아 멸망을 받았도다 [유1:11]

복술가들은 다 돈을 위하여 점치는 자들이며, 발람의 어그러진 길로 몰려가는 자들이다. 성경을 가지고 성경과 다른 거짓말을 가르치는 것도 점치는 것이다. 점을 치되 신령한 것은 신령한 것으로 분별하지 않고, 사람이 본능으로 아는 것으로 가르치고 설교하는 것이 "복술"이다. 발람은 발락을 가르친 스승이며,

고린도전서 2:13~14
13 ...신령한 일은 신령한 것으로 분별하느니라
14 ...이런 일은 영적으로라야 분변함이니라

발락이 발람을 초대하는 것은 오늘날로 말하면 부흥회나 헌신 예배하는 것을 뜻한다. 이 발람은 바른 길, 정로를 가르치는 것이 아니라, 어그러진 길, 곧 성경을 본능으로 보고 사람의 소리, 곧 사단의 소리로 가르치는 것을 두고 복술이라고 한다. 귀신의 처소에서 하는 모든 언행은 결국 다 복술이다. 이세벨도 복술가요 예수 이름 사용하는 무당이다. 부부가 목사가 되어 목회하는 자들이 다 이세벨과 아합왕 같은 자들이다. 여의도 순복음교회 조용기 목사 부부가 이런 자들이다. 온 세상, 곧 만국이 이런 복술에 미혹된 것이다. 혀로 "주여, 주여" 한다고 하나님께서 복을 주신 것이 아니고, 천국에 가는 것은 더더욱 아니다.

"고라"의 이름의 뜻은 "얼음"이다. 모세의 사촌인 고라는 광야에서 르우벤 자손인 "다단, 아비람, 온"과 무리가 당을 짓고 족장 250명을 동원하여 모세의 지도권에 도전하다 땅이 갈라져 죽임을 당하고, 250명은 하나님의 불에 태워져 죽임을 당했다[민16장]. 이를 두고 고라의 패역을 좇아 멸망을 받았다고 하는 유다서의 말씀은 2021년 현재까지 예수 이름 사용하여 자신들이 지어낸 거짓말로 성경 한 절 읽고 본능으로 아는 것으로 설교하는 모든 교회 지도자들이 이에 해당한다.

"모세"는 예수 그리스도의 모형이요 그림자이며, 모세의 사촌 "고라" 또한 지금 이 세대 자신이 예수 그리스도의 자리에 앉아 왕 노릇하면서 혀로 "오직 예수, 하나님" 하며 당을 짓고 반역하는 지도자들의 모형이다. 그래서 예수님께서 네 부모, 형제, 친척, 본토를 떠나라고 하신 것이다[마19:16~29, 막10:17~30, 눅18:18~30]. 또한 하나님께서 겨울이 없는 곳으로 가라고 "낙토"를 예비해 두신 것이다[마24:20]. 목자들은 도망할 수 없다고 하셨다[렘25:35]. 그러나 고라의 세 아들은 하나님의 징계에도 살아 남아 후에 하나님의 성전 문지기가 되고, 찬송하는 자, 빵 굽는 자들이 되듯이 이들은 그림자요 모형으로 이 세대에 실상이 된다. 그래서 "얼음"이란 뜻을 가진 고라를 두고 "얼음은 뉘 태에서 났느냐 공중의 서리는 누가 낳았느냐"[욥38:29]고 하셨고, "충성된 사자는 그를 보낸 이에게 마치 추수하는 날에 얼음 냉수 같아서 능히 그 주인의 마음을 시원케 하느니라"[잠25:13]고 하셨던 것이다. 이 말씀들의 뜻은 고라의 패역을 좇아 멸망을 받은 자도, 영적인 추수 때에 충성된 사자도 다 "북방"에서 나올 것을 예언하신 것이다. 모두 고라의 패역을 한 자들 가운데 있었지만, 악인들은 고라의 패역을 좇아 멸망을 받는 것과 반대로 충성된 사자가 되어 하나님의 마음을 시원케

마태복음 24:20
너희의 도망하는 일이 겨울에나 안식일에 되지 않도록 기도하라

예레미야 25:35
목자들은 도망할 수 없겠고 양떼의 인도자들은 도피할 수 없으리로다

하는 자도 다 겨울이 있는 나라, 땅에서 나온다는 뜻이다. 그러나 유다서 말씀은 고라의 패역을 그대로 좇아 결국은 이성 없이 본능으로 성경을 보고 가르치므로 멸망을 받는 자들에 대한 예언이다.

"말 탄 자들"과 "말"을 의뢰하는 자들의 정체

또 내가 하늘이 열린 것을 보니 보라 백마와 탄 자가 있으니 그 이름은 충신과 진실이라 그가 공의로 심판하며 싸우더라 [계19:11]

성경에 왜 백마를 탄 자에 대한 말씀을 기록하셨는지 그 뜻도 모르면서 이런 말씀을 실상으로 흉내 내는 자가 바로 북한 김정은과 허경영 같은 자들이다. 이들은 살인자와 사기꾼인데 자신의 정체를 공공연히 드러내고 있어도 영적인 소경들은 이런 자들에게 미혹되어 하인 노릇을 한다. 성경에서 말하는 "백마"가 무엇을 뜻하는지 알기 위해서는 먼저 "말(馬)"에 대해 신령한 것은 신령한 것으로, 영적인 것은 영적인 것으로 분별해야 한다[고전2:13~14]. "말(馬)의 비밀"을 알면 북한의 살인자 김정은과 사기꾼 허경영의 실

고린도전서 2:13~14
13 우리가 이것을 말하거니와 사람의 지혜의 가르친 말로 아니하고 오직 성령의 가르치신 것으로 하니 신령한 일은 신령한 것으로 분별하느니라
14 육에 속한 사람은 하나님의 성령의 일을 받지 아니하나니 저희에게는 미련하게 보임이요 또 깨닫지도 못하나니 이런 일은 영적으로라야 분변함이니라

체가 다 드러나고, 성경을 가지고 성경과 다른 거짓 말하는 귀신의 처소 바벨론의 실체도 다 드러난다.

> ¹도움을 구하러 애굽으로 내려가는 자들은 화 있을찐저 그들은 말을 의뢰하며 병거의 많음과 마병의 심히 강함을 의지하고 이스라엘의 거룩하신 자를 앙모치 아니하며 여호와를 구하지 아니하거니와 ²여호와께서도 지혜로우신즉 재앙을 내리실 것이라 그 말을 변치 아니하시고 일어나사 악행하는 자의 집을 치시며 행악을 돕는 자를 치시리니 ³애굽은 사람이요 신이 아니며 그 말들은 육체요 영이 아니라 여호와께서 그 손을 드시면 돕는 자도 넘어지며 도움을 받는 자도 엎드러져서 다 함께 멸망하리라 [사31:1~3]

"그 말들은 육체요 영이 아니라"라고 하신 것은 사람이 본능적으로 아는 말(馬)이 아니라 육체를 입은 사람 이야기다. 말(馬)에 비유된 사람들은 "이 사람들은 무엇이든지 그 알지 못하는 것을 훼방하는도다 또 저희는 이성 없는 짐승같이 본능으로 아는 그것으로 멸망하느니라"[유1:10]에 해당하는 사람들로 전부 성경을 가지고 사람 차원으로 보고 자신의 원욕을 가진 그대로 보고 믿는 것을 뜻한다. "본능"이란 동물이 경험이나 학습 등을 통하여 후천적으로 터득한 것이 아닌, 타고난 성질이나 능력, 곧 동물의 종에 따른 고유한 행동양식을 뜻하는 것이다. 그래서 존귀에 처하나 깨닫지

시편 49:20

존귀에 처하나 깨닫지 못하는 사람은 멸망하는 짐승 같도다

골로새서 2:20~23

20 너희가 세상의 초등학문에서 그리스도와 함께 죽었거든 어찌하여 세상에 사는 것과 같이 의문에 순종하느냐

21 곧 붙잡지도 말고 맛보지도 말고 만지지도 말라 하는 것이니

22 (이 모든 것은 쓰는대로 부패에 돌아 가리라) 사람의 명과 가르침을 좇느냐

23 이런 것들은 자의적 숭배와 겸손과 몸을 괴롭게 하는데 지혜 있는 모양이나 오직 육체 좇는 것을 금하는데는 유익이 조금도 없느니라

요한계시록 19:11~16

11 또 내가 하늘이 열린 것을 보니 보라 백마와 탄 자가 있으니 그 이름은 충신과 진실이라 그가 공의로 심판하며 싸우더라

12 그 눈이 불꽃 같고 그 머리에 많은 면류관이 있고 또 이름 쓴 것이 하나가 있으니 자기 밖에 아는 자가 없고

13 또 그가 피 뿌린 옷을 입었는데 그 이름은 하나님의 말씀이라 칭하더라

14 하늘에 있는 군대들이 희고 깨끗한 세마포를 입고 백마를 타고 그를 따르더라

못하는 자, 곧 혀로 "하나님, 예수님" 하면서 기록된 성경 속에 감추어 두신 진리는 단 한 절도 깨닫지 못하는 자를 두고 본능으로 아는 그것으로 멸망하는 "짐승"같다고 하신 것이다. 성경이 모든 것을 죄 아래 가두어 둔 기간에는 모두 이런 본능, 다른 말로 하면 본성으로 보고 설교하고 믿는다고 착각하여 죄에 죄를 더한 것이다[골2:20~23].

그러나 여호와의 날, 인자의 날인 2021년 지금 이 세대는 하나님께서 이런 자들의 실체가 다 드러나게 하신다. 더러운 입으로 "예수님, 하나님" 하지만 복술로 미혹하는 자들이 일하는 시기는 다 끝났다. 이런 자들과 14년째 나, 신옥주 목사는 하나님의 큰일을 대적하는 미혹된 만국과 "영적인 전쟁"[계19:11~16]을 하고 있으며, 1930년 전에 기록된 이 예언이 사실이 되어 이루어지고 있다.

"애굽은 사람이요 신이 아니며 그 말들은 육체요 영이 아니라" 이제 말(馬)이 사람을 지칭하신 것이 보이고 인정이 될 것이다. 백마를 타고 뉴스에 나온 김정은 살인자, 허경영 사기꾼이 얼마나 미친 자들인지 보이는가? 그런 자를 돕는 자들도 다 함께 멸망한다. 지금 이 세대는 아니 본래부터 인간은, 자신을 만드신 하

278   이제 온 천하는 **잠잠하라**

나님 여호와를 의지하지 않는 모든 자들은 반드시 육체가 다 죽는다. 죽는 것으로 끝나는 것이 아니라, 그 혼은 영원히 지옥에서 영벌을 받는다. 그래서 "성자 하나님, 성령 하나님"이라고 성경에 없는 말을 하는 자들, 혹로 "오직 예수", "예수의 피로, 피로" 하는 자들이 얼마나 미쳐 있는지 이제는 분별해야 한다. 출애굽 할 때 애굽왕 바로의 군대가 홍해 바다에서 다 죽었고, 그 말 탄 자도 다 죽었다고 하신 기록이 그때로 끝난 것이 아니다. 지금 이 세대에 실상이 될 것을 "말 탄 자"와 "말들"에 비유하신 것이다. 사람을 의지하는 것은 하나님을 믿는 자가 아니다. 말을 의지하고 말 탄 자, 즉 사람을 의지하는 자들은 모두 죽는다는 뜻이다.

> 8내가 너의 갈 길을 가르쳐 보이고 너를 주목하여 훈계하리로다 9너희는 무지한 말이나 노새같이 되지 말찌어다 그것들은 자갈과 굴레로 단속하지 아니하면 너희에게 가까이 오지 아니하리로다 10악인에게는 많은 슬픔이 있으나 여호와를 신뢰하는 자에게는 인자하심이 두르리로다 11너희 의인들아 여호와를 기뻐하며 즐거워 할찌어다 마음이 정직한 너희들아 다 즐거이 외칠찌어다 [시32:8~11]

"무지한 말이나 노새같이 되지 말찌어다" 사람이 본능적으로 아는 짐승 말(馬)이나 노새를 두고 하시는 말씀

15 그의 입에서 이한 검이 나오니 그것으로 만국을 치겠고 친히 저희를 철장으로 다스리며 또 친히 하나님 곧 전능하신 이의 맹렬한 진노의 포도주 틀을 밟겠고
16 그 옷과 그 다리에 이름 쓴 것이 있으니 만왕의 왕이요 만주의 주라 하였더라

이 아니라, 하나님의 말씀을 알아듣지 못하는 사람을 말이며 노새라고 하신 것이다. "노새"는 말(馬)과에 속하는 짐승이며, 수나귀와 암말 사이에서 나온 중간 잡종이나. 노새는 조악한 음식도 잘 먹고 힘이 세며 튼튼하여 짐을 나르거나 왕족이나 귀족들의 교통 수단으로 이용되었다. 말이나 나귀보다 수명이 길지만 생식력은 없다. 이런 노새의 특징을 성경을 가지고 일생 종교생활하면서도 진리에 대해서 무지한 인생에 비유하신 것이다. 김정은, 허경영 같은 자들을 추종하고 따르는 자들은 전부 말(馬)이나 노새들이다. 허세로 말 탄 자나 그들을 좇는 말들이나 둘 다 영원히 멸망한다는 뜻이다. 그래서 하나님께서 "너희는 무지한 말이나 노새같이 되지 말찌어다"라고 하신 것이다.

"그것들은 자갈과 굴레로 단속하지 아니하면" "자갈"이란 말(馬)이나 노새를 제어하기 위하여 입에 가로로 물리는 쇠토막, 재갈의 다른 표현이다. 그래서 "말에게는 채찍이요 나귀에게는 자갈이요 미련한 자의 등에는 막대기니라"[잠26:3]고 하신 것이다. 곧 "미련한 자"를 모두 말(馬), 나귀, 곧 노새에 비유하신 것이다. 코로나19 전염병 예방을 위한 최고 방역이 입에 "마스크를 쓰는 이유"가 말(馬)이나 노새 같은 자들의 입을 닫으라고 재갈로 단속하시고 계신 것이다. 악인들이 자신들 마음대로 지껄이는 성경과 다른 거짓말, 하나님의 선한 일을 훼방하여 하나님의 도를 전하는 진리의 성령인 나와 성도들을 이단이라 비방하고 핍박한 악한 원수들과 불법과 불의를 저지르는 모든 자들의 입에 1년 8개월이 넘도록 재갈을 물리시는 하나님의 징벌이다. 이제부터 다시는 영원히 그 입을 열 수 없다. 온 천하는 하나님 앞에 잠잠하라는 하나님의 징벌하심이다.

> ¹²저희는 기탄 없이 너희와 함께 먹으니 너의 애찬의 암초요 자기 몸만 기르는 목자요 바람에 불려가는 물 없는 구름이요 죽고 또 죽어 뿌리까지 뽑힌 열매 없는 가을 나무요 ¹³자기의 수치의 거품을 뿜는 바다의 거친 물결이요 영원히 예비된 캄캄한 흑암에 돌아갈 유리하는 별들이라 [유1:12~13]

"저희는 너희와 함께 먹으니 너의 애찬의 암초요" 불택자들인 가인 같은 자들, 발람 같은 탐식가, 복술자들, 고라의 패역을 하는 자들은 "하나님, 예수님" 이름 부르며 우리와 함께 기독교 안에 있다는 뜻이다. 이들에 의해 14년째 암초에 걸려 감옥에까지 들어오게 된 것이다. 진리의 성령인 나를 통해 선포되는 새 언약은 온 세상의 모든 문제를 해결할 뿐만 아니라 창세 이래

히브리서 8:8
저희를 허물하여 일렀으되 주께서 가라사대 볼찌어다 날이 이르리니 내가 이스라엘 집과 유다 집으로 새 언약을 세우리라

모든 인간이 소망하는 영원한 행복과 영원한 성공의 길이며, 땅에 있는 어떤 말로도 이 가치를 다 설명할 단어가 없다. 유다서의 이 말씀은 사랑의 하나님께서 진히 가르치시는 14년째 영원한 언약을 대언하는 이 일을 대적할 것에 대한 예언이었고, 사실이 되어 옥에 갇힌 것이다. 하나님의 말씀으로 거듭나지 아니한 사람들이 진리인 성경을 본능으로 아는 것으로 가르친 결과 치명적인 암초가 되었다. 자신들이 가르친 거짓말을 인정하고 싶지 않은 본능, 그보다 더 견고한 것은 자신들은 이미 잘 믿고 있다고 착각하는 "교만함"이다. 성경에 분명히 죄를 짓는 자는 마귀에게 속한다고 하여도 믿지 않고 두려워하지 않는다[요일3:8].

요한일서 3:8
죄를 짓는 자는 마귀에게 속하나니 마귀는 처음부터 범죄함이니라 하나님의 아들이 나타나신 것은 마귀의 일을 멸하려 하심이니라

"죽고 또 죽어 뿌리까지 뽑힌 열매 없는 가을 나무요" 육체가 살아 있는데 왜 "죽고 또 죽어"라고 하셨을까? 예수님께서 "죽은 자들로 자기의 죽은 자들을 장사하게 하고 너는 가서 하나님의 나라를 전파하라"[눅9:60]고 하신 후 나를 좇으라고 하실 때 그가 "나로 먼저 가서 내 부친이 돌아가셔서 장사지내고 와서 따르겠으니 허락하옵소서"라고 하는 말에 예수님께서 하신 대답이다. 그런데 "죽은 자들로"라고 하신 이 죽은 자는 "네가 살았다 하는 이름은 가졌으나 죽은 자로다"[계3:1]라고 하신 말씀대로 영

적으로 죽은 자들을 뜻한다. 사람들이 보기에는 모두 살아 있는 사람 같으나 하나님께서 보시기에 영적으로 "죽은 자들"과 영적인 "잠을 자는 자들"이다.

"죽고 또 죽은 자들"이란 영원한 언약을 듣고도 깨닫지 못하고 도리어 진리의 성령인 나, 신옥주 목사를 이단이라 정죄하고, 세상 법에 고소하여 감옥에 가둔 자들이다. 예수 이름을 가지고 교회를 다니고, 육체가 죽으면 자신들은 천국에 간다고 믿는 자들이 바로 "죽고 또 죽은 자들"이다. 교회를 다니며 일생 헌금하고 봉사해도 말씀 한 절 모르는 영적인 소경이요, 귀머거리이며, 벙어리인 목사가 지옥불의 소리로 설교하고, 그 설교가 맞다고 아멘하며 교회 다니고 있는 자들이 모두 "죽고 또 죽은 자들"이다. 이들은 하나같이 하나님도, 예수님도, 성령도, 천국과 지옥도 전부 상상하며 교회 다니는 자들이다. 영적인 추수 때인 2021년 지금 자기 몸만 기르는 목자요, 바람, 곧 말씀이 없는 거짓 선지자들의 말만 믿고 따라다니는 "물 없는 구름, 육체뿐인 사람들"이다.

유다서 1:12
저희는 기탄 없이 너희와 함께 먹으니 너의 애찬의 암초요 자기 몸만 기르는 목자요 바람에 불려가는 물 없는 구름이요 죽고 또 죽어 뿌리까지 뽑힌 열매 없는 가을 나무요

이제는 사람을 의지하는 **"말 탄 자들"**, **"말들"**에게 **"재갈을 물릴 때"**다

"상상"과 "실상"은 지옥과 천국의 차이다. 귀신이 주인일

요한복음 16:8

그가 와서 죄에 대하여,
의에 대하여, 심판에 대하
여 세상을 책망하시리라

때는 다 상상 속에 있다. 이런 상상에서 깨어 일어나서 실상이 되게 하는 것이 바로 진리의 성령이 육체를 입고 와서 죄에 대하여, 의에 대하여, 심판에 대하여 모든 진리 가운데로 인도하는 전대미문의 새 언약이며, 영원한 복음이다. 그래서 생명책에 이름이 기

히브리서 8:8

저희를 허물하여 일렀으
되 주께서 가라사대 볼찌
어다 날이 이르리니 내가
이스라엘 집과 유다 집으
로새 언약을 세우리라

록되어 있어야 구원을 받는다고 하셨고, 하나님의 뜻을 행하는 자들이 육체가 살아서 들어가는 곳이 천국이라고 하신 것이다. 모든 인간은 육체가 살아 있을 때 하나님의 말씀으로 영적인 잠에서 깨지 아니하면 영원히 예비된 캄캄한 흑암, 곧 지옥 불구덩이에 들어간다. 그러나 육체가 살아서 영원한 불의 형벌을

마태복음 13:47~50

47 또 천국은 마치 바다
에 치고 각종 물고기를 모
는 그물과 같으니
48 그물에 가득하매 물
가로 끌어내고 앉아서 좋
은 것은 그릇에 담고 못된
것은 내어 버리느니라
49 세상 끝에도 이러하리
라 천사들이 와서 의인중
에서 악인을 갈라 내어
50 풀무 불에 던져 넣으
리니 거기서 울며 이를 갊
이 있으리라

받은 자들이 바로 성경을 본능으로 알고 일생 교회 다니거나 다른 종교생활을 하는 자들이다.

진실로 천국은 마치 바다에 그물을 치고 각종 물고기를 모으는 것과 같다[마13:47~50]. 육체가 살아 있으나 지옥 음부에 있는 자들인 "죽고 또 죽은 자들"을 여러 부분, 여러 모양으로 표현한 말이 바로 용, 옛

뱀, 사단, 마귀, 가르치는 귀신, 벨리알, 아볼루온, 아바돈, 광명의 천사로 가장한 무저갱의 사자다. 곧 지옥불의 설교를 하는 크고 넓은 문인 멸망으로 인도하는 교회의 지도자들이다[마7:13~27]. 다른 말로 영적으로 애굽 같고 귀신의 처소인 바벨론에서 혀로 "하나님, 예수님" 하면서 지옥불의 설교를 하며 자신들은 죽어서 천국 간다고 속고 속이는 곳이 교회인 줄 알아야 한다. 그래서 하나님께서 "너희 중에 성전 문을 닫을 자가 있었으면 좋겠도다"[말1:10]라고 하셨고, 하나님의 집에서부터 심판을 하시고 계신다[벧전4:17].

마태복음 7:13
좁은 문으로 들어가라 멸망으로 인도하는 문은 크고 그 길이 넓어 그리로 들어가는 자가 많고

베드로전서 4:17
하나님 집에서 심판을 시작할 때가 되었나니 만일 우리에게 먼저 하면 하나님의 복음을 순종치 아니하는 자들의 그 마지막이 어떠하며

반드시 육체가 살아 있을 때 진리를 진리대로 깨닫고 하나님의 말씀으로 영원한 둘째 사망인 지옥불에서 해방하는 자들이 되어야 한다. 영적인 사망에서 육체도 죽지 않는 생명으로 옮기는 자들이 온전히 영생을 얻은 자들이며, 이런 사람들이 영원한 가족, 곧 영원하신 "하나님의 권속"이다. 이미 영생을 얻은 자들이 실상으로 나오고 있는 때가 전 우주적인 일곱째 날, 여호와의 날, 인자의 날인 지금 이때다. 이런 진리인 성경을 가지고 남의 이야기로 설교하고, 이미 육체가 죽은 아브라함, 이삭, 야곱, 사도들, 성경을 기록한 저자들에 대한 이야기나 하고, 이 세상에 속한 자들이 좋아하는

요한계시록 18:2
힘센 음성으로 외쳐 가로
되 무너졌도다 무너졌도
다 큰 성 바벨론이여 귀신
의 처소와 각종 더러운 영
의 모이는 곳과 각종 더럽
고 가증한 새의 모이는 곳
이 되었도다

예레미야 32:14
만군의 여호와 이스라엘
의 하나님이 이같이 말씀
하시기를 너는 이 증서 곧
인봉하고 인봉치 않은 매
매증서를 취하여 토기에
담아 많은 날 동안 보존케
하라

돈 이야기나 하며 마치 자신이 복을 주는 사람처럼 손을 교인들의 머리에 얹어 안수하고, "예수 이름으로 축복 받을지어다", "예수 이름으로 병고침 받을지어다" 하고 혀로 속이는 교회가 귀신의 처소이며, 그 교회 지도자는 귀신의 영, 가르치는 귀신이며 복술가요, 말 탄 자이며, 교인들은 말들이다. 이처럼 진리를 단 한 절도 모르는 사람을 두고 하나님께서 말(馬)과 노새에 비유하신 것이다. 성경은 열려 있는 닫힌 문서요, 닫혀 있는 열린 천국의 비밀이다[렘32:14]. 성경에 기록된 진리를 말(馬)이나 노새한테는 알게 하지 않는 것이 하나님의 뜻이다. 다른 말로 하면 사람에게는 하나님의 뜻을 알게 하지 않는다는 뜻이다. 반드시 하나님께서 정하신 때, 정해 두신 사람을 사용하셔서 하나님께서 친히 가르치시고 은혜를 주시고 깨닫게도 하시며 지켜 실행하게 하시는 것이다.

온 천하에 천명한다. 이제 말(馬)과 노새들이 무지몽매하게 아무것도 알지 못하고 본능으로 아는 것으로 하나님의 일을 훼방하고, 택함을 받은 자들인 진리의 성령인 나, 신옥주 목사와 은혜로교회 성도들을 통해 하나님께서 친히 행하시는 일을 정죄하고 핍박하며 혀로, 손가락으로 "이단이니, 사이비니" 옥에 가두기까지 온 세상에 치욕을 주며 대적한 자들은 반드시 공개 회개하고 사과하고 부당한 재판을 바로 잡아라. 그렇지 아니하면 전 성경에 기록된 모든 재앙이 이 땅에 내린다. 사람을 의지하고 이 세상 권력을 의지하는 모든 자들은 하나님과 쟁변하는 것이다. 하나님께서 혀로 비방하고 환난을 자초하는 모든 악행을 하는 말(馬)과 노새들의 입을 닫게 하는 재갈 중에 하나가 "코로나19 온역 재앙"이다. 다시는 무지한 말(馬), 노새 같은 자들이 하나님의 일을 훼방할 수 없으며, 이미 자신들은 성경을 다 알고, 믿고 있다고 하는 모든 자들, 이 세상의 권력, 명예, 돈이 힘이 되어 하나님의 일을 멸시하는 모든 불신자들은 창조주 하나님 앞에 잠잠하라.

16

이제 온 천하는 **잠잠하라**

모든 **"여자들"**아,
교회에서 잠잠하라

「조선일보, 동아일보」 2021년 10월 1일 금요일

스마트폰으로 QR 코드를 스캔 하시면
[이제 온 천하는 잠잠하라] 전문을 다운로드 받을 수 있습니다.

교회에서 잠잠해야 하는
"여자"는 누구인가?

³⁴모든 성도의 교회에서 함과 같이 여자는 교회에서 잠잠하라 저희의 말하는 것을 허락함이 없나니 율법에 이른 것같이 오직 복종할 것이요 ³⁵만일 무엇을 배우려거든 집에서 자기 남편에게 물을찌니 여자가 교회에서 말하는 것은 부끄러운 것임이라 [고전14:34~35]

¹¹여자는 일절 순종함으로 종용히 배우라 ¹²여자의 가르치는 것과 남자를 주관하는 것을 허락지 아니하노니 오직 종용할찌니라 [딤전2:11~12]

사도 바울에 의해 기록된 고린도전서 14장의 말씀을 문자 그대로, 사람이 본능으로 아는 것으로 해석하여 절대 여자 목사를 인정하지 않는 한국 예장합동 총회는 물론, 전 세계 수많은 기독교인들이 죄를 짓고 있다. 킹제임스 성경을 쓴다고 하는 자들 또한

고린도전서 2:13~14

13 우리가 이것을 말하거니와 사람의 지혜의 가르친 말로 아니하고 오직 성령의 가르치신 것으로 하니 신령한 일은 신령한 것으로 분별하느니라

14 육에 속한 사람은 하나님의 성령의 일을 받지 아니하나니 저희에게는 미련하게 보임이요 또 깨닫지도 못하나니 이런 일은 영적으로라야 분변함이니라

마찬가지로 고전14:34~35절과 딤전2:11~12절을 인용하며 여자 목사를 인정하지 않는다. 그러나 이것은 성경을 사람 차원으로 곡해한 것이다. 반드시 성경은 성경으로, 신령한 것은 신령한 것으로 해석해야 사람 차원으로 성경을 곡해하지 않는다[고전2:13~14].

최근 아프가니스탄을 다시 점령한 탈레반이 자국 여성들에게 이슬람 복장인 망사를 통해 눈만 보이도록 디자인한 부르카를 입도록 강요하는 것은 여성을 학대하는 것이다. 전 세계 모든 나라들의 역사, 종교, 문화, 사상이 전부 여성의 교육, 성별의 평등함, 여성의 인권을 말살하고 짓밟고 학대하며 2021년 이 세대까지 이어져 온 것의 극단적인 실상이 이슬람주의자들 탈레반이나 알카에다 무리들이다. 또한 이인규 같은 자가 나를 손가락으로 학대하고 교인 한 명 없는 자칭 목사 박형택과 자칭 신학교 교수라는 탁지일, 진리 한 절 모르면서 종교와 진리 운운하는 오명옥 같은 자들이 나를 공개적으로 학대하며 "이단이니, 사이비니" 정죄하여 감옥에 가둔 치명적인 죄를 지은 것도 경중만 다를 뿐 모든 기독교인들이 사모하는 사도 바울이 기록한 말씀들 때문이다.

신약 성경을 기록한 사도 바울도 결국 사람들의 증

거에 해당한다는 명백한 증거이며, 현재 아프간뿐만 아니라 전 세계의 문제와 해답을 함께 감추시고 기록하게 하신 것이 성경이다. 전 세계에 성경을 사용하는 모든 종교가 전대미문의 새 언약[히8장]으로 돌이키지 않고 그대로 있으면 탈레반, 알카에다, IS 같은 자들에 의해 가장 먼저 천주교인, 기독교인들이 말살 당한다는 것을 온 세상에 경고하는 것이다. 악인을 징벌하는 도구는 그보다 더 악한 자들을 "몽둥이"로 사용하시는 것이 하나님의 모략이다.

요한복음 5:34
그러나 나는 사람에게서 증거를 취하지 아니하노라 다만 이 말을 하는 것은 너희로 구원을 얻게 하려 함이니라

히브리서 8:8
저희를 허물하여 일렀으되 주께서 가라사대 볼찌어다 날이 이르리니 내가 이스라엘 집과 유다 집으로 새 언약을 세우리라

성경에서 말씀하시는 "여자"는 사람이 본능적으로 아는 여자만이 아니다. 하나님께서 말씀하시는 여자는 교회와 목사, 곧 성경을 가르치는 지도자를 뜻한다. 증명한다. 에베소서 5장에서는 예수 그리스도를 남편에 비유하시고 교회를 아내에 비유하셨으며[엡5:22~33], "이 비밀이 크도다 내가 그리스도와 교회에 대하여 말하노라"[엡5:32] 라고 하셨다. 그래서 기록한 말씀 속에 감추어 두신 천국의 비밀은 비유의 뜻을 모르면 모두 성경을 사용하면 할수록 죄에 죄를 더하고 부패하여 타락하게 된다[골2:20~23]. 또한 "내가 하나님의 열심으로 너희를 위하여 열심 내노니 내가 너희를 정결한 처녀로 한 남편인 그리스도께 드리려고 중매함이로다"[고후11:2]

골로새서 2:20~23
20 너희가 세상의 초등학문에서 그리스도와 함께 죽었거든 어찌하여 세상에 사는 것과 같이 의문에 순종하느냐
21 곧 붙잡지도 말고 맛보지도 말고 만지지도 말라 하는 것이니
22 (이 모든 것은 쓰는대로 부패에 돌아 가리라) 사람의 명과 가르침을 좇느냐
23 이런 것들은 자의적 숭배와 겸손과 몸을 괴롭게 하는데 지혜 있는 모양이나 오직 육체 좇는 것을 금하는데는 유익이 조금도 없느니라

라고 하셨다. 여기서 말씀하시는 "너희"는 남녀노소 불문하고 예수 그리스도를 믿는다는 모든 종교인들을 말씀하신 것이다. 즉 예수 그리스도를 믿는 사제, 목사, 교인들도 다 "아내, 처녀, 정결한 여자"에 비유한 것이고, 예수 그리스도를 "한 남편"에 비유하신 것이다.

여자는 교회에서 잠잠하라고 말하는 자들은 "너희는 유대인이나 헬라인이나 종이나 자주자나 남자나 여자 없이 다 그리스도 예수 안에서 하나이니라"[갈3:28]고 하신 이 말씀을 모를 뿐만 아니라 안 믿는 것이다. 성경은 절대 어느 한 본문만 보면 천국의 비밀인 하나님의 뜻을 알 수 없고, 온전한 것이 오면 부분적으로 하던 것은 다 폐해야 한다[고전13:10]. 부분은 다른 말로 하면 "조각"이다. 조각을 받으면 사단이 들어가서 생각을 잡고, 결과는 "가룟 유다"같이 되는 것이다[요13:26~27]. 지난 2천 년간 전 세계 성경을 사용하는 모든 종교가 "하나"가 되지 못한 것은 바로 성경을 문자 그대로, 그것도 사람 생각대로 보고 듣고 믿어 왔기 때문이며, 이는 하나님의 나라와 아무 상관이 없는 "사단의 일"이 되기 때문이다. 그 결과 성경을 가지고 가르쳤지만 모든 육체가 죽는 썩는 양식이 되었을 뿐임을 지난 역사가 증명해주고 있다. "유대인이나 헬라

고린도전서 13:10
온전한 것이 올 때에는 부분적으로 하던 것이 폐하리라

요한복음 13:26~27
26 예수께서 대답하시되 내가 한 조각을 찍어다가 주는 자가 그니라 하시고 곧 한 조각을 찍으셔다가 가룟 시몬의 아들 유다를 주시니
27 조각을 받은 후 곧 사단이 그 속에 들어간지라 이에 예수께서 유다에게 이르시되 네 하는 일을 속히 하라 하시니

요한복음 6:27
썩는 양식을 위하여 일하지 말고 영생하도록 있는 양식을 위하여 하라 이 양식은 인자가 너희에게 주리니 인자는 아버지 하나님의 인치신 자니라

인이나 종이나 자주자나 남자나 여자 없이 다 그리스도 예수 안에서 하나"라고 하신 것은 영적으로 한 남편 예수 그리스도 안에서 모두 "여자"에 해당하기 때문이다.

여자와 남자, 곧 남편에 대한 진리의 눈으로 해석하면 "여자는 교회에서 잠잠하라 저희의 말하는 것을 허락함이 없나니… 여자가 교회에서 말하는 것은 부끄러운 것임이라"[고전14:34~35]고 하신 이 여자는 먼저 영적으로는 성별과 상관없이 목사, 사제, 즉 종교 지도자들이 다 이에 해당한다. 그러나 지금 전 세계 성경으로 가르치고 설교하는 사제, 남자 목사나 여자 목사나 모두 이 말씀을 어기고 있다. 성경은 살아 계신 하나님의 말씀인데 모두 성경을 각자 자신들이 아는 지식, 곧 본능으로 아는 것으로 보고 설교하는 것이 바로 여자가 교회에서 말하고 있는 것이다. 그래서 "저희의 말하는 것을 허락함이 없나니"라고 복수를 쓴 것이다.

본 남편 성부 하나님께서 믿는 **"여자"**

여자가 남자에게서 난 것같이 남자도 여자로 말미암아 났으나 모든 것이 하나님에게서 났느니라 [고전11:12]

"여자가 남자에게서 난 것같이"란 모든 그리스도인들인 여자가 남자인 예수 그리스도에게서 난 것같이, "남자도 여자로 말미암아 났으나"의 남자 또한 예수 그리스도를 뜻한다. 이 말씀은 "중층"으로 해석하면 예수 그리스도도 태어나실 때 여자인 어머니 마리아에게서 나신 것을 말씀한 것이다. 그러나 "상층"의 말씀으로 해석하면 남자는 전 우주적인 일곱째 날인 지금 이 세대에 전대미문의 새 언약[히8장]으로 다시 창조된 영영한 사역자들, 하나님의 아들들을 말하며, 아들들을 해산하는 "여자"로 말미암아 날 것을 예언하신 것이다. 이 "여자"는 위에 있는 예루살렘인 신령한 교회의 표상[갈4:26]이자, 해를 입은 여자[계12:1], 현숙한 여자[잠31장], 참 과부[딤전5장], 진리로 하나님의 아들들을 해산하는 여자[요16:21], 하나님께서 장가드신 실상의 여자[호2:19~20], 다윗 집의 열쇠를 받은 빌라델비아 교회의 사자[계3:7~13]인 나, 신옥주 목사를 뜻한다. 그러므로 "남자도 여자로 말미암아 났으나"라고 하신 "남자"는 새 언약으로 다시 창조되는 하나님의 아들[롬8:14, 19]이자, 영영한 사역자들[삼상27:12]을 뜻하고, "여자"는 진리의 성령인 나를 뜻한다.

남자와 여자에 대해 더 넓이로 가보면 "나 여호와가

갈라디아서 4:26
오직 위에 있는 예루살렘은 자유자니 곧 우리 어머니라

요한계시록 12:1
하늘에 큰 이적이 보이니 해를 입은 한 여자가 있는데 그 발 아래는 달이 있고 그 머리에는 열두 별의 면류관을 썼더라

요한복음 16:21
여자가 해산하게 되면 그 때가 이르렀으므로 근심하나 아이를 낳으면 세상에 사람 난 기쁨을 인하여 그 고통을 다시 기억지 아니하느니라

호세아 2:19~20
19 내가 네게 장가들어 영원히 살되 의와 공변됨과 은총과 긍휼히 여김으로 네게 장가들며
20 진실함으로 네게 장가들리니 네가 여호와를 알리라

요한계시록 3:7
빌라델비아 교회의 사자에게 편지하기를 거룩하고 진실하사 다윗의 열쇠를 가지신 이 곧 열면 닫을 사람이 없고 닫으면 열 사람이 없는 그이가 가라사대

로마서 8:14, 19
14 무릇 하나님의 영으로 인도함을 받는 그들은 곧 하나님의 아들이라
19 피조물의 고대하는 바는 하나님의 아들들의 나타나는 것이니

말하노라 배역한 자식들아 돌아오라 나는 너희 남편임이니라"[렘3:14]고 하셨으며, "나 여호와가 말하노라 보라 날이 이르리니 내가 이스라엘 집과 유다 집에 새 언약을 세우리라 나 여호와가 말하노라 이 언약은 내가 그들의 열조의 손을 잡고 애굽 땅에서 인도하여 내던 날에 세운 것과 같지 아니할 것은 내가 그들의 남편이 되었어도 그들이 내 언약을 파하였음이니라"[렘31:31~32]고 하셨다. 하나님께서는 당신을 "남편"으로, 유다 집과 이스라엘 집을 "아내"로 비유하셨다. 하나님께서 이스라엘 집과 유다 집으로 새 언약을 세우신다고 하신 예언은 이미 사실이 되어 14년째 전대미문의 새 언약을 세우고 있다. 그러나 구약 시대 이스라엘인 유대인들은 이미 언약을 배반하였다[렘31:31~32]. 따라서 하나님과 새 언약을 세우시는 이스라엘은 구약의 유대 민족이 절대 아니며, 새 언약의 말씀으로 다시 창조함을 받는 이방인들과 세우신다[사14:1~2]. "백 투 예루살렘"이란 말 자체가 성경과 다른 거짓말인 사단의 소리다.

"두려워 말라 네가 수치를 당치 아니하리라 놀라지 말라 네가 부끄러움을 보지 아니하리라 네가 네 청년 때의 수치를 잊겠고 과부 때의 치욕을 다시 기억함이 없으리니 이는 너를 지으신 자는 네 남편이시라 그 이름은 만군의 여호와

사무엘상 27:12
아기스가 다윗을 믿고 말하기를 다윗이 자기 백성 이스라엘에게 심히 미움을 받게 하였으니 그는 영영히 내 사역자가 되리라 하니라

이사야 14:1
여호와께서 야곱을 긍휼히 여기시며 이스라엘을 다시 택하여 자기 고토에 두시리니 나그네 된 자가 야곱 족속에게 가입되어 그들과 연합할 것이며

시며 네 구속자는 이스라엘의 거룩한 자시라 온 세상의 하나님이라 칭함을 받으실 것이며"[사54:4~5]라고 하신 말씀의 "너"는 진리의 성령인 나에 대한 예언이며, 하나님께서 당신을 "남편"이라고 하신다. "누가 현숙한 여인을 찾아 얻겠느냐 그 값은 진주보다 더 하니라 그런 자의 남편의 마음은 그를 믿나니 산업이 핍절치 아니하겠으며 그런 자는 살아 있는 동안에 그 남편에게 선을 행하고 악을 행치 아니하느니라"[잠31:10~12], "그 자식들은 일어나 사례하며 그 남편은 칭찬하기를"[잠31:28]이라고 하신 말씀 또한 진리의 성령인 나와 남편, 곧 하나님에 대해서 예언하신 말씀대로 이미 실상이 되었다. 그래서 "또 내가 보매 거룩한 성 새 예루살렘이 하나님께로부터 하늘에서 내려오니 그 예비한 것이 신부가 남편을 위하여 단장한 것 같더라"[계21:2]고 하신 말씀대로 "새 예루살렘"은 이 땅에서 이루어지며, 그곳이 바로 "천국"이다. "성령과 신부가 말씀하시기를 오라 하시는도다 듣는 자도 오라 할 것이요 목마른 자도 올 것이요 또 원하는 자는 값 없이 생명수를 받으라 하시더라"[계22:17]고 하신 예언을 실상으로 이루기 위해 성부 하나님께로 돌아오라고 신문에 광포하는 것이다.

실제 영, 육으로 여자인 나, 신옥주 목사는 "여자는

교회에서 잠잠하라”는 말씀대로 지켜 실행한 지 14년째다. 나는 하나님의 가르치심을 대언할 뿐 내 말을 하지 않았다. 예수 그리스도께서 미리 예언해 두신 대로 진리의 성령이 와서 죄에 대하여, 의에 대하여, 심판에 대하여 모든 진리 가운데로 인도할 것이며[요 16:7~15], “그가 자의로 말하지 않고 오직 듣는 것을 말하시며 장래 일을 너희에게 알리시리라”[요16:13]고 하신 말씀을 지켜 실행하고 있다. 또한 진리의 성령이 오면 “그가 나를 증거할 것”이라고 하신 대로 이미 “예수는 그리스도”라고 지난 7년간 증거하였으며[요15:26], “여자가 해산하게 되면 그때가 이르렀으므로 근심하나 아이를 낳으면 세상에 사람 난 기쁨을 인하여 그 고통을 다시 기억지 아니하느니라”[요16:21]라고 하신 대로 전대미문의 새 언약의 말씀으로 하나님의 아들들을 해산하고 있다[롬 8:14, 19].

요한복음 15:26
내가 아버지께로서 너희에게 보낼 보혜사 곧 아버지께로서 나오시는 진리의 성령이 오실 때에 그가 나를 증거하실 것이요

그래서 천국은 비밀이다. 나는 무엇보다 “내가 네게 장가 들어 영원히 살되 의와 공변됨과 은총과 긍휼히 여김으로 네게 장가들며”[호2:19~20]라고 하신 말씀이 실상이 되어 성부 하나님과 아들 예수 그리스도와 “셋”이 하나가 된 영적인 상태[요일5:7~9]로 대언하는 것이니 내 말이 아니라 하나님의 말씀이고, 하나님의 증거다.

요한일서 5:7~9
7 증거하는 이는 성령이시니 성령은 진리니라
8 증거하는 이가 셋이니 성령과 물과 피라 또한 이 셋이 합하여 하나이니라
9 만일 우리가 사람들의 증거를 받을찐대 하나님의 증거는 더욱 크도다 하나님의 증거는 이것이니 그 아들에 관하여 증거하신 것이니라

여자이면서 목사인 나는 고전14:34~35절의 말씀도, 딤전2:11~12절의 말씀도 지켜 실행하고 있다. "배우려거든 집에서 자기 남편에게 물을찌니"라고 하신 말씀도 이미 실상이 되어 "저희가 다 하나님의 가르치심을 받으리라"[요6:45]고 하신 말씀대로 진리의 성령인 나는 14년째 대언하고 있다. 우리의 남편은 오직 "성부 하나님"이시다.

이제 온 천하는 반드시 잠잠해야 한다

주 여호와 앞에서 잠잠할찌어다 이는 여호와의 날이 가까왔으므로 여호와가 희생을 준비하고 그 청할 자를 구별하였음이니라 [습1:7]

이제 여호와 하나님 앞에 모두 잠잠해야 한다. 그 이유는 지금이 "여호와의 날"이 되었기 때문이다. 구약 성경에 이미 남자나 여자나 모두 나실인(오늘날 목사나 사제)이 될 수 있음을 예언해 두셨다. "이스라엘 자손에게 고하여 그들에게 이르라 남자나 여자가 특별한 서원 곧 나실인의 서원을 하고 자기 몸을 구별하여 여호와께 드리거든"[민6:2]이라고 하신 말씀에서 "나실인"이란 "구분된 자, 구별된 자"라는 뜻으로 하나님께 자신을 봉

헌한 자를 말한다. 나실인이 반드시 지켜야 할 계명은 "포도주와 독주를 멀리하며 포도주의 초나 독주의 초를 마시지 말며 포도즙도 마시지 말며 생포도나 건포도도 먹지 말찌니 자기 몸을 구별하는 모든 날 동안에는 포도나무 소산은 씨나 껍질이라도 먹지 말찌며"[민6:3~4]라고 하신 것이지만, 이 법을 지켜 실행한 사람은 아무도 없었다. 심지어 예수님조차 이 계명을 어기고 포도주를 마시셨다. 이것은 성경이 모두를 죄 아래 가두어 둔 기간이었기 때문이다[갈3:22~23].

갈라디아서 3:22~23
22 그러나 성경이 모든 것을 죄 아래 가두었으니 이는 예수 그리스도를 믿음으로 말미암은 약속을 믿는 자들에게 주려 함이니라
23 믿음이 오기 전에 우리가 율법 아래 매인바 되고 계시될 믿음의 때까지 갇혔느니라

나실인이 되기 위한 "특별한 서원"은 구약 시대가 아니라 "제칠일은 너희에게 성일이니 여호와께 특별한 안식일이라"[출35:2]고 하신 날, 지금 이때 실상이 된다. 그래서 하나님께서 "만군의 여호와가 이르노라 내가 나의 정한 날에 그들로 나의 특별한 소유를 삼을 것이요 또 사람이 자기를 섬기는 아들을 아낌같이 내가 그들을 아끼리니"[말3:17]라고 하신 예언이 실상이 되는 때는 전 우주적인 일곱째 날인 지금 이 세대이며, 이때 진리로 "다시 창조함을 받은 영영한 사역자들"[시102:18]에 대한 예언이다. 그래서 반드시 육체대로 살던 삶을 버리고 성경에 기록된 계명을 따라 완전히 새로 시작하여 "다시 창조"하시는 때가 지금 이 세대이며, 진리의

시편 102:18
이 일이 장래 세대를 위하여 기록되리니 창조함을 받을 백성이 여호와를 찬송하리로다

성령을 통해 선포되는 전대미문의 새 언약, 영원한 언약을 통해 실상이 되고 있다. 창세 이래 모든 제사장들, 오늘날 목사들, 사제들은 모두 육체가 죽었지만 새 언약으로 다시 창조되는 "영영한 사역자들"은 육체도 죽지 않고 영원히 살아서 "하나님만이 하나님 되시는 세상"[계11:15]을 이 땅에 이루는 "성도들"이다. 그러므로 전 우주적인 일곱째 날, 여호와의 날인 지금 이때 반드시 하늘에 속한 자나 땅에 속한 자나 모두 여호와 하나님 앞에 잠잠해야 한다.

요한계시록 11:15
일곱째 천사가 나팔을 불매 하늘에 큰 음성들이 나서 가로되 세상 나라가 우리 주와 그 그리스도의 나라가 되어 그가 세세토록 왕 노릇 하시리로다 하니

> 내 백성을 학대하는 자는 아이요 관할하는 자는 부녀라 나의 백성이여 너의 인도자가 너를 유혹하여 너의 다닐 길을 훼파하느니라 [사3:12]

왜 하늘에 속한 자나 땅에 속한 자나 모두 다 잠잠하라고 하셨는지 그 이유를 밝힌다. "내 백성을 학대하는 자는 아이요 관할하는 자는 부녀라" 이 한 말씀만 믿어도 악한 자들이 그 더러운 입으로 나를 "이단이니, 사이비니" 하며 지껄일 수 없고, 감옥에 가두는 악행을 저지를 수 없다. 이런 역할을 한 자들이 다 "자칭 기독교인들"이며, "자칭 목사들"이다. 성경을 가지고 성경과 다른 거짓말을 가르치고, 일생 헛된 종교생활을 하게 하고, 육체가 죽어 영원한 지옥 불구덩이에 가

게 하니 학대 정도가 아니라 "영적인 살인"이다. 우상들이 송사를 일으켜 나에게 씌운 죄명이 "폭행, 특수폭행, 감금, 중감금, 사기, 아동복지법위반(아동유기, 방임, 학대) 교사죄"인 이유는 하나님께서 보시기에 전 세계 종교 지도자들이 현재 짓고 있는 죄들이기 때문이다. 오죽하면 예수님께서 "나보다 먼저 온 자는 절도며 강도요 도적질하는 자들이며 이리"[요10:8, 12]라고 하셨을까? 문자 그대로만 보면 남자 사제와 목사들은 자신들에 대한 예언인 줄 절대 모른다. 그래서 진리의 성령인 내가 실상으로 와서 죄가 무엇인지, 의가 무엇인지, 누가 심판의 대상인지 모든 진리 가운데로 인도하고 있는데도 아무것도 모르고 가르치고 설교하고 있는 것이다.

왜 하나님의 백성을 학대하는 자를 "아이"라고 하셨는지 전 세계 종교 지도자들이 모르고 있다. 이 말씀만 보면 어느 아이가 하나님의 백성을 학대하나? 사람이 본능으로 아는 수준으로만 보면 말이 안 되는 말씀을 왜 기록해 두셨는지 아무 생각이 없이 성경을 가르치고 설교하고 있는 것이 뼈 아픈 실상이다.

그래서 "그가 또 아이들로 그들의 방백을 삼으시며 적자들로 그들을 다스리게 하시리니 백성이 서로 학대하며 각기 이웃을 잔해하며 아이가 노인에게, 비천한 자가 존귀한 자에게 교만할 것이며"[사3:4~5]라고 하신 이 예언대로 2021년 현재 전 세계가 이러한 실상이다. 대한민국 기독교는 실제 아이들인 중고등부 학생을 주일학교 교사로 세우면서도 아무 생각이 없고, 심지어 유치원 아이까지 목사 흉내를 내는 유튜브 영상을 자랑하는 미친 세상이다. 살았다 하는 예수 이름은 가지고 있으나 영적으로 죽은 자들이 하나님께서 말씀하신 "아이"인 줄 모르고 지도자 노릇하고, 언약궤인 성경에 함부로 손을 대어 성경을 사용하면 할수록 부패에 돌아가 스스로 지옥 영벌에 떨어질 죄를 쌓고 있는 줄도 모르고 아무나 목사가, 사제가 되려 한다.

지금은 목회할 때가 아니다. 교인들을 상대로 영업하는 교회들은 문을 닫아야 한다. 그러나 그들은 스스로 잘 믿고 성경을 잘 안다고 생각하는 교만하고 거만한 자들이다. 교만은 패망의 선봉이라 하셨는데 그런 말씀은 안중에도 없다. 오죽하면 성전문 닫을 자가 있었으면 좋겠다고 하셨을까? 하나님께서 "네가 나를 버렸고 내게서 물러갔으므로 네게로 내 손을 펴서 너를 멸하였노니 이는 내가 뜻을 돌이키기에 염증이 났음이로다"[렘15:6]라고 하신 말씀대로 모든 패역한 입, 성경과 다

요한계시록 3:1
사데 교회의 사자에게 편지하기를 하나님의 일곱 영과 일곱 별을 가진 이가 가라사대 내가 네 행위를 아노니 네가 살았다 하는 이름은 가졌으나 죽은 자로다

잠언 16:18
교만은 패망의 선봉이요 거만한 마음은 넘어짐의 앞잡이니라

말라기 1:10
만군의 여호와가 이르노라 너희가 내 단 위에 헛되이 불사르지 못하게 하기 위하여 너희 중에 성전문을 닫을 자가 있었으면 좋겠도다 내가 너희를 기뻐하지 아니하며 너희 손으로 드리는 것을 받지도 아니하리라

른 거짓말을 하는 악한 입을 닫으라고 코로나19 온역 재앙으로 전 세계를 징벌하고 계신다.

"나의 백성이여 너의 인도자가 너를 유혹하여 너의 다닐 길을 훼파하느니라" 하나님의 말씀을 가르치고 하나님께로 인도해야 할 교회 지도자가 오히려 교인들을 지옥 영벌로 이끄는 "영혼 살인자"가 되어 있다. "여호와께서 변론하러 일어나시며 백성들을 심판하려고 서시도다 여호와께서 그 백성의 장로들과 방백들을 국문하시되 포도원을 삼킨 자는 너희며 가난한 자에게서 탈취한 물건은 너희 집에 있도다"[사3:13~14]라고 하신 말씀을 알지도, 믿지도 않는 자들이 바로 다 절도요 강도이며, 하나님의 물건인 교인들을 삼키는 "이리들"이다. "예수 믿기만 하면 죽어서 천국 간다, 예수 이름으로 축복 받을지어다, 기도하면 응답받는다, 응답받을 때까지 기도하라, 구하라 주실 것이요 찾으라 찾을 것이다"라는 달콤한 거짓말로 미혹하는 목사와 사제들이나, 그 말에 미혹되어 귀신이 주인이 된 채 자신의 원욕대로 은혜 받았다고 절하고 경배하며 하나님이 아닌 마귀에게 제사하는 줄도 모르고 천국 간다는 거짓말에 속은 교인들이나 다 마찬가지로 서로 속이고 학대하며, 생명의 도를 받지 못하도록 그 길을 훼파하는 지옥 영벌에

신명기 32:17
그들은 하나님께 제사하지 아니하고 마귀에게 하였으니 곧 그들의 알지 못하던 신, 근래에 일어난 새 신, 너희 열조의 두려워하지 않던 것들이로다

함께 떨어질 자들이다 [신32:17]. 이런 종교 지도자들과 교인들을 향해 "음부가 그 욕망을 크게 내어 한량 없이 그 입을 벌린즉 그들의 호화로움과 그들의 많은 무리와 그들의 떠드는 것과 그 중에서 연락하는 자가 거기 빠질 것이라"[사5:14]고 하신 것이다.

14년째 나, 신옥주 목사를 통해서 하나님께서 친히 교회 지도자들을 국문하고 계신다. 예수 이름 사용하는 전 세계 교회가 이런 영적인 상태다. 전대미문의 새 일인 새 언약, 곧 영원한 언약을 통해 여호와 하나님께서 악인이 누군지 변론하시고 계시며, 하나님의 백성들을 심판하려고 서신 일이다. 진리의 성령을 사용하셔서 대언하게 하시고, 성경을 가지고 성경과 다른 거짓말을 가르치고 설교하는 부녀자들, 방백과 장로들을 국문하시며, 이들을 사용하여 나를 감옥에 가두는 것을 허락하신 것은 나에게 씌운 죄명이 바로 그들이 교인들에게 실상으로 자행하고 있는 죄라는 것을 온 세상에 알리기 위해서다. 이 모든 자들이 바로 교회 안에서 입을 닫아야 하는 "여자들"이다.

사도 바울은 이런 구약의 말씀들을 안 보고 여자만 교회에서 잠잠하라고 한 것이다. 이는 사도 바울의 본성이 유대교인이고 회심하고 돌아섰다고 해도 근본 바탕이 다시 창조되지 않은 채 유대교 랍비 사상을 그대로 가지고 있었다는 명백한 증거다. 그래서 하나님께서 사람들의 증거는 취하지 않으신다고 하신 것이며[요5:34], "네 오른눈이 너로 실족케 하거든 빼어 내버리라 네 백체 중 하나가 없어지고 온 몸이 지옥에 던지우지 않는 것이 유익하며"[마5:29]라고 하신 것이다. 사도 바울이 한 이 말로 인해 얼마나 많은 사람들이 실족케 되었는지 알면 기절할 것이다. 그래서 하늘에 속한 자나 땅에 속한 자나 모두 잠잠해야 한다.

요한복음 5:34
그러나 나는 사람에게서 증거를 취하지 아니하노라 다만 이 말을 하는 것은 너희로 구원을 얻게 하려함이니라

이제는 "여호와는 나의 목자시니 내가 부족함이 없으리로다"[시23:1]라고 하신 말씀대로 여호와 하나님만이 "유일한 목자"이시다. 이 말씀이 실상이 될 때가 바로 "저희가 다 하나님의 가르치심을 받으리라"[요6:45]고 하신 말씀이 이루어진 지금 이때이며, 진리의 성령인 나, 신옥주 목사를 통해 선포되는 새 언약은 하나님께서 친히 가르치시는 말씀이기에 모든 여자는 입을 닫아야 하며, 온 천하는 반드시 잠잠해야 한다. 더 늦기 전에, 육체가 살아 있을 때 성령을 훼방한 모든 자들은 공개 사과하고 회개하고 부당한 판결을 돌이켜라. 정말 때가 급하다!

요한복음 6:45
선지자의 글에 저희가 다 하나님의 가르치심을 받으리라 기록되었은즉 아버지께 듣고 배운 사람마다 내게로 오느니라

17

이제 온 천하는 **잠잠하라**

"유대인들의 실체"
상상과 실상

「조선일보, 동아일보」 2021년 10월 8일 금요일

스마트폰으로 QR 코드를 스캔 하시면
[이제 온 천하는 잠잠하라] 전문을 다운로드 받을 수 있습니다.

하나님의 언약을 저버린 유대인들

모든 인간은 하나님께서 창조하신 피조물로서 진리로 거듭나지 아니하면 천국과 아무 관계가 없다. 반드시 육체를 입고 사는 동안 "영원한 천국이냐, 영원히 지옥 영벌이냐"를 자신의 자유의지로 결정하는 것이다. 그래서 인간에게만 자유의지를 주신 것이다. 이를 깨닫는 것이 "하나님의 도"이며, 하나님의 도는 기록된 진리인 성경 속에 감추어 두셨다. 이런 하나님의 도를 각자 본인이 깨닫고 지켜 실행하여 실상이 된 사람이 "영생"을 하는 것이다.

하나님 나라인 천국은 반드시 성경에 기록된 진리대로 실상이 된다. "상상"이란 현재의 지각 속에는 없는 사물이나 현상을 과거의 경험, 관념에 근거하여 재생시키거나 만들어 내는 마음의 작용으로, 머리 속으로 그려서 생각하는 것이다. "실상"은 실제의 상태, 실제의 상황, 실제의 모습, 만물이 있는 그대로의 모습을 말하는 것이다. 상상은 하나님도, 하나님 나라도, 하나님의 아들도, 성령도, 천사도, 영생도, 반대로 용, 사단, 마귀, 귀신, 지옥도 다 상상만 한다. 이렇게 상상하여 만든 것이 영화, 드라마, 소설 등이고, 사람이 상상하여 만든 것을 또 다른 사람들이 보고 열광하며 일생 자신은 실상의 주인공이 되지 못하고 상상만 하면서 살아 간다. 성경을 사용하는 모든 종교인들이 다 이렇게 상상하여 말하고, 그런 설교를 듣고 믿는다고 상상하면서 교회를 다니고 있다.

[16]여호와께서 모세에게 이르시되 너는 너의 열조와 함께 자려니와 이 백성은 들어가 거할 그 땅에서 일어나서 이방 신들을 음란히 좇아 나를 버리며 내가 그들과 세운 언약을 어길 것이라 [17]그때에 내가 그들에게 진노하여 그들을 버리며 내 얼굴을 숨겨 그들에게 보이지 않게 할 것인즉 그들이 삼킴을 당하여 허다한 재앙과 환난이 그들에게 임할 그때에 그들이 말하기를 이 재앙이 우리에게 임함은 우리 하나님이 우리 중에 계시지 않은 까닭이 아니뇨 할 것이라 [18]그들이 돌이켜 다른 신을 좇는 모든 악행을 인하여 내가 그때에 반드시 내 얼굴을 숨기리라 [신31:16~18]

모세 당시에 "주께서 백성을 인도하사 그들을 주의 기업의 산에 심으시리이다 여호와여 이는 주의 처소를 삼으시려고 예비하신 것이라 주여 이것이 주의 손으로 세우신 성소로소이다"[출15:17]라고 언약하셨으나, 이스라엘 민족이 하나님께서 약속하신 땅에 들어가 이방 신을 섬기며 언약을 배반할 것과, 그로 인해 하나님께서 영원히 거하시는 처소, 영원한 기업, 영원한 나라가 실상이 안 될 것을 이미 예언하셨다[신31:16~21]. 그래서 하나님의 언약은 반드시 지켜 실행해야 하는 것이다. 혀로 말만 하는 것은 결코 믿음이 아니다. 구약의 유대인들인 이스라엘 사람들이 이 말씀만 깨달아도 자신들이 지은 죄가 얼마나 치명적인 결과를 낳았는지 알 텐데, 2021년 지금 이때까지 알지 못할 뿐만 아니라, 유대인의 천재 교육이라는 말로 자긍하며 자신들은 하나님의 말씀을 잘 믿는 줄 생각한다.

야고보서 2:18
혹이 가로되 너는 믿음이 있고 나는 행함이 있으니 행함이 없는 네 믿음을 내게 보이라 나는 행함으로 내 믿음을 네게 보이리라

하나님께서 조상 아브라함에게 영원한 언약을 하셨고, 그 언약은 이삭, 야곱, 곧 이스라엘, 다윗에게 이어졌으며, 다윗의 자손으로 오신 예수 그리스도께로 이어진다. 예수 그리스도는 사람으로 오셨으나 하나님의 아들이시라 온 땅의 모든 사람과는 다르게 하나님의 말씀을 지켜 실행하셨다. 그러나 구약의 유대인들, 즉 이스라엘 민족은 선지자 모세를 통하여

애굽에서 출애굽 할 때 온갖 기사와 이적을 체험하고도 그들은 하나님의 말씀을 지켜 실행하시 않고 죄를 지었으며, 그로 인해 하나님께서 진노하여 그들을 버리며 얼굴을 가리우셨다[신31:17~18]. 하나님께서 얼굴을 가리우시고 숨기실 때는 다른 신을 섬길 때이며, 이때 재앙과 환난이 임한다.

> 그들이 재앙과 환난을 당할 때에 그들의 자손이 부르기를 잊지 아니한 이 노래가 그들 앞에 증인처럼 되리라 나는 내가 맹세한 땅으로 그들을 인도하여 들이기 전 오늘날에 나는 그들의 상상하는 바를 아노라 [신31:21]

이는 모두 하나님의 언약, 곧 말씀을 어긴 결과다. 여기에는 말씀이 하나님이시라는 뜻도 감추어져 있다. 당시 이 일은 1400년이 흐른 후 하나님의 아들이 이 땅에 왔을 때도 상상하는 그대로였고, 결국 상상하는 영적인 상태는 하나님을 안 믿는 것이라는 사실을 이스라엘의 역사가 증명해 주고 있다. 성경을 가지고 눈으로 보아도 하나님 나라의 비밀이 보이지 아니하여 영적인 소경이 되고, 귀머거리가 되어서 하나님의 가르치심이 들리지 아니한다. 이런 자들은 전부 상상하는 자들이다. 따라서 하나님의 언약을 어긴 결과가 "상상"이다.

예수 그리스도를 인정하지 않고
진리를 상상하는 유대인들

⁹그는 진노하사 나를 찢고 군박하시며 나를 향하여 이를 갈
고 대적이 되어 뾰족한 눈으로 나를 보시고 ¹⁰무리들은 나
를 향하여 입을 벌리며 나를 천대하여 뺨을 치며 함께 모여
나를 대적하는구나 [욥16:9~10]

욥은 예수 그리스도의 그림자요 표상이다. 구약의
예언대로 이 땅에 오신 예수 그리스도를 안 믿고 가
장 잔인하게 사형을 시킬 것을 욥을 통해서 예언하시
고 증거를 삼으셨다. 이 예언은 자칭 하나님을 섬기
고 믿는다고 하는 유대인들로 인해 예수 그리스도께
서 실상으로 겪으실 고난을 예언하신 것이다. 이 예
언은 사실이 되었다. 유다의 자손으로 하나님의 아들
을 보내신 하나님의 사랑을 보지도 듣지도 못하고 도
리어 가장 잔인하게 죽인 것이다.

그 살로 나를 사방으로 쏘아 인정 없이 내 허리를 뚫고 내
쓸개로 땅에 흘러나오게 하시는구나 [욥16:13]

이 예언대로 창에 옆구리가 찔리셨으며 고난을 다
겪으셨다. 이미 구약 성경을 통해 예언해 두신 말씀
을 당시 유대인 대제사장들, 곧 오늘날 교회 목사들은

성경을 보고 가르치면서도 믿지 않았고, 성경대로 오신 예수 그리스도를 죽였으며, 지금 이 시간까지 예수 그리스도를 믿지 아니하는 자들이 바로 유대교인들이다. 이는 유대인들을 하나님께서 버리신 결과로 인하여 더 큰 죄, 더 큰 악행을 저지른 것이다. 이 죄로 인해 저 이스라엘 유대인들은 아무도 하나님의 얼굴을 보지 못하며 전 세계에 나그네가 되어 핍박과 멸시, 천대, 조롱을 받았고, 2021년 지금도 저 이스라엘 후손들이 보응을 받고 있다. 유대인들은 유대교에서 천주교, 기독교로 개종하면 가족이라도 호적에서 빼 버리고 사람 취급을 하지 않고 핍박하고 있다. 그 이유는 전 세계에서 유일하게 하나님의 선민으로 택함을 입었지만 영원한 복, 영원한 의이신 하나님의 언약을 멸시하고 패역하여 믿지 아니함으로 인해 하나님께서도 그들을 버리시고 심판하신 결과로 인해서이다. 그 증거가 히브리서 8장 말씀이다.

또 주께서 가라사대 내가 저희 열조들의 손을 잡고 애굽 땅에서 인도하여 내던 날에 저희와 세운 언약과 같지 아니하도다 저희는 내 언약 안에 머물러 있지 아니하므로 내가 저희를 돌아보지 아니하였노라 [히8:9]

저 유대인들은 2021년 지금 이 시간까지도 히브리

서 8장의 하나님의 판결을 안 믿고 무시하고 멸시한다. 자신들은 하나님께 복을 받고 있다고 자긍하고, 유대교 선생들은 자신들만이 정통 유대인, 곧 선민이라 생각하며 랍비라 칭하고 있다. 하나님의 판결은 그들을 돌아보지 아니하며 재앙을 내려 심판하시고, 하나님과 아무 관계가 없다고 하시는데도 말이다. "세상이 너희를 미워하면 너희보다 먼저 나를 미워한 줄을 알라"[요15:18]고 하셨고, "미워하는 것은 살인"[요일 3:15]이라고 하셨는데, 유대인들은 아들 예수님을 통해서 미워하는 것이 살인이란 것을 실상으로 보여 주었다. 당시 자신들만 온 세상에서 하나님을 섬긴다고 생각하고 아브라함의 자손들이라고 스스로 착각한 자칭 유대인들이 구약 성경에 이미 다 예언해두신 그대로 이 땅에 오신 아들을 알아보지도 못하고 도리어 하나님의 아들을 미워하여 결국 죽인 것이다. 미움의 근본은 "시기"였다. 곧 시샘하여 미워한 것이고, 결국 살인한 것이며, 이는 자신을 영원히 지옥 불구덩이에 들어가게 하는 자해, 곧 자살하는 것이다. 이는 결국 "죄"로 인해 자신이 자신을 영원히 지옥 불구덩이에서 영벌을 받게 하는 판결을 자초하는 것이다. 곧 자신이 스스로 자신을 죽인 결과 육체가 죽을 뿐만 아니라 영원히 다시는 기회가 없도록 만드는 것이다.

요한일서 3:15
그 형제를 미워하는 자마다 살인하는 자니 살인하는 자마다 영생이 그 속에 거하지 아니하는 것을 너희가 아는 바라 이것은 유대인들의 주인이 하나님이 아니라 "귀신"이었음을 너무 명백하게 증거하는 것이나. 일생 여로 "하나님 아버지"라고 하며 종교생활을 하지만 그들은 하나님의 원수요, 스스로 자신들이 마귀요, 사단이며 귀신이라는 것을 증명하는 것이며, 성경대로 이 땅에 오신 아들을 시기하여 미워하더니 결국 살인하는 행위로 영원히 저주를 받은 자들이 된 것이다. 이것이 전 세계 유대교인들의 실체다.

당시 이 세상 재판관이던 빌라도도 유대교 대제사장들과 장로들이 "이는 저가 그들의 시기로 예수를 넘겨준 줄 앎이러라"[마27:18]고 하신 대로 예수님은 사형에 처할 어떤 죄도 짓지 않은 줄 다 알고 있었다. 그러나 빌라도는 가장 중형의 판결을 하는 치명적인 죄를 지어서 재판장이라는 직업이 자신을 영원히 지옥 불구덩이에 들어가게 하는 결과를 낳은 것이다. 귀신이 주인인 자들은 꼭 자신만 죽는 것이 아니라, 다른 사람까지 죄를 지어 지옥 불구덩이에 가게 하는 것이 "귀신들"이 하는 일이다.

하나님의 나라 비밀이 성경에 다 기록되어 있어도 2021년 지금까지 전 세계 유대인들은 자신들이 헛된 종교생활을 하고, 한 번뿐인 한 몫의 삶을 스스로 자초하여 영원한 지옥 불구덩이에 가는 지옥의 사람들임을 모르고 있다. 미국 전 대통령 트럼프는 유대인 사위 쿠슈너에 의해 자신과 딸이 한 번뿐인 삶을 낭비하고 육체는 불에 던짐 받는 화목이 되고, 그 혼은 영원한 지옥 불구덩이에 들어가서 영벌을 받아야 하는데, 아무것도 모르고 큰소리치고 사람들을 선동하여 계속 죄를 쌓고 있다. 지금 온 세상은 단 한 절의 진리도 모르면서 온갖 종교를 만들어서 더 죄를 짓고 있고, 얼마나 헛되고 헛된 삶을 사는지 성경대로 반드시 알아야 한다.

당시 유대인들은 기록된 진리인 성경 말씀을 가지고도 눈앞에 있는 하나님의 아들을 알아보지 못하고, 하나님의 뜻을 모르니까 시기하고 미워하여 살인한 것이고, 이는 "살인하지 말찌니라, 네 이웃을 네 몸같이 사랑하라"는 하나님의 계명을 어긴 죄를 지은 것이다. 하나님의 언약 안에 머무르는 것은 말씀이 하나님이시라 하나님의 언약을 마음에 믿고 지켜 실행하는 것을 뜻한다. 예수 그리스도를 통해서 하신 말씀이 하나님의 말씀이며 하나님의 계명인 줄 알고 그대로 지켜 실행한 것이 바로 하나님을 믿는 것이고, 보내신 아들을 믿는 것이며, 하나님의 언약 안에 머무르는 것이다.

요한복음 1:1
태초에 말씀이 계시니라 이 말씀이 하나님과 함께 계셨으니 이 말씀은 곧 하나님이시니라 미워하지 말라 하셨고 미워하면 살인이라고 하셨으니 미워하지 않는 것이 언약 안에 머무르는 것이다.

그러나 실상은 하나님의 언약을 받은 적이 없는데 어떻게 하나님을 믿는다고 하며, 예수 그리스도에 대해서 알지도 못했는데 어떻게 예수 그리스도를 믿는다고 하겠는가? 예수 그리스도에 대해 알고 성경대로 믿기 위해서는 반드시 "내가 아버지께로서 너희에게 보낼 보혜사 곧 아버지께로서 나오시는 진리의 성령이 오실 때에 그가 나를 증거하실 것이요"[요15:26]라고 하신 말씀이 실상이 되어야 하나님의 말씀, 곧 언약 안에 머물러 있게 된다.

> 저희를 허물하여 일렀으되 주께서 가라사대 볼찌어다 날이 이르리니 내가 이스라엘 집과 유다 집으로 새 언약을 세우리라 [히8:8]

이사야 14:1
여호와께서 야곱을 긍휼히 여기시며 이스라엘을 다시 택하여 자기 고토에 두시리니 나그네 된 자가 야곱 족속에게 가입되어 그들과 연합할 것이며

스가랴 2:12
여호와께서 장차 유다를 취하여 거룩한 땅에서 자기 소유를 삼으시고 다시 예루살렘을 택하시리니

"이스라엘 집, 유다 집" 또한 사람들이 모두 안다고 하는 저 이스라엘 집, 유다 집이 아니라 하나님께서 말씀하시는 유다 집, 이스라엘 집은 일곱째 날 하나님께서 친히 모으셔서 전대미문의 새 언약으로 다시 택하시고, 하나님의 인도하심을 따라, 곧 하나님의 말씀을 따라 지켜 실행하여 하나님의 언약 안에 머물러

있는 것이 바로 이스라엘 집, 유다 집이다. 이 말씀이 실상이 된 성도들이 바로 전대미문의 새 언약으로 창조함을 받는 은혜로교회 성도들이며, 앞으로 진리로 돌아올 하나님의 자녀들이다. 성경에 기록된 말씀을 사실이 되게 하시니 진리의 하나님이시고, 진리의 성령이다. 진리는 반드시 실상이 되는 것이다. 그래서 상상하는 사람의 생각과 진리를 실상으로 이루시는 하나님의 생각이 다르다고 하신 것이다[사55:8~9].

이사야 55:8~9
8 여호와의 말씀에 내 생각은 너희 생각과 다르며 내 길은 너희 길과 달라서 9 하늘이 땅보다 높음 같이 내 길은 너희 길보다 높으며 내 생각은 너희 생각보다 높으니라

저 유대인들과 이스라엘 나라 사람들은 자신들이 하나님을 믿는다고 생각하지만 이미 "저희는 내 언약 안에 머물러 있지 아니하므로 내가 저희를 돌아보지 아니하였노라"라고 하신 말씀이 유대인들과 이스라엘 사람들에 대한 판결이다. 이 말씀은 유대인들뿐만 아니라 2021년 지금 이 시간에도 성경을 사용하며 종교생활하는 모든 사람에게 적용된다. 하나님의 언약 안에 머물러 있지 아니하는 모든 사람은 하나님께서 돌아보지 아니하신다. 자신들 스스로 자신들은 하나님을 믿고 예수 그리스도를 믿는다고 생각만 할 뿐, 그 사람들의 생각과 하나님의 생각은 완전히 달라서 허상, 즉 상상과 실상의 차이이고, 지옥과 천국의 차이다. 이렇게 이미 판결해 두셔도 이런 말씀은 다 무시,

멸시하고 귀신이 주인인 사람들은 자기 마음대로 생각하고 그대로 믿는다. 하나님의 언약 안에 머무는 진리의 성령인 나와 은혜로교회 성도들은 언약하신 말씀대로 "실상"이 되었지만, 저 황금돔이 있는 이스라엘 나라 사람들, 유대인들은 하나님께서 돌아보시지 않고 있으니 "허상"이다. 진리로 돌이키지 아니한 채 성경을 사용하는 모든 사람들이 다 허상이요 상상하는 믿음이다. 이에 대해서 14년째 보고 있다.

지금 이때 **"전대미문의 새 언약"**으로 모두 돌아서면 된다

구약의 이스라엘 민족의 언행과 결과를 기록하신 목적은 지금 이 세대에게 교훈하시고 전대미문의 새 언약[히8장]을 믿고 지켜 실행하여 육체도 죽지 아니하고 영원히 살리시기 위한 하나님의 사람 사랑하심이다. 성경을 기록하신 목적은 하나님의 언약 안에 머물러 다시 창조함을 받을 백성들을 위해서이며[시 102:18], 지금 이 세대에 성경 기록 목적이 실상이 되고 있다. 하나님의 언약이 실상임을 영원히 증명하는 보증물이 바로 "내가 네게 장가들어 영원히 살되 의와 공변됨과 은총과 긍휼히 여김으로 네게 장가들며 진실함으로 네게 장가들리니 네가 여호와를 알리라"[호2:19~20]고 하신 예언의 실상인 나다. 그래서 진리의 성령이며, 이 땅에 태어나기 전에 이미 영생을 얻을 것을 약속해 두셨다. 하나님의 종은 반드시 육체도 죽지 않는 영영한 사역자라야 하며, 하나님의 아들들, 백성들 또한 하나님께서 동행하시므로 영원히 죽음을 맛보지 않는 것이다. 하나님의 언약 안에 머무를 때 "나는 그의 명령이 영생인 줄 아노라"[요12:50]고 하신 말씀이 실상이 되는 것이며, 이렇게 성경에 기록된 말씀은 반드시 사실이 되어 이루어지므로 말씀이 진리라는 것을 실상으로 나타내 주시는 것이다.

> 또 주께서 가라사대 그날 후에 내가 이스라엘 집으로 세울 언약이 이것이니 내 법을 저희 생각에 두고 저희 마음에 이것을 기록하리라 [히8:10]

현재 14년째 이 말씀이 성취되어 성도들 마음에 하나님의 뜻이 기록되고 있다[히8:10]. 이를 다른 모양으로 말하면 인을 치는 것, 곧 "진리의 성령으로 인을 치는 것"이다. 다시 창조하시는 것이며, 하나님의 말씀으로 다시 태어나게 하시는 것이고, 거듭나게 하시는 것이다. 또 다른 말로는 하나님의 말씀으로 귀신을 쫓아

내는 것이고, 이는 곧 하나님의 나라가 이미 임한 것이다. 또한 진리로 해산하는 것이다. 그래서 해산하는 남자가 있는가 물어 보라고 한 것이다[렘30:6]. "해를 입은 여자"가 하나님의 말씀으로 하나님의 아들들을 다시 낳는 것이고, 이렇게 실상이 되어야 "나는 저희에게 하나님이 되고 저희는 내게 백성이 되리라 또 각각 자기 나라 사람과 각각 자기 형제를 가르쳐 이르기를 주를 알라 하지 아니할 것은 저희가 작은 자로부터 큰 자까지 다 나를 앎이니라 내가 저희 불의를 긍휼히 여기고 저희 죄를 다시 기억하지 아니하리라 하셨느니라"[히8:10~12]고 하신 말씀대로 사실이 되며, 14년째 불의를 고치고 있다.

진리는 실상이다. 전 성경에 예언된 말씀은 반드시 하나님께서 정하신 때, 정하신 사람을 통해 사실로 이 땅에서 이루어진다. 전 세계 사람들이 이 부분을 상상하고 있다. 하나님께서는 살아 있는 "산 자의 하나님"이시다. 지금 이 세대는 전 우주적인 일곱째 날, 여호와의 날, 인자의 날이자 영적인 추수 때로서 만세와 만대로부터 감추어 두신 하나님 나라의 비밀, 곧 천국의 비밀이 열리는 세대이기에[골1:26], 2천 년 전 예수 그리스도께서 당신의 이름으로 보내시마 약속하신 진리의 성령이 실상으로 와서 "상상과 실상"에 대해 성경대로 밝히는 것이다. 전대미문의 새 언약은 하나님께서 친히 가르치시는 완전한 지혜이며, 상상에서 벗어나 실상으로, 온전함으로, 생명으로 인도하는 하나님의 지극하신 사람 사랑하심이다. 하나님의 언약은 변치 않는데 언약을 어긴 것은 사람들이다. 하나님 앞에 죄를 지으면 진노하여 버리시고 얼굴을 가리우신다. 상상하는 영적인 상태는 하나님과 아무 관계가 없고, 전 세계 성경을 사용하는 모든 종교가 다 이러하다. 이런 자들이 전부 "상상하는 자들"이다.

그러나 지금 이때는 누구든지 전대미문의 새 언약의 말씀을 받고 진리로 돌아서면 된다. 그래서 매주 신문을 통해 광고하고 공포하는 것이다[렘50:2]. 육체가 살아서 자신이 지은 죄의 보응을 갚고 상상에서 실상이 되게 하는 것이 바로 "성경"이며, 성경만이 참 진리다. "진리"는 절대 변치 아니하는 사실이며, 참된 도리이고, 바른 이치이며, 실상이 되어 언제나 누구에게나 인정되는 것이다. 따라서 진리는 절대 상상이 아니고, 실상이 되는 것이다. 그래서 진리의 하나님이시라고 하셨고, 하나님께서 이 땅에 보내신 아들 예수 그리스도께서도 당신을 진리라고 하셨으며, 당신의 이름으로 보내실 성령도 진리의 성령이라고 하신 것이다. 이런

예레미야 50:2
너희는 열방 중에 광고하라 공포하라 기를 세우라 숨김이 없이 공포하여 이르라 바벨론이 함락되고 벨이 수치를 당하며 므로닥이 부스러지며 그 신상들은 수치를 당하며 우상들은 부스러진다 하라

요한복음 14:6
예수께서 가라사대 내가 곧 길이요 진리요 생명이니 나로 말미암지 않고는 아버지께로 올 자가 없느니라

갈라디아서 3:23
믿음이 오기 전에 우리가
율법 아래 매인바 되고 계
시될 믿음의 때까지 갇혔
느니라

고린도전서 13:10
온전한 것이 올 때에는 부
분적으로 하던 것이 폐하
리라

아가 6:9
나의 비둘기, 나의 완전한
자는 하나 뿐이로구나 그
는 그 어미의 외딸이요 그
낳은 자의 귀중히 여기는
자로구나 여자들이 그를
보고 복된 자라 하고 왕후
와 비빈들도 그를 칭찬하
는구나

호세아 2:19~20
19 내가 네게 장가들어
영원히 살되 의와 공변됨
과 은총과 긍휼히 여김으
로 네게 장가들며
20 진실함으로 네게 장가
들리니 네가 여호와를 알
리라

진리를 믿는 자, 곧 실상이 된 자가 갈3:23절의 믿음
이며, 고전13:10절의 온전한 것이고, 아6:9절의 완전
한 자이며, 호2:19~20절의 말씀이 실상이 된 자다. 전
성경에 기록된 말씀이 실상이 되어 진실로 하나님의
성전된 자인 진리의 성령과 진리로 창조함을 받은 하
나님의 아들들이 영영한 사역자들이 되어서 온 세상
사람들에게 하나님만이 참 신이심을 영원히 증거하
고, 영광을 돌리는 것이 "천국의 삶"이다. 절대 상상이
아닌 실상이다.

> 그러므로 이제 너희는 이 노래를 써서 이스라엘 자손에게
> 가르쳐서 그 입으로 부르게 하여 이 노래로 나를 위하여 이
> 스라엘 자손에게 증거가 되게 하라 [신31:19]

하나님께서 말씀하시는 "노래"는 하나님의 말씀
을 진리대로 선포하는 것이다. 지금 이 세대는 반드
시 "새 노래"인 전대미문의 새 언약으로 모두 돌아서
야 한다. 오직 우리의 주는 성부 하나님이시며, 하나
님을 위하여 새 노래를 불러야 하는 것이다. "의와 인
자를 따라 구하는 자는 생명과 의와 영광을 얻느니라"[잠
21:21]고 하신 이 언약 또한 진리의 성령이 실상이 되
어 새 노래, 곧 전대미문의 새 언약의 말씀으로 하나
님께 택하심을 입은 자는 영원한 생명이신 성부 하나

님과 동행함으로 영원히 의롭게 되고, 이로 말미암아 영광을 얻는다. 그래서 진리의 성령이 실상이 되어 와서 죄에 대하여, 의에 대하여, 심판에 대하여 모든 진리 가운데로 인도하는 이때가 되어야 유대인이나 헬라인, 곧 이방인이나 남자나 여자나 노인이나 아이나 하나님 앞에 차별이 없이 의롭게 되고 진리로 "하나"가 되는 것이다. 예수 그리스도를 인정 안 하는 저 유대인이나 전 세계 성경을 사용하는 천주교인들이나 기독교인들이나 모두 각자의 이론을 다 파하고, 하나님의 말씀으로 차별이 없이 진리로 하나가 되는 것이다. 이것이 바로 상상에서 실상으로 돌이키는 것이다.

요한복음 16:7~8
7 그러하나 내가 너희에게 실상을 말하노니 내가 떠나가는 것이 너희에게 유익이라 내가 떠나가지 아니하면 보혜사가 너희에게로 오시지 아니할 것이요 가면 내가 그를 너희에게로 보내리니
8 그가 와서 죄에 대하여, 의에 대하여, 심판에 대하여 세상을 책망하시리라

이제는 모두 상상에서 깨어 일어나야 한다. 전대미문의 새 언약인 하나님의 가르치심을 받고 자신의 생각, 마음, 몸으로 지은 더러운 죄를 씻어야 하며, 일생 자신의 죄를 예수님께서 십자가에 죽으실 때 이미 다 지시고 죽으셨다고 하는 지옥불의 소리를 그쳐야 한다. 영원한 언약인 새 노래 앞에 온 천하는 모든 입을 닫고 잠잠해야 한다. 모두 진리로 돌아서지 아니하면 전 성경에 기록된 모든 재앙이 이 땅에 임하게 된다.

요한복음 6:45
선지자의 글에 저희가 다 하나님의 가르치심을 받으리라 기록되었은즉 아버지께 듣고 배운 사람마다 내게로 오느니라

18

부러진 **악인의 몽둥이**

「매일경제신문」 2021년 10월 19일 화요일

스마트폰으로 QR 코드를 스캔 하시면
[이제 온 천하는 잠잠하라] 전문을 다운로드 받을 수 있습니다.

전 세계를 미혹하다 음부에 떨어진
"거짓말하는 영"

[21]한 영이 나아와 여호와 앞에 서서 말하되 내가 저를 꾀이
겠나이다 [22]여호와께서 저에게 이르시되 어떻게 하겠느
냐 가로되 내가 나가서 거짓말하는 영이 되어 그 모든 선
지자의 입에 있겠나이다 여호와께서 가라사대 너는 꾀이
겠고 또 이루리라 나가서 그리하라 하셨은즉 [23]이제 여호
와께서 거짓말하는 영을 왕의 이 모든 선지자의 입에 넣으
셨고 또 여호와께서 왕에게 대하여 화를 말씀하셨나이다
[왕상22:21~23]

"랄랄라 따따따"라는 귀신의 소리를 성령 받은 것
이라고 새빨간 거짓말로 전 세계 기독교인들을 미
혹한 한 영인 목사는 70~80만 교인을 끌어모아 단
일 교회로는 세계에서 가장 큰 교회를 세웠다. 그 목
사가 60년 동안 방언이라고 한 "랄랄라 따따따"라는
혀에 붙은 소리는 사도 바울을 통해 기록한 방언이

아니며[고전14장], 마가의 다락방에서 임한 다른 방언도 아닌[행2장], 곧 성경에 기록되어 있지 않은 "성경과 다른 거짓말"이다. 예수 이름으로 병 고치는 것도 육에 속한 자들이 예수님을 흉내 내는 "거짓 이적"이다. 신령한 몸으로 부활하신 그리스도께서는 공생애 기간에 하셨듯이 육의 일에 치우치신 것이 아니라, 구약 성경을 가지고 자신에 대해서 자세히 풀어 해석하셨으며, 그때 말씀을 받은 제자들이 예수 그리스도이신 줄 알아보았지만 "예수"는 보이지 아니했다고 하셨다 [눅24장]. 여기에는 천국의 비밀이 감추어져 있다. 진리의 성령이 실상으로 와서 모든 진리 가운데로 인도하여 성부 하나님에 대해, 아들 예수 그리스도에 대해, 진리의 성령에 대해 천국의 비밀을 밝힐 때 비로소 예수는 보이지 않고 하나님을 알아보게 되고, 완전한 지혜로 새 언약을 선포하는 진리의 성령을 알아보게 된다는 비밀이 감추어져 있다. 그래서 예수 그리스도는 "새 언약의 중보"[히9:15]로 오신 것이며, 이는 영원히 증명된다.

또한 "금식"만 해도 육으로 금식하며 자신이 소원하는 바를 기도하는 육의 금식이 아니고, 14년째 전대미문의 새 언약을 통해 성경과 다른 거짓말로 매여

누가복음 24:27, 31
27 이에 모세와 및 모든 선지자의 글로 시작하여 모든 성경에 쓴바 자기에 관한 것을 자세히 설명하시니라
31 저희 눈이 밝아져 그인줄 알아보더니 예수는 저희에게 보이지 아니하시는지라

히브리서 9:15
이를 인하여 그는 새 언약의 중보니 이는 첫 언약 때에 범한 죄를 속하려고 죽으사 부르심을 입은 자로 하여금 영원한 기업의 약속을 얻게 하려 하심이니라

있던 흉악의 결박을 풀어 주며, 한 번 죽어야 하는 멍에의 줄을 끊고 압제당하는 자를 자유케 하는 것이 바로 "성경적인 금식"이다. 목사가 성경과 다른 거짓말을 안 하고, 교인들은 그런 설교를 안 듣고 안 믿는 것이 하나님께서 기뻐하시는 금식이다[사58장]. 그러므로 만국을 미혹한 "용"인 조용기 목사 부부와 장모 최자실 목사가 가르친 금식은 전부 "헛된 금식"이다. 오중복음, 삼중축복만 해도 절대 성경적인 복이 아니다. 그들은 시작부터 끝까지 다 거짓말이었다[요8:44].

> **이사야 58:6**
> 나의 기뻐하는 금식은 흉악의 결박을 풀어 주며 멍에의 줄을 끌러주며 압제당하는 자를 자유케 하며 모든 멍에를 꺾는 것이 아니겠느냐

> **요한복음 8:44**
> 너희는 너희 아비 마귀에게서 났으니 너희 아비의 욕심을 너희도 행하고자 하느니라 저는 처음부터 살인한 자요 진리가 그 속에 없으므로 진리에 서지 못하고 거짓을 말할 때마다 제 것으로 말하나니 이는 저가 거짓말쟁이요 거짓의 아비가 되었음이니라

¹³또 내가 보매 개구리 같은 세 더러운 영이 용의 입과 짐승의 입과 거짓 선지자의 입에서 나오니 ¹⁴저희는 귀신의 영이라 이적을 행하여 온 천하 임금들에게 가서 하나님 곧 전능하신 이의 큰 날에 전쟁을 위하여 그들을 모으더라 [계16:13~14]

귀신이 주인이 되어 원욕을 그대로 가진 채 성경을 가르치고 설교하는 목사나 사제가 되면 그 자체가 이미 예수 이름으로 올무와 함정에 빠진 것이다[사8:14]. 이런 목사를 "용"이라고 하며, 그를 추종하는 목사들, 부목사들을 두고 "짐승의 입, 거짓 선지자의 입"이라고 한다. 이들은 하나같이 혀에 붙은 말인 귀신의 소리 방언을 성령 받은 증거라고 속이며 자신도 속아서

> **이사야 8:14**
> 그가 거룩한 피할 곳이 되시리라 그러나 이스라엘의 두 집에는 거치는 돌, 걸리는 반석이 되실 것이며 예루살렘 거민에게는 함정, 올무가 되시리니

지옥불의 설교로 모은 군대가 70~80만 교인들이다. "예수 이름으로 귀신아 떠날지어다"라는 말로 예수님 흉내를 내며 귀신론 대가라는 별칭이 붙은 성락교회 김기동 목사 또한 "용"이나. 그 "용"을 따르는 부목사들, 지교회 목사들이 짐승의 입이요, 거짓 선지자의 입이며, 여출일구 동일하게 거짓 이적을 행하여 교인들을 끌어모았다. 이들이 하는 성경과 다른 거짓말에 모두 다 속았던 것이다. 이런 자들이 바로 심판받는 "온 천하 임금들"이며, 예수 이름 사용하며 하나님 자리에 앉아서 왕 노릇하는 천주교 교황, 사제들, 기독교 목사들이 다 이에 속한다. 성경이 모든 것을 죄 아래 가두어 두었던 기간 동안[갈3:22] 성경을 함부로 사용하는 사제나 목사가 되면 하나님께 복을 받은 것이 아니라, 예수 이름으로 함정, 올무, 덫, 구덩이, 웅덩이, 그물에 걸린 존귀에 처하나 깨닫지 못하는 짐승이 될 뿐이다. 이들을 두고 "귀신의 영"이라고 하고, "개구리 같은 세 더러운 영"이라고 하신 것이다.

갈라디아서 3:22
그러나 성경이 모든 것을 죄 아래 가두었으니 이는 예수 그리스도를 믿음으로 말미암은 약속을 믿는 자들에게 주려 함이니라

시편 49:20
존귀에 처하나 깨닫지 못하는 사람은 멸망하는 짐승 같도다

⁴너는 바벨론 왕에 대하여 이 노래를 지어 이르기를 학대하던 자가 어찌 그리 그쳤으며 강포한 성이 어찌 그리 폐하였는고 ⁵여호와께서 악인의 몽둥이와 패권자의 홀을 꺾으셨도다 [사14:4~5]

귀신의 처소 바벨론 왕은 하나님께서 사용하시는 "악인의 몽둥이"다. 더러운 개구리 소리를 성령 받은 증거라고 전 세계를 미혹한 조용기 목사가 일생 한 사역은 "악인의 몽둥이"와 "패권자의 홀"이 되었을 뿐이었다. 2721년 전에 예언하신 말씀이 지금 이때 사실이 되어 땅에 있는 악인의 몽둥이 하나가 꺾여 음부인 지옥에 내려간 것이다. 이 한 몽둥이가 땅에 사는 날 동안 얼마나 많은 몽둥이들을 만들어 냈는지, 얼마나 많은 교인들이 학대를 당했는지 분별을 못하니 땅에 사는 사람들 눈에는 복음 전도자로, 말씀을 잘 전하는 명설교자로 기네스북에 이름을 올린 것이다.

¹내가 돌이켜 해 아래서 행하는 모든 학대를 보았도다 오호라 학대받는 자가 눈물을 흘리되 저희에게 위로자가 없도다 저희를 학대하는 자의 손에는 권세가 있으나 저희에게는 위로자가 없도다 ²그러므로 나는 살아 있는 산 자보다 죽은 지 오랜 죽은 자를 복되다 하였으며 ³이 둘보다도 출생하지 아니하여 해 아래서 행하는 악을 보지 못한 자가 더욱 낫다 하였노라 [전4:1~3]

"학대"란 심하게 괴롭히고 혹독하게 대우한다는 뜻이다. 해 아래, 곧 하나님의 이름, 예수 이름 사용하는 자들 아래, 실제로도 해 아래 권세 있는 자들이 행하는 모든 학대를 하나님께서 다 보셨다고 하신다.

요한복음 6:45
선지자의 글에 저희가 다
하나님의 가르치심을 받
으리라 기록되었은즉 아
버지께 듣고 배운 사람마
다 내게로 오느니라

2008년 6월 16일부터 하나님의 가르치심을 대언하기 전까지 큰 틀로 구약 4천 년, 신약 2천 년간 해 아래서 학대를 행하는 자들의 종말은 영원한 지옥이기에 오죽하면 살아 있는 산 자보다 죽은 지 오랜 죽은 자를 복되다고 하셨으며, 이 둘보다 더 나은 자는 사람으로 출생하지 않은 자라고 하셨을까?

진실로 사실이다. 온 세상에서 가장 불쌍한 사람이 일생 "영생"을 어떻게 얻는 것인지도 모르면서 죽어서 천국 간다고 자신도 속고 교인들도 속이는 목사 아래 하인처럼 살다가 육체가 죽으면 영원한 지옥 불구덩이에 떨어져서 영원히 고통을 받으며 살아야 하는 사람들이다. 오죽하면 차라리 사람으로 태어나지 않는 것이 더 낫다고 하셨을까? 귀신의 처소 바벨론 왕인 조용기 목사는 학대하는 자요, 그 아래 수십만 명이 넘는 교인들은 현재까지도 다 학대받는 자들이다. 절대 과언이 아니며, 허언도 아니고, 그 목사를 정죄하는 것은 더더욱 아니다. 이것은 내 말이 아니라 "하나님의 판결"이며, 사실이다. 60년 동안이나 귀신의 소리를 성령의 은사라고 속이며 목회하여 성공한 목사였지만, 그는 죽어서 천국 간 것이 아니라 눅16:19~31절의 부자 목사가 간 곳인 "음부"에 갔다.

그 목사의 온갖 비리가 다 드러나서 그의 주인은 하나님이 아니라 귀신이었으며, 원욕대로 일생 살았다는 것을 온 세상에 다 보여 주어도 돌이키지 않고, 성경과 다른 거짓말로 교인들을 영적으로 학대하고 살인했다. 그는 하나님이 아닌 귀신의 영과 "간음한 자"요, 교인들이 하나님을 만나게 하지도 못했을 뿐만 아니라 영생을 안 믿고 지옥에 보냈으니 "도적질한 자"이며, 성경과 다른 거짓 증거한 자요, 부모를 공경치 않은 자요, 자기의 이웃인 예수 그리스도도, 교인들도 사랑치 않은 자였다. 그래서 예수 이름으로 "실족한 자"였기에 지옥에 간 것이다. 이런 목사들은 사망으로 나아간다. 이 말을 하는 것은 남은 사람들, 그 자식들, 교인들은 같은 음부, 곧 지옥 불못에 가지 말라고 알리는 것이다.

이세벨의 악행을 용납하는
"두아디라 교회들"의 실상

[20]그러나 네게 책망할 일이 있노라 자칭 선지자라 하는 여자 이세벨을 네가 용납함이니 그가 내 종들을 가르쳐 꾀어 행음하게 하고 우상의 제물을 먹게 하는도다 [21]또 내가 그에게 회개할 기회를 주었으되 그 음행을 회개하고자 아니

하는도다 ²²볼찌어다 내가 그를 침상에 던질터이요 또 그
로 더불어 간음하는 자들도 만일 그의 행위를 회개치 아니
하면 큰 환난 가운데 던지고 ²³또 내가 사망으로 그의 자녀
를 죽이리니 모든 교회가 나는 사람의 뜻과 마음을 살피는
자인줄 알찌라 내가 너희 각 사람의 행위대로 갚아 주리라
[계2:20~23]

"이세벨"은 북왕국 이스라엘 제7대왕 아합의 아내
다. 이세벨이란 이름은 "고상함"이라는 뜻으로 예수
이름으로 선지자 노릇하며, 부부가 다 목사가 되어
우상이 된 자들의 모형이요, 그림자다. 두아디라 교
회는 이런 목사 부부를 섬긴 교회다. 하나님의 법으
로 판결하는 이 말씀을 받고 회개하고 돌아서지 아
니하면 7년 대환난에 던져질 것이며, 다 사망하여 지
옥 불구덩이에 들어갈 것이다. 두아디라 교회의 거짓
선지자 이세벨은 예수 이름 사용하는 "사망의 목자"가
되어 그 자식들인 교인들을 죽인다고 판결하셨다. 진
실로 이러했고, 이미 실상이 되어 있다. 진리의 성령
인 나, 신옥주 목사는 분명히 14년째 전대미문의 새
언약으로 경고했으며, 이를 두고 "회개할 기회를 주었
으되"라고 하신 것이다. 너무나 명백하게 예수 이름으
로 무당짓 하는 교회들이 다 이에 해당한다. 사도 바
울을 통해 "예수 그리스도를 아는 지식이 가장 고상함"[빌

3:8]이라고 한 그대로 예수 이름 사용하는 교회들이 온갖 거짓말, 거짓 이적을 사용하여 사람들을 끌어모았고, 그렇게 부자 교회가 되니까 이세벨 같은 아내 목사가 또 다른 목사들을 가르치고 영적으로 음행하여 우상 숭배하게 만든 것이다. 또한 부자가 된 이들을 보고 부러워하여 너도 나도 목사가 되고, 죄에 죄를 더하게 만든 자가 이세벨 같은 자다. 개척 교회는 이런 아내 목사 이세벨을 초청하여 음행하는 방법을 배우고, 부자 교회가 되고자 하는 목사들이 전 세계에서 대한민국 기독교에 가장 많다. 이런 교회 목사 부부는 전부 "사망"이다. 사망과 음부의 열쇠인 예수 이름[계1:18]을 사용하니까 모두 다 속은 것이다. 지금 이 세대에 일어날 교회들의 실상에 대해 이미 3421년 전 모세를 통해 신명기 32장에 판결해 두셨다.

요한계시록 1:18
곧 산 자라 내가 전에 죽었었노라 볼찌어다 이제 세세토록 살아 있어 사망과 음부의 열쇠를 가졌노니

¹⁶그들이 다른 신으로 그의 질투를 일으키며 가증한 것으로 그의 진노를 격발하였도다 ¹⁷그들은 하나님께 제사하지 아니하고 마귀에게 하였으니 곧 그들의 알지 못하던 신, 근래에 일어난 새 신, 너희 열조의 두려워하지 않던 것들이로다 ¹⁸너를 낳은 반석은 네가 상관치 아니하고 너를 내신 하나님은 네가 잊었도다 ¹⁹여호와께서 보시고 미워하셨으니 그 자녀가 그를 격노케 한 연고로다 ²⁰여호와의 말씀에 내가 내 얼굴을 숨겨 그들에게 보이지 않게 하고 그들의 종말의

어떠함을 버리니 그들은 심히 패역한 종류요 무신한 자녀 임이로다 [신32:16~20]

이 말씀은 구약 당시의 일만이 아니라, 지난 2천 년 간 예수 이름 사용하며 성경과 다른 거짓말로 가르치는 전 세계 교회들에 대한 예언이자, 판결이다. 그래서 예수님께서 누구든지 나를 인하여 실족하지 아니하는 자가 복이 있다고 하셨고, "만일 네 오른눈이 너로 실족케 하거든 빼어 내버리라 네 백체 중 하나가 없어지고 온 몸이 지옥에 던지우지 않는 것이 유익하며 또한 만일 네 오른손이 너로 실족케 하거든 찍어 내버리라 네 백체 중 하나가 없어지고 온 몸이 지옥에 던지우지 않는 것이 유익하니라"[마5:29~30]고 미리 말씀하셨으므로 그 누구도 몰라서 그랬다고 변명할 수 없다. 또한 "만일 네 손이나 네 발이 너를 범죄케 하거든 찍어 내버리고, 네 눈이 너를 범죄케 하거든 빼어 내버려서라도 지옥불에 던지우는 것보다 나으니라"[마18:8~9]고 하셨다. 지금 온 세계 교회가 모두 예수 이름으로 실족해 있다고 누가 믿겠는가? 그러나 진실로 사실이다.

하나님께서 그들을 돌이키시려고 수없이 감추었던 죄를 다 드러내어도 자신이 가진 힘을 사용하여 다 벗어나고, 죄를 돌이키지 아니하다가 결국 죄가 목에

마태복음 11:6
누구든지 나를 인하여 실족지 아니하는 자는 복이 있도다 하시니라

차서 죽은 것이다. 이 판결은 목사인 내 말이 아니고, 하나님께서 하나님의 법으로 친히 판결하시는 것을 진리의 성령이 실상이 되어서 대언하는 것이다.

"저희의 이 행위는 저희의 우매함이나 후세 사람은 오히려 저희 말을 칭찬하리로다"[시49:13] 진실로 이러하다. 부자 목사는 죽어서 음부에 갔는데도 그의 업적을 기리고, 그가 한 거짓말 설교를 살아 있는 교인들이 듣고, 그것을 자랑하며 유튜브에 올리고, 해마다 죽은 날을 기념하여 하나님, 예수 이름으로 추도 예배라는 명목으로 찬송하는 자들이 지금도 전 세계에 얼마나 많은지 다 보고 있다. 하나님께서 이렇게 할 것을 미리 예언해 두셨고, 그들은 이 예언이 자신들에 대한 실상인 줄 모른다. 그래서 죽은 목사를 기리는 사람들을 두고 존귀에 처하나 깨닫지 못하는 "멸망하는 짐승 같도다"[시49:20]라고 하신 것이다. 우매한 자들은 오히려 성경과 다른 거짓말로 책을 써서 자신의 업적을 자랑하고 자자손손 죄를 짓게 만들며 하나님께 돌려야 할 영광을 가로채는 자들이다. 대한민국의 내로라하는 목사들이 다 이런 짓을 하였다. 이런 우상들이 전 세계에 얼마나 많은지 어찌 말로 다 하나? 너무 정확하게 영혼 살인을 저지르는 우매한 행위를 교인들은 오히려 칭찬한다고 하신 예언이 사실이 되었지만 모두 영적인 잠을 자고 있었기에 아무도 이 말씀의 뜻을 분별 못했던 것이다. 그러니 기독교가 다른 종교와 다른 것이 무엇이며, 지혜자의 죽음이 우매자의 죽음과 일반이라고 하신 것이다[전2:16].

오히려 칭찬한다고 하신 예언이 사실이 되었지만 모두 영적인 잠을 자고 있었기에 아무도 이 말씀의 뜻을 분별 못했던 것이다. 그러니 기독교가 다른 종교와 다른 것이 무엇이며, 지혜자의 죽음이 우매자의 죽음과 일반이라고 하신 것이다[전2:16].

선도서 2:16
지혜자나 우매자나 영원토록 기억함을 얻지 못하나니 후일에는 다 잊어버린지 오랠 것임이라 오호라 지혜자의 죽음이 우매자의 죽음과 일반이로다

"양같이 저희를 음부에 두기로 작정되었으니 사망이 저희 목자일 것이라"[시49:14] 육체가 살아 있을 때 음부, 곧 지옥 불구덩이에 들어가는 자들은 한 번뿐인 기회를 영원히 잃고, 일생 **"사망"**이 목자가 되어 헛되고 헛된 종교생활을 할 것이라는 뜻이며, 이들은 음부, 곧 지옥 불구덩이에 두기로 작정된 자들이다. 이들이 다 예수 이름으로 가장하고 하늘에서 땅에 떨어진 무저갱(지옥)의 열쇠를 받은 **"별"**이다. 이런 목사가 지옥 불의 소리로 설교하는 소리가 맞다며 그 **"사망"**을 섬기고, 육체가 죽으면 음부, 곧 지옥 불못에 가게 만드는 것을 두고 **"사망이 저희 목자"**라고 말씀하셨다. 전 세계에 사망이 목자인 두아디라 교회가 너무 많다.

"공의를 박멸한 자들"에게 보수하시는 날

너는 어느 도에서든지 빈민을 학대하는 것과 공의를 박멸
하는 것을 볼찌라도 그것을 이상히 여기지 말라 높은 자보
다 더 높은 자가 감찰하고 그들보다 더 높은 자들이 있음이
니라 [전5:8]

세상 사람들은 자신들을 학대하고 영혼 살인을 저
지르는 목사나 사제를 더 좋아한다. 그들이 하는 매
끄러운 설교를 오히려 사랑하며 하나님께서 친히 가
르치시는 천국 복음을 듣지 않는다. "빈민"은 심령
이 가난하고 육으로도 가난한 사람을 뜻하며, "공의
를 박멸"하는 것은 진리의 성령인 나, 신옥주 목사를
통해 하나님께서 친히 가르치시고 인도하시는 전대
미문의 새 일을 이단이라고 누명을 씌우고 2018년 7
월 24일에 부당하게 체포하고, 불법한 재판을 통해
흉악한 범죄자 취급하며 온 세상에 치욕을 겪는 이
일을 말하며, 이런 일을 보거든 그것을 이상히 여기
지 말라고 하신다. "공의"란 선과 악을 정확하게 분별
하시는 하나님만이 가지고 계신 성품 중 하나로, 하
나님의 완전하고 의로운 법을 기준으로 잘못된 것
이나 잘된 것을 가감 없이 판단하고 심판하시는 행
위를 일컫는 동시에 하나님께서 인간을 판단하시는

도덕적 기준이다. 따라서 하나님께서 전 우주적인 심판날로 정해 두신 지금 이 세대에 진리의 성령이 실상이 되어 죄에 대하여, 의에 대하여, 심판에 대하여 대언하는 말씀을 받지 못하도록 훼방하며 이단이라 정죄하고, 교인들로 하여금 선, 악을 분별하고 지켜 실행하지 못하도록 하는 것을 "공의를 박멸한다"고 하셨다. 그러나 이 세상에서 부, 명예, 권력, 힘을 다 가진 "높은 자"보다 "더 높은 분"이신 하나님께서 그들을 감찰하시며, 그들보다 더 높은 자들이 있다는 말씀은 진리의 성령의 인도함을 받아 하나님의 계명과 율례를 좇는 자들이 하나님께서 인정하시는 "더 높은 자들"로 그들이 바로 나와 은혜로교회 성도들이다.

요한복음 16:8
그가 와서 죄에 대하여, 의에 대하여, 심판에 대하여 세상을 책망하시리라

¹⁴시온의 딸아 노래할찌어다 이스라엘아 기쁘게 부를찌어다 예루살렘 딸아 전심으로 기뻐하며 즐거워할찌어다 ¹⁵여호와가 너의 형벌을 제하였고 너의 원수를 쫓아내었으며 이스라엘 왕 여호와가 너의 중에 있으니 네가 다시는 화를 당할까 두려워하지 아니할 것이라 [습3:14~15]

하나님께서 보수하시는 때는 새 언약의 말씀을 선포하는 진리의 성령으로 인해 창조함을 받은 성도들이 오는 세상에서 그리스도와 더불어 왕 노릇하는 때이며, 이때를 두고 "의인의 세대"[시14:5]라고 하신 것

요한계시록 20:6
이 첫째 부활에 참예하는 자들은 복이 있고 거룩하도다 둘째 사망이 그들을 다스리는 권세가 없고 도리어 그들이 하나님과 그리스도의 제사장이 되어 천년 동안 그리스도로 더불어 왕 노릇하리라

시편 14:5
저희가 거기서 두려워하고 두려워하였으니 하나님이 의인의 세대에 계심이로다

이다. 이들은 이미 "영생을 얻은 자"로 이 땅에 보냄을 받은 사람들이며, 안식에 들어간 자들로서 이 땅에 있는 모든 사람이 하는 염려, 근심이 없는 자들, 모든 인생들이 다 가지고 있는 불안, 걱정, 미움, 이생의 염려, 육신의 정욕, 안목의 정욕 등 한 마디로 말하면 원욕이 다 없어진 자들이다. 귀신이 영원히 다 떠난 자들이다.

그러나 또한 하나님께서 보수하시는 지금 이때는 성경과 다른 거짓말로 악인의 몽둥이와 패권자의 홀 노릇했던 용, 옛 뱀, 사단, 마귀, 벨리알, 아볼루온, 아바돈, 우상, 미운 물건, 가르치는 귀신, 악어, 광명의 천사로 가장한 자, 사망, 멸망 등 악한 자가 일하는 것이 끝나는 때다. 예수 그리스도께서 이 땅에 오신 후 창세 이래 땅의 모든 역사를 다 무효하고 현재 2021년을 사용하듯이, 하나님의 뜻은 진리의 성령인 나를 통해 이제까지의 모든 역사를 다 무효하고 다시 1년 1월 1일로 시작하시려고 2008년 6월 16일부터 히브리서 8장의 새 언약을 선포하고 있다. 또한 육체도 죽지 않는 온전한 구원인 "영생"을 주시려고 하나님께서 친히 가르치시고, 진리의 성령을 사용하여 "믿음은 이렇게 실상이다"라고 보여 주시며 다시 창조하시는 이 일을 부인하고 대적한 자들, 존귀에 처하나 깨닫지 못하는 멸망하는 짐승 같은 자들이 다 예수 이름 사용하는 자들이며, 예수 이름으로 사망과 음부의 열쇠를 받은 자들이다. 이 판결이 사실이 되어 코로나19 온역 재앙으로 전 세계가 하나님의 징계를 받고 있다. 이 땅에 재앙이 내리는 이유는 성경과 다른 거짓말로 불법과 불의를 행한 귀신의 처소 바벨론의 왕들인 천주교 교황을 비롯하여 우상이 된 사제와 목사들 때문이다.

> 35보수는 내 것이라 그들의 실족할 그때에 갚으리로다 그들의 환난의 날이 가까우니 당할 그 일이 속히 임하리로다 36여호와께서 자기 백성을 판단하시고 그 종들을 인하여 후회하시리니 곧 그들의 무력함과 갇힌 자나 놓인 자가 없음을 보시는 때에로다 37여호와의 말씀에 그들의 신들이 어디 있으며 그들의 피하던 반석이 어디 있느냐 [신32:35~37]

하나님께서 보수하시는 환난의 날이 될 때까지 아무도 하나님을 안 믿고 있었다. 그러나 이제는 하나님의 뜻을 행하는 자는 하나님 나라에 들어간다고 하신 말씀이 실상이 되고, "저희를 허물하여 일렀으되 주께서 가라사대 볼찌어다 날이 이르리니 내가 이스라엘 집과 유다 집으로 새 언약을 세우리라"[히8:8]고 하신 언약이 2008년 6월 16일부터 사실로 이루어지고 있다. 이는 성경과 다른 거짓말을 하는 관원인 목사들도, 그들 아래 하인 노릇하는 교인들도 모두 살리기 위해서다. 더 이상 악인의 몽둥이 아래 고통받지 않도록 흉악의 결박을 끊고 있다. 그러나 이미 죄가 목에 찬 마귀는 육체가 죽는다. 예수 이름 사용하며 성경과 다른 거짓말로 온 세상에 그 이름이 유명했던 자들이 이제 영원한 불에 던져진다. 이미 2020년부터 코로나19 온역 재앙으로 인해 온전히 실상이 되고 있다.

이 세상에 우연은 하나도 없다. 14년째 나, 신옥주 목사는 내 말을 한 것이 아니다. 절대 거짓말하시지 않는 하나님께서 언약하신 대로 정하신 때가 되어 친히 감추어 두신 모든 천국의 비밀을 전 성경에 미리 예언해 두신 대로 진리의 성령인 나를 통해 밝히는 것이 하나님의 뜻이다. 전에도 없었고, 앞으로도 없을 창세 이래 처음으로 천국의 비밀을 여시는 일이라 전대미문의 새 일, 새 언약이라고 하시는 것이다. 따라서 히브리서 8장의 새 언약으로 다시 거듭나지 아니하면 모두 죄 아래 가두어져 있는 상태로 살다가 죽으면 영원한 둘째 사망인 지옥불에 떨어진다. 반드시 천국 복음인 새 언약의 말씀으로 돌아서야 한다. 진리의 성령을 옥에 가두는 불법에 가담한 자들은 모두 공개 사과하고 회개해야 한다. 반드시 부당한 재판을 속히 돌이키고 모든 불의에서 돌이켜야 한다.

19

이제 온 천하는 **잠잠하라**

모든 이론을 파하는 강력
"전대미문의 새 언약"

「조선일보, 동아일보」 2021년 10월 22일 금요일

스마트폰으로 QR 코드를 스캔 하시면
[이제 온 천하는 잠잠하라] 전문을 다운로드 받을 수 있습니다.

"**이론**"은 절대 진리가 아니다

²²그러나 성경이 모든 것을 죄 아래 가두었으니 이는 예수
그리스도를 믿음으로 말미암은 약속을 믿는 자들에게 주려
함이니라 ²³믿음이 오기 전에 우리가 율법 아래 매인바 되
고 계시될 믿음의 때까지 갇혔느니라 [갈3:22~23]

전 우주적인 일곱째 날, 여호와의 날, 인자의 날인
지금 이 세대는 "믿음"이 오기 전까지 성경이 모든 것
을 죄 아래 가두어 두는 기간[갈3:22~23]이라 의인은
없나니 하나도 없다고 하셨고[롬3:10~12], 모두 치우
쳐 죄 아래 종살이를 하고 있었다. 전 세계 성경을 사
용하는 종교인들이 다 이러했으며, 온 땅에 사는 모
든 자들이 죄 가운데 육체가 죽었던 것이다. 그러나
"이런 것은 먹고 마시는 것과 여러 가지 씻는 것과 함께 육체
의 예법만 되어 개혁할 때까지 맡겨 둔 것이니라"[히9:10]고

로마서 3:10~12
10 기록한 바 의인은 없
나니 하나도 없으며
11 깨닫는 자도 없고 하
나님을 찾는 자도 없고
12 다 치우쳐 한가지로
무익하게 되고 선을 행하
는 자는 없나니 하나도 없
도다

하신 성경적인 개혁이 온전히 이루어질 때인 지금 이 세대에 전대미문의 새 언약을 선포함으로 모든 죄악의 더러움을 씻게 될 것이란 예언이 실상으로 이루어지고 있다.

³우리가 육체에 있어 행하나 육체대로 싸우지 아니하노니 ⁴우리의 싸우는 병기는 육체에 속한 것이 아니요 오직 하나님 앞에서 견고한 진을 파하는 강력이라 ⁵모든 이론을 파하며 하나님 아는 것을 대적하여 높아진 것을 다 파하고 모든 생각을 사로잡아 그리스도에게 복종케 하니 ⁶너희의 복종이 온전히 될 때에 모든 복종치 않는 것을 벌하려고 예비하는 중에 있노라 [고후10:3~6]

"영적인 전쟁"이란 육체가 살아서 하나님의 일을 대적하고 훼방하는 자들과 영적인 전쟁을 하는데 사람 생각대로 하는 것이 아니고, 영에 속한 자, 곧 하나님께 속한 자가 하나님의 말씀으로 싸우는 것을 뜻한다. 고린도후서 10장의 모든 이론을 파하는 "강력"이란 저자인 사도 바울 당시가 아니라 인자의 날, 여호와의 날인 지금 이 세대에 "영"이신 하나님께서 영인 하나님의 말씀으로 친히 가르치실 때[요6:45], 하나님의 영, 곧 진리의 성령인 나, 신옥주 목사를 사용하여 "전대미문의 새 언약"[히8장]의 말씀으로 14년째 영적인 전쟁을 하고 있는 이 일을 예언하신 것이며, 이미 사실이 되어 땅에서 이루어지고 있다.

"오직 하나님 앞에서 견고한 진을 파하는 강력이라 모든 이론을 파하며"라고 하신 것은 사람 차원으로 지어낸 모든 이론을 파하기 때문이다. "이론"이란 낱낱의 사물이나 현상을 일정한 원리와 법칙에 따라 통일적으로 설명할 수 있는 보편적인 지식 체계나 실천에 대립되는 관념적이고 논리적인 지식, 어떠한 문제에 관한 특정한 학자의 견해나 학설을 말한다. "이론가"라는 말은 이론에 밝고 능한 사람, 곧 실천은 하지 아니하고 이론만 내세우는 사람을 말한다. 이론을 다른 말로 하면 "이견, 다른 의견, 이설, 이의"라고도 하며, 사람이 자기 생각을 제기하는 것일 뿐 결과적으로 말쟁이들로 만드는 것이다. 따라서 이론은 절대 진리가 아니다. "진리"란 참된 도리이며, 바른 이치이고, 어떤 명제가 사실과 일치하고 논리의 법칙에 맞는 것이며, 언제나 누구에게나 타당하다고 인정되는 인식의 내용이며, 사실이고, 다른 말로 진실이다. 그러므로 이론은 사람의 생각이며 의견이라 분쟁만 생기고, 의문만 남는다. 증명한다.

욥기 32장에서 엘리후가 의견을 말한다. [6]부스 사람 바라겔의 아들 엘리후가 발언하여 가로되 나는 년소하고 당신들은 년로하므로 참고 니의 의견을 감히 진술치 못하였 노라… ^{10}그러므로 내가 말하노니 내 말을 들으라 나도 내 의 견을 보이리라 ^{11}내가 당신들의 말을 기다렸고 당신들이 할 말을 합당하도록 하여 보는 동안에 그 변론에 내 귀를 기울 였더니 ^{12}자세히 들은즉 당신들 가운데 욥을 꺾어 그 말을 대 답하는 자가 없도다… ^{16}그들이 말이 없이 가만히 서서 다시 대답지 아니한즉 내가 어찌 더 기다리랴 ^{17}나도 내 본분대로 대답하고 나도 내 의향을 보이리니 ^{18}내게 말이 가득하고 내 심령이 나를 강박함이니라[욥32:6~18]

욥기는 37장까지 욥과 세 친구의 의견이 서로 대립 하고 변론하지만 분쟁이 끝이 나지 않는다. 욥은 이 름의 뜻이 "미움받는, 핍박받는 자"란 뜻으로, 예수님 의 그림자요 표상이다. 하나님께서는 욥기를 통해 사 람의 이론으로는 문제가 해결될 수 없다는 것을 교 훈하시고, 예수 그리스도께서 이 땅에 오시고도 이런 영적인 상태가 2천 년간 이어질 것을 감추어 두셨다.

누가복음 10:36~37
36 네 의견에는 이 세 사 람 중에 누가 강도 만난 자의 이웃이 되겠느냐 37 가로되 자비를 베푼 자니이다 예수께서 이르 시되 가서 너도 이와 같이 하라 하시니라

예수 그리스도께서는 영생을 어떻게 얻느냐고 묻 는 율법사에게 명백하게 말씀하시지 않고, 율법사 의 의견을 물으시고, 대답하는 율법사에게 가서 너 도 이와 같이 하라고 하신다[눅10:25~37]. 이는 욥기 에서 이미 변론만 낼 것이라고 미리 예언해 두신 대

로 그 결과를 기록한 것이다. 또한 "무엇을 하여야 영생을 얻으리이까"라고 묻는 유대인 부자 관원에게 예수님께서는 계명들을 지키라고 하셨다[마19:16~29, 막10:17~30, 눅18:18~30]. 그 말을 들은 관원은 자신은 계명을 다 지켰다고 하자 "너 가진 모든 소유를 다 팔아 가난한 자들에게 나누어 주고 와서 나를 좇으라 그리하면 하늘에서 보화가 네게 있으리라"고 하니까 그 관원은 재물이 많은 사람이라 근심하며 돌아갔다. 예수님께서는 하나님의 계명에 대해 말씀만 하실 뿐 부자 관원이 단 하나도 하나님의 계명을 지키지 않았다고 말씀하지 않고 각자 자기의 말만 했을 뿐이다. 문제에 대한 원인과 해결 방법, 결과는 말씀하시지 않은 분이 예수님이셨다.

또한 예수님의 제자들도 "그러므로 내 의견에는 이방인 중에서 하나님께로 돌아오는 자들을 괴롭게 말고"[행15:19]라고 기록하여 성경을 가지고 거듭나지 않은 상태에 보고 듣고 가르치면 점점 이론만 만들어 내는 빌미를 제공하였고, 사도 바울도 "처녀에 대하여는 내가 주께 받은 계명이 없으되 주의 자비하심을 받아서 충성된 자가 되어 의견을 고하노니 내 생각에는 이것이 좋으니 곧 임박한 환난을 인하여 사람이 그냥 지내는 것이 좋으니라"[고진7:25~26]라고 말해 얼마나 많은 사람들이 결혼을 하지 않고 실족하게 만들었는지 어찌 말로 다 할까? 사도 바울도 "때"를 모르고 A.D 50~70년에 "곧 임박한 환난"이라고 기록했으니, 1951년이 지나도 실상이 되지 않았다. 그 결과 진실로 하나님께서 "정하신 때"가 되어도 사람들이 안 믿는 것이다. 사람의 소리, 곧 "이론"은 절대 살아 계신 하나님의 말씀이 될 수 없다. 진리를 진리대로 절대 전할 수 없다는 뜻이다. 그래서 "여호와의 말씀에 내 생각은 너희 생각과 다르며 내 길은 너희 길과 달라서 하늘이 땅보다 높음 같이 내 길은 너희 길보다 높으며 내 생각은 너희 생각보다 높으니라"[사55:8~9]고 하셨고, "나는 사람에게서 증거를 취하지 아니하노라"[요5:34]고 하신 것이다.

당신들은 하나님을, 예수 그리스도를
진실로 알고, 믿었는가?

진리는 기록된 성경이 사실과 일치해야 한다. 예수 그리스도께서 자신을 두고 "내가 길이요 진리요 생명이니"라고 하셨으니 예수 그리스도께서 하신 말씀대로 지켜 실행하면 "나를 믿는 자는 죽어도 살겠고" 하신 대로 죽어도 살아나야 하고, 살아서 예수 그리스도를 믿으면 영원히 죽지 아니해야 한다[요11:25~26]. 그런데 왜 예수님께 직접 가르침을 받은 제자들이 순교를 했는데도 예수님처럼 삼 일 만에 신령한 몸으로 부활하지 않은 것일까? 그리고 승천하시면서 본 그대로 다시 강림하신다고 하셨는데 왜 2021년 10월 22일 이때까지 다시 강림하시지 않는 것일까? "무릇 살아서 나를 믿는 자는 영원히 죽지 아니하리니 이것을 네가 믿느냐"[요11:26]라고 하신 말씀을 "믿습니다" 하고 설교를 하고 온 목사들이 다 죽었으니 누가 이 말씀이 참 사실이라고 믿었겠는가?

요한복음 11:25~26
25 예수께서 가라사대 나는 부활이요 생명이니 나를 믿는 자는 죽어도 살겠고
26 무릇 살아서 나를 믿는 자는 영원히 죽지 아니하리니 이것을 네가 믿느냐

> ⁴⁷진실로 진실로 너희에게 이르노니 믿는 자는 영생을 가졌나니 ⁴⁸내가 곧 생명의 떡이로라 ⁴⁹너희 조상들은 광야에서 만나를 먹었어도 죽었거니와 ⁵⁰이는 하늘로서 내려오는 떡이니 사람으로 하여금 먹고 죽지 아니하게 하는 것이니라 ⁵¹나는 하늘로서 내려온 산 떡이니 사람이 이 떡을 먹으면 영생하리라 나의 줄 떡은 곧 세상의 생명을 위한 내 살이로라 하시니라 [요6:47~51]

또한 예수님께서 하신 말씀을 알아듣지 못하고 "이러므로 유대인들이 서로 다투어 가로되 이 사람이 어찌 능히 제 살을 우리에게 주어 먹게 하겠느냐"[요6:52] 하고 의심하게 만든 것이다. 즉 사람 차원으로는 알아듣지 못

하는 말씀을 하신 것이다. 유대인들은 예수님을 사람이 본능적으로 아는 지식으로 아버지는 요셉이요, 어머니는 마리아라고 알고 있으니 예수님은 사람이지만 하나님의 아들이라는 사실, 곧 진리를 모르고 있고, 그러니 안 믿는 것이다. 이것이 유대인들의 실체다.

그럼 기독교는 알아들었을까? 못 알아들었다. 천주교도 마찬가지다. 예수님을 낳은 마리아를 숭배하여 마리아 상을 세워 기도하고, 아기 예수를 안고 있는 마리아 형상을 만들어 사람을 숭배하게 만들어 죄 짓게 하고 하나님의 계명을 어긴 것이다. 아무도 예수 그리스도께서 하신 이 말씀 속에 감추어 두신 진리를 몰랐다. 예수 그리스도를 믿는다고 하는 천주교, 기독교인들이 모두 영생하지 못한 이유를 역사가 명백하게 증거해 주고 있다.

> [53]예수께서 이르시되 내가 진실로 진실로 너희에게 이르노니 인자의 살을 먹지 아니하고 인자의 피를 마시지 아니하면 너희 속에 생명이 없느니라 [54]내 살을 먹고 내 피를 마시는 자는 영생을 가졌고 마지막 날에 내가 그를 다시 살리리니 [요6:53~54]

예수 그리스도께서 살리시는 것이 아니고, 성부 하나님께서 살리신다. 하나님께서 미리 다 성경에 예언해 두시고 해답도 성경 속에 감추어 두셨지만 "마지막 날"이 언제인지 아들 예수도 모르셨다[마24:36]. 뿐만 아니라 예수님이 하신 언행으로 인해 지금 이때까지 실족한 영적인 상태로 이어져 온 실상인 줄 예수님도 당시에 모르셨다. 그런데 누가 알고 믿었는가? 사람의 생각으로는 전 성경에 기록된 말씀이 도무지 이해가 안 되고 안 믿어져야 했다. 단 한 절도 안 믿으면서 자신들은 이미 잘 믿고 있다고 생각하는 자칭 기독교인들, 천주교인들이 너무나 많다. 온 세상에 성경을 사용하고 하나님을 믿는다고 하는 모든 사람들에게 묻는다. "당신들은 하나님을 믿는가? 예수 그리스도를 믿고 있는가?"

마태복음 24:36
그러나 그날과 그때는 아무도 모르나니 하늘의 천사들도, 아들도 모르고 오직 아버지만 아시느니라

예수 그리스도의 살과 피를 먹고 마시는 자는 영생을 가졌다고 하시는데, 왜 한 명도 영생하지 못하고 다 죽었을까? 지금 이 시간까지 성찬식은 경건하게 해야 한다고 떡과 포도주를 먹기 전에 찬송하며, "예수님 용서해 주세요" 눈물을 흘리며 회개하고 경건한 척 성찬식을 하고 있다. 전 세계에서 행하는 성찬식이 예수님께서 말씀하신 "예수님의 살과 피를 먹고 마시는 것"이라고 가르친 전 세계 목사들에게 묻는다. 그 성찬식이 맞다면 이미 영생을 가진 것인데 왜 다 죽었

으며, 죽어서 어디에서 영생하는 것인가? 또 하늘나라는 어디인가? 영생이라는 단어의 의미조차 모르면서 왜 그렇게 자신들은 이미 잘 믿고 있고, 그래서 목사가 되있다고 스스로 생각하나? 천주교나 기독교가 온 세상 사람들이 만든 종교와 다른 것이 무엇인가? 사람이 만든 떡, 빵, 포도주가 예수님의 살이고 피라고 가르치고 지키는 것이 바로 사람이 만든 이론이다. "이론"으로는 절대 영생에 이를 수 없고, 구원에 이를 수 없다. 진리는 반드시 실상이 되어야 한다.

"이것은 죄 사함을 얻게 하려고 많은 사람을 위하여 흘리는 바 나의 피 곧 언약의 피니라"[마26:28]라고 하셨는데 예수님께서 직접 주신 떡과 포도주를 먹고 마신 제자들은 왜 영생하지 못하고 다 죽었을까? 영생은 죽어서 하는 것이라고 믿는 기독교인들은 영생하기 위해 죽어 보라. 죽어 보면 당신들이 진리를 믿은 것인지 아닌지 알게 될 것이고, 진리가 무엇인지 몰랐다는 것을 당신들의 혼이 죽어서 간 곳이 천국이 아니라 지옥 불못임을 알게 될 것이다. 부활하신 예수 그리스도는 하늘로 승천하셨는데 만약 그곳이 하나님나라면 왜 다시 이 땅에 재림한다고 하셨을까? 육체가 죽어서 영생하는 것이라면 왜 2021년 동안 단 한

가로되 갈릴리 사람들아 어찌하여 서서 하늘을 쳐다 보느냐 너희 가운데서 하늘로 올리우신 이 예수는 하늘로 가심을 본 그대로 오시리라 하였느니라

명도 영생하는 몸으로 예수님처럼 부활하지 않았을
까? 요한복음 6장에 기록된 당시 유대인들만 예수님
께서 하신 말씀을 못 알아듣는 것이 아니고, 지금 전
세계 성경을 사용하며 종교생활하는 모든 자들도 마
찬가지로 예수님을 통해 하신 하나님의 말씀을 못 알
아듣고 헛되게 종교생활하고 있다.

하나님을 믿는 것은 기록된 말씀을 믿는 것이다. 전 세계
모든 천주교, 기독교인들이 하나님을, 예수 그리스도
를 믿는 것이 아니다. 사실이다. 절대 과언도 아니고
허언은 더더욱 아니다. 하나님에 대해서, 예수 그리
스도에 대해서 아무것도 모르는데 어떻게 믿는다고
생각하나? 그것은 사람 생각일 뿐 하나님의 생각은
다르다[사55:8~9].

이사야 55:8~9
8 여호와의 말씀에 내 생
각은 너희 생각과 다르며
내 길은 너희 길과 달라서
9 하늘이 땅보다 높음 같
이 내 길은 너희 길보다
높으며 내 생각은 너희 생
각보다 높으니라

　이것은 하나님께서 정하신 때가 될 때까지 원욕이
그대로 있는 사람이 성경을 보면 더 큰 죄를 짓게 되
고, 자신들의 원욕을 채우기 위해 무슨 짓이든 끊임
없이 꾀를 내어 헛된 이론을 만들고, 그 욕망은 끝이
없어 하나님의 이름, 예수 이름을 이용만 할 뿐 하나
님의 뜻과는 아무 관계가 없다는 뜻이다. 그러므로
하나님께서 이런 사람들이 이 세상을 지배하며 다스
리지만 영적으로 실족해 있는 기간을 6일간(구약 4천

년 + 신약 2천 년 = 6천 년, 벧후3:8로 해석하면 6일)으로 정해 두셨고, 정하신 때가 될 때까지 성경을 통한 하나님의 나라 비밀은 사람들에게 모르게 하신 것이다. 또한 택한 자녀들에게는 계명을 주셔서 지키는지, 아니 지키는지 다 보시고 아시고 계신다. 오죽하면 땅 위에 사람 지으셨음을 한탄하셨을까? 이제 여호와의 날, 인자의 날이 되어 땅 위에 사는 모든 사람들의 이론을 다 파하시고, 하나님만이 "참 신"이심을 나타내고, 땅에 있는 모든 사람들의 입이 하나님이 "창조주"이심을 시인하도록 하시는 때가 지금 2021년 이 세대다.

그래서 지금 모두 하나님께로 돌아서면 된다. 이제까지 성경을 잘 알고 있고, 잘 믿고 있다고 생각하던 모든 이론을 무효하고 진리로, 새 언약의 말씀으로 돌아서면 된다. 다른 말로 자신의 주인이 "귀신"이었다는 것을 인정하지 않고 깨닫지 못하면 일생 교회를 다니며 "주여, 주여" 해도 하나님의 나라와 아무 관계가 없고, 진리를 모르면 기록된 하나님의 말씀을 자신들의 영달을 위해 이용만 할 뿐, 결국 일생 헛된 삶을 살고 영원을 자신이 스스로 결판내고 만다는 것이다.

새 언약으로 이제 **"믿음"**이 실상이 된다

[36]여호와께서 자기 백성을 판단하시고 그 종들을 인하여 후회하시리니 곧 그들의 무력함과 갇힌 자나 놓인 자가 없음을 보시는 때에로다 [37]여호와의 말씀에 그들의 신들이 어디 있으며 그들의 피하던 반석이 어디 있느냐 [38]그들의 희생의 고기를 먹던 것들, 전제의 술을 마시던 것들로 일어나서 너희를 돕게 하라 너희의 보장이 되게 하라 [39]이제는 나 곧 내가 그인 줄 알라 나와 함께 하는 신이 없도다 내가 죽이기도 하며 살리기도 하며 상하게도 하며 낫게도 하나니 내 손에서 능히 건질 자 없도다 [신32:36~39]

2008년 6월 16일 창세 이래 처음으로 "전대미문의 새 언약"[히8장]을 시작할 때까지 자신들은 모두 하나님을, 예수 그리스도를 믿고 있다고 하는 자들을 두고 하나님께서 자기 백성을 판단하시고, 그 종들을 인하여 후회하신다고 말씀하셨다[신32:36~39]. 하나님의 백성과 백성들을 인도하고 가르치는 종들, 유대교 랍비들, 천주교 사제들, 기독교 목사들, 성경을 사용하는 모든 사람들에게 다 "그들의 신들이 어디 있느냐"고 말씀하신다. 바꾸어 말하면 혀로 "하나님, 예수님" 하고 자신들은 다 믿는다고 하는데 이들에게는 하나님이 계시지 않았고, 모두 "다른 신", 즉 우상을 믿는 자라는 뜻이다. 성경이 모든 것을 죄 아래 가두어 둔 기간[갈3:22]에 대한 하나님의 판결이며, 예언이었고, 사실이었다.

> 또 주께서 가라사대 내가 저희 열조들의 손을 잡고 애굽 땅에서 인도하여 내던 날에 저희와 세운 언약과 같지 아니하도다 저희는 내 언약 안에 머물러 있지 아니하므로 내가 저희를 돌아보지 아니하였노라 [히8:9]

"저희는 내 언약 안에 머물러 있지 아니하므로" 하나님의 언약 안에 머무른다는 것은 "말씀이 곧 하나님"이시라 하나님의 언약을 마음에 믿고 지켜 실행하는 것을 뜻하신다. 예수 그리스도를 통해서 하신 말씀이 하나님의 말씀, 곧 하나님의 계명인 줄 알고 그대로 지켜 실행하는 것이 바로 하나님을 믿는 것이고, 보내신 아들을 믿는 것이며, 하나님의 언약 안에 머무르는 것이다. 미워하지 말라 하셨고, 미워하면 살인이라고 하셨으니 미워하지 않는 것이 언약 안에 머무르는 것이다. 그러나 하나님의 언약은 진리의 성령이 실상으로 와서 히브리서 8장의 새 언약을 할 때, "죄에 대하여, 의에 대하여, 심판에 대하여" 모든 진리 가운데로 인도하며 장래 일을 알게 할 때[요16:7~15], 하나님의 언약을 받는다고 다 기록되어 있어도 이 사실을 알지도

갈라디아서 3:22
그러나 성경이 모든 것을 죄 아래 가두었으니 이는 예수 그리스도를 믿음으로 말미암은 약속을 믿는 자들에게 주려 함이니라

요한복음 1:1
태초에 말씀이 계시니라 이 말씀이 하나님과 함께 계셨으니 이 말씀은 곧 하나님이시니라

요한일서 3:15
그 형제를 미워하는 자마다 살인하는 자니 살인하는 자마다 영생이 그 속에 거하지 아니하는 것을 너희가 아는 바라

요한복음 16:13
그러하나 진리의 성령이 오시면 그가 너희를 모든 진리 가운데로 인도하시리니 그가 자의로 말하지 않고 오직 듣는 것을 말하시며 장래 일을 너희에게 알리시리라

못하고, 믿지도 않았다. 실상을 말하면 이제까지 하나님의 언약을 받은 적도 없는데 어떻게 하나님을 믿는다고 말하며, 어떻게 예수 그리스도를 믿는다고 하나? 진리의 성령이 실상이 될 때까지 아무도 하나님의 말씀, 곧 언약 안에 머물러 있지 않았고, 하나님과도 아무 관계가 없었던 것이다. 이것은 내 말이 아니라 하나님의 말씀이다.

> [19]내가 네게 장가들어 영원히 살되 의와 공변됨과 은총과 긍휼히 여김으로 네게 장가들며 [20]진실함으로 네게 장가들리니 네가 여호와를 알리라 [호2:19~20]

성경은 "하나님의 언약" 안에 머물러 있는 "창조함을 받을 백성들"을 위해 기록되었으며[시102:18], 하나님의 언약을 실상으로 이루시기 위해 보증물로 보낸 사람은 호2:19~20절의 예언의 실상이 된 사람으로 육으로 "여자"이며, 열면 닫을 사람이 없고, 닫으면 열사람이 없는 다윗의 열쇠를 받은 빌라델비아 교회의 사자[계3:7~13], 곧 "목사"로 온 사람인 나, 신옥주 목사다. 그래서 "진리의 성령"이며, 다른 말로 하면 "믿음"[갈3:23]이며, "해를 입은 여자"[계12:1]다. 이 땅에 태어나기 전에 이미 영생을 얻을 것을 약속해 둔 사람[요14:16~17]이며, 하나님께서 영원히 계신 분이시라

시편 102:18
이 일이 장래 세대를 위하여 기록되리니 창조함을 받을 백성이 여호와를 찬송하리로다

요한계시록 3:7
빌라델비아 교회의 사자에게 편지하기를 거룩하고 진실하사 다윗의 열쇠를 가지신 이 곧 열면 닫을 사람이 없고 닫으면 열 사람이 없는 그이가 가라사대

갈라디아서 3:23
믿음이 오기 전에 우리가 율법 아래 매인바 되고 계시될 믿음의 때까지 갇혔느니라

요한계시록 12:1
하늘에 큰 이적이 보이니 해를 입은 한 여자가 있는데 그 발 아래는 달이 있고 그 머리에는 열두 별의 면류관을 썼더라

16 내가 아버지께 구하겠
으니 그가 또 다른 보혜사
를 너희에게 주사 영원토
록 너희와 함께 있게 하시
리니
17 저는 진리의 영이라
세상은 능히 저를 받지 못
하나니 이는 저를 보지도
못하고 알지도 못함이라
그러나 너희는 저를 아나
니 저는 너희와 함께 거하
심이요 또 너희 속에 계시
겠음이라

는 보증물로 보낸 사람이다.

"영원한 생명"은 하나님께서 가지신 고유 권한이라 하나님의 계명을 지켜 실행하면 죄를 짓지 아니하고 영혼이 정결케 되고, 온전한 영광이신 하나님께서 내 안에 내주하셔서 영광을 가지는 것이다. 다른 말로 하나님의 성전이 되는 것이고, 하나님과 동행하는 것이다. 이는 말씀이 하나님이시기 때문에 하나님의 말씀이 내 속에 계셔서 하나님과 동행하는 것이다. 이것이 예수 그리스도의 살과 피를 먹고 마시는 것이다.

"피를 마시는 것"은 예수 그리스도의 계명을 지켜 실행함으로 인하여 같은 형제라 하는 기독교인들에 의해 핍박받고 미움받아 이단이라 정죄당하고, 우리 안에 있었던 대체육체들, 불택자들, 다른 신을 섬기는 자들, 악인들에 의해 이 세상 법에 고소당하고 감옥에 갇히고 온 세상에 치욕을 겪고 있는 것이 바로 "피를 마시는 것"이다. 이미 나와 은혜로교회 성도들에게 실상이 되었다.

따라서 히브리서 8장의 새 언약으로 다시 거듭나지 아니하면 모두 죄 아래 가두어져 있게 된다. 다른 말로 하면 불의한 재판관 아래 있으므로 관원인 목사가 성경과 다른 거짓말로 설교하면 그 하인, 곧 교인들도 모두 다 악하다고 하신 것이다[잠29:12]. 이는 2천 년간, 더 넓게는 6천 년간 성경을 사용하여 신앙생활을 하는 모든 종교의 실상이다. 이때는 불의한 재판관들이 세상을 지배하고 왕 노릇하는 때로서, 진리대로 하나님과 예수 그리스도를 아는 것이 아니다. 그래서 "하나님을 알되 하나님으로 영화롭게도 아니하며 감사치도 아니하고 오히려 그 생각이 허망하여지며 미련한 마음이 어두워졌나니"[롬1:21]라고 하신 것이다. 따라서 이 기간에는 모두 다 하나님을 "바알" 섬기듯이 한 것이므로, 사람 차원의 모든 이론은 무효해야 한다.

잠언 29:12
관원이 거짓말을 신청하면 그 하인은 다 악하니라

진리의 성령인 나는 창세 이래 그 누구도, 심지어 하나님의 아들도 몰랐던 천국의 비밀을 14년째 선포하고 있다. 나를 통한 하나님의 큰일을 훼방하고 대적하는 자들은 반드시 죽는다. 육체가 죽는 것으로 끝나는 것이 아니라, 둘째 사망인 영원한 지옥불에서 영벌을 받으며 살아야 한다. 그러므로 "전대미문의 새 언약"으로 모두 돌아서야 한다. 진리의 성령을 훼방한 자들은 모두 공개 사과하고 회개하라. 불법한 재판을 속히 돌이켜야 한다. 그렇지 않으면 성경에 기록된 모든 재앙이 이 땅에 다 내린다. 코로나19는 빙산의 일각이다.

하나님께 영광을 돌리는
"긴 머리 여자"의 비밀

20

「조선일보, 동아일보」 2021년 10월 29일 금요일

스마트폰으로 QR 코드를 스캔 하시면
[이제 온 천하는 잠잠하라] 전문을 다운로드 받을 수 있습니다.

성경에서 말씀하신
"남자"와 "여자"는 누구인가?

> 여자가 남자에게서 난 것 같이 남자도 여자로 말미암아 났
> 으나 모든 것이 하나님에게서 났느니라 [고전11:12]

"여자가 남자에게서 난 것같이" 이 말씀은 전 세계 모든 기독교인들, 천주교인들, 남녀노소 모두 남자로 이 땅에 오신 예수 그리스도를 믿는 자들은 반드시 하나님의 말씀으로 다시 거듭나야 한다는 뜻이다. 그래서 "살리는 것은 영이니 육은 무익하니라"[요6:63]고 하신 말씀대로 항상 영적인 것이 먼저이어야 한다. 문자 그대로 하면 여자가 남자에게서 난 자들이 온 천하에 어디 있는가? 귀신이 주인인 사람은 한 말씀도 하나님의 나라 비밀을 모르고, 모르니 안 믿은 것이다. 그래서 가르치는 귀신인 "마귀"는 처음부터 거짓말을 한다고 하신 것이 참 진리다[요일3:8]. 문자 그대로

디모데전서 4:1
그러나 성령이 밝히 말씀하시기를 후일에 어떤 사람들이 믿음에서 떠나 미혹케 하는 영과 귀신의 가르침을 좇으리라 하셨으니

요한일서 3:8
죄를 짓는 자는 마귀에게 속하나니 마귀는 처음부터 범죄함이니라 하나님의 아들이 나타나신 것은 마귀의 일을 멸하려 하심이니라

고린도전서 2:13~14
13 우리가 이것을 말하기니와 사람의 지혜의 가르친 말로 아니하고 오직 성령의 가르치신 것으로 하니 신령한 일은 신령한 것으로 분별하느니라
14 육에 속한 사람은 하나님의 성령의 일을 받지 아니하나니 저희에게는 미련하게 보임이요 또 깨닫지도 못하나니 이런 일은 영적으로라야 분변함이니라

사람 생각대로 보면 모두 성경과 다른 기짓말로 설교하게 된다. 그래서 반드시 전 성경을 통으로 보고, 성경은 성경으로 해석해야 한다[고전2:13~14].

하나님의 은혜로 가르침을 받지 아니하면 절대 알 수 없는 것이 "천국의 비밀"이다. "여자가 남자에게서 난 것 같이"라고 하신 말씀의 온전한 실상인 "여자"는 하나님께로서 난 자라야 한다. 영적으로는 남자인 예수 그리스도를 믿는 그리스도인 모두를 지칭하시는 것이고, 영으로도, 육으로도, 곧 문자 그대로도, 문자 속에 감추어 두신 말의 뜻으로도 온전히 이 말씀의 여자는 "나"에 대한 예언이 명백하며, 나는 남자로 오신 예수 그리스도를 믿어 계명을 지켜 실행하고 본 남편 하나님으로 인해 다시 창조되었다.

3저희가 보좌와 네 생물과 장로들 앞에서 새 노래를 부르니 땅에서 구속함을 얻은 십 사만 사천인 밖에는 능히 이 노래를 배울 자가 없더라 4이 사람들은 여자로 더불어 더럽히지 아니하고 정절이 있는 자라 어린 양이 어디로 인도하든지 따라가는 자며 사람 가운데서 구속을 받아 처음 익은 열매로 하나님과 어린 양에게 속한 자들이니 [계14:3~4]

그래서 이 "여자"는 여자로 더불어 더럽히지 아니하고 정절이 있는 자라고 하며, 새 노래, 곧 전대미문의

새 언약인 히브리서 8장의 영원한 언약을 대언하는 여자이며, 자기 말을 하지 않고 하나님의 가르치심을 대언하는 여자[요6:45], 하나님께서 장가드신다는 예언이 실상이 된 여자[호2:19~20], 하나님의 계명을 지켜 실행하는 실상의 믿음[갈3:23] 등등 여러 부분, 여러 모양으로 기록된 진리대로 사실이 된 사람이 바로 "또 다른 보혜사 진리의 성령"이다.

따라서 "정절이 있는 자"란 "또 이와 같이 여자들도 아담한 옷을 입으며 염치와 정절로 자기를 단장하고 땋은 머리와 금이나 진주나 값진 옷으로 하지 말고 오직 선행으로 하기를 원하라 이것이 하나님을 공경한다 하는 자들에게 마땅한 것이니라"[딤전2:9~10]고 하신 말씀이 실상이 된 사람을 말한다. 이 예언은 사도 바울 당시가 아니라 여호와의 날 "온 천하는 잠잠하라"고 하시고, 하나님께서 친히 오셔서 전대미문의 새 언약을 하실 때, 혀로 "오직 예수, 오직 예수" 하면서 말만 하는 기독교인들이 진실로 여호와 하나님께로 돌아오는 이때 이루어지는 예언이며, 성경을 사용하며 신앙생활을 하는 모든 사람들이 다 선행으로 하기를 원하고, 선한 분이신 하나님의 말씀에 순종함으로 종용히 배우라는 뜻이다[딤전2:10~11].

요한복음 6:45
선지자의 글에 저희가 다 하나님의 가르치심을 받으리라 기록되었은즉 아버지께 듣고 배운 사람마다 내게로 오느니라

호세아 2:19~20
19 내가 네게 장가들어 영원히 살되 의와 공변됨과 은총과 긍휼히 여김으로 네게 장가들며
20 진실함으로 네게 장가들리니 네가 여호와를 알리라

갈라디아서 3:23
믿음이 오기 전에 우리가 율법 아래 매인바 되고 계시될 믿음의 때까지 갇혔느니라

디모데전서 2:10~11
10 오직 선행으로 하기를 원하라 이것이 하나님을 공경한다 하는 자들에게 마땅한 것이니라
11 여자는 일절 순종함으로 종용히 배우라

이런 말씀을 사람이 본능적으로 아는 것으로 보고 여자를 부시 멸시하는 아프가니스탄을 섬멸한 발에 반은 사람이 만든 이론으로 인해 죄에 죄를 더하고 있을 뿐이다. 이런 자들은 "여자는 일절 순종함으로 종용히 배우라 여자의 가르치는 것과 남자를 주관하는 것을 허락지 아니하노니 오직 종용할찌니라"[딤전2:11~12]고 하신 말씀도 문자적으로 보고 해석해서 여자들을 핍박한다. 신령한 것은 신령한 것으로 해석해서 분별하지 아니하면[고전2:13~14], 오히려 죄를 짓게 되며 그래서 사람에게는 하나님의 행하시는 일을 알게 하시지 않는다[전8:17]고 하셨고, 사람에게서 증거를 취하시지 않는다[요5:34]고 하셨던 것이다.

전도서 8:17
하나님의 모든 행사를 살펴보니 해 아래서 하시는 일을 사람이 능히 깨달을 수 없도다 사람이 아무리 애써 궁구할찌라도 능히 깨닫지 못하나니 비록 지혜자가 아노라 할찌라도 능히 깨닫지 못하리로다

요한복음 5:34
그러나 나는 사람에게서 증거를 취하지 아니하노라 다만 이 말을 하는 것은 너희로 구원을 얻게 하려함이니라

진리는 이렇게 실상이 나타나서 하나님의 뜻을 한 절도 모르고 사람의 소리, 곧 사단의 소리로 미혹한 모든 이론을 다 파하는 것이다. 다른 말로 하면 상상하는 모든 사람들의 입을 막고, 예수 그리스도를 믿는다고 하는 모든 교회, 곧 여자들을 잠잠하게 하고, 종용히 자기 남편인 성부 하나님께 배우게 하는 것이다.

"남자도 여자로 말미암아 났으나" 이 "남자"는 영육으로 온전히 해석하면 첫째 남자로 이 땅에 오셨던 예수 그리스도에 대한 예언으로 문자 그대로 여자 마리

아에게서 나셨고, 영적으로 교회에서 당시 세례 요한에게 세례를 받으신 것이다. 이미 2천 년 전에 사실이 되었다. 그러나 하나님께서는 살아 있는 "산 자의 하나님"이시다. 더 온전한, 본문의 "남자"는 영육으로 온전히 여자로 말미암아 난 자인 이 세대에 "하나님의 아들들"[롬8:14, 19]에 대한 예언이다. 영적으로 남자, 곧 하나님의 아들들도 남녀노소 모두 다 해당하며, 육으로도 여자로 말미암아 났고, 영적으로도 "해를 입은 여자"로 말미암아 전대미문의 새 언약의 말씀으로 성도들로, 영영한 사역자들로 하나님께서 다시 창조하시고 계신다[시102:18]. 그래서 "여자가 해산하게 되면 그 때가 이르렀으므로 근심하나 아이를 낳으면 세상에 사람 난 기쁨을 인하여 그 고통을 다시 기억지 아니하느니라"[요16:21]고 예언하신 대로 옥에 갇혀 있으면서도 하나님의 아들들을 진리로 해산하고 있다.

이렇게 온전히 신령한 것은 신령한 것으로 분별하면 "여자가 남자에게서 난 것 같이 남자도 여자로 말미암아 났으니"라고 하신 이 예언은 결국 2008년 6월 16일부터 시작되어 14째 해를 입은 여자인 나를 사용하셔서 히브리서 8장의 예언이 실상이 되고 있는 것이다. "모든 것이 하나님에게서 났느니라"고 하신 말씀은 2021

로마서 8:14, 19
14 무릇 하나님의 영으로 인도함을 받는 그들은 곧 하나님의 아들이라
19 피조물의 고대하는 바는 하나님의 아들들의 나타나는 것이니

시편 102:18
이 일이 장래 세대를 위하여 기록되리니 창조함을 받을 백성이 여호와를 찬송하리로다

년 10월 현재 온전히 성취되고 있는 실상이며, 예수 그리스도도, 진리의 성령도, 곧 남사노, 여사노, 하나님의 아들들, 백성들도 모든 것이 다 하나님에게서 났고, 또한 나고 있다[사49:21].

그러나 지금 이때가 될 때까지 귀신이 주인인 사람들이 "여자"를 무시하고 멸시하는 이유는 결국 하나님의 아들들, 백성들이 나오지 못하게 하려고 진리의 도를 훼방하기 위해서이며, 또한 이들은 사람이 본능적으로 아는 것으로 보고 듣고 설교하는 성경과 다른 거짓말이 마치 진리인 양 믿게 만든다.

영영한 기쁨이 되는 여자의 "긴 머리"

진리는 하나님께서 친히 가르쳐 주시는 2008년 6월 16일 이전에는 아무도 몰랐던 천국의 비밀이다. 믿든 안 믿든 이는 사실이다. 성경에서 말씀하신 남자와 여자가 누군지 진리대로 밝히 알게 되면 "그러나 주 안에는 남자 없이 여자만 있지 않고 여자 없이 남자만 있지 아니하니라"[고전11:11]고 하신 말씀을 깨닫게 된다. 진리는 이러한데 천주교는 다음 말씀에 다 실족해 있다.

이사야 49:21

그때에 네 심중에 이르기를 누가 나를 위하여 이 무리를 낳았는고 나는 자녀를 잃고 외로웠으며 사로잡혔으며 유리하였거늘 이 무리를 누가 양육하였는고 나는 홀로 되었거늘 이 무리는 어디서 생겼는고 하리라

너희는 스스로 판단하라 여자가 쓰지 않고 하나님께 기도
하는 것이 마땅하냐 [고전11:13]

이 말씀을 사람이 본능으로 아는 것으로만 보고 천
주교에서 여자들이 실제 머리에 수건(미사포)을 쓰고
예배드리고 기도한다. 또한 예수님을 낳은 육의 모친
인 마리아를 성모라고 숭배한다. 그러나 마리아도 세
례 요한처럼 예수님께서 말씀을 전하실 때 말씀 받
으러 온 것이 아니다[막3:31~35]. 이것은 하나님의 아
들 예수를 믿은 것이 아니라는 증거다. 그래서 예수
님께서는 "누구든지 하나님의 뜻대로 하는 자는 내 형제요
자매요 모친이니라"[막3:35]고 하셨다. "모친"은 당시 마
리아를 두고 하신 말씀이 아니다. 반드시 하나님 나
라인 천국에 들어가는 자들에게 주신 계명대로 한 몫
의 삶을 완전히 버리고, "내가 진실로 너희에게 이르노니
나와 및 복음을 위하여 집이나 형제나 자매나 어미나 아비
나 자식이나 전토를 버린 자는 금세에 있어 집과 형제와 자
매와 모친과 자식과 전토를 백배나 받되 핍박을 겸하여 받
고 내세에 영생을 받지 못할 자가 없느니라"[막10:29~30]고
하신 말씀대로 영생을 실상으로 이루는 자라야 하나
님의 뜻대로 행하는 "모친"이다.

예수님께서 말씀하신 모친은 "내가 네게 장가들어

마가복음 3:31~32
31 때에 예수의 모친과
동생들이 와서 밖에 서서
사람을 보내어 예수를 부
르니
32 무리가 예수를 둘러
앉았다가 여짜오되 보소
서 당신의 모친과 동생들
과 누이들이 밖에서 찾나
이다

영원히 살되 의와 공변됨과 은총과 긍휼히 여김으로 네게 장가들며 진실함으로 네게 장가들니 네가 여호와를 알리라"[호2:19~20]라고 하신 말씀이 실상이 되어 이미 영생하기로 언약을 받고 온 사람이며, 예수님께서 말씀하신 계명을 지키는 사람이라야 "모친"이다. 또한 아무때나 이 계명을 실상으로 지키는 것이 아니다. 반드시 여호와의 날, 인자의 날인 지금 이 세대에 히브리서 8장의 전대미문의 새 언약을 할 때, 하나님의 가르치심을 진리의 성령이 실상이 되어 대언하는 이때, 막10:29~30절의 말씀이 사실이 되어 땅에 이루어지는 것이다. 진리는 이러한데 천주교는 사람의 소리로, 사람의 눈으로, 본능으로 아는 것으로 인해 실족하여 "이 사람들은 무엇이든지 그 알지 못하는 것을 훼방하는도다 또 저희는 이성 없는 짐승 같이 본능으로 아는 그것으로 멸망하느니라"[유1:10]고 하신 판결에 해당하며, 전 성경 단 한 절도 하나님의 뜻을 모른 채 멸망한다.

따라서 "여자"는 영적으로 하면 예수 그리스도를, 성부 하나님을 믿는 모든 사람을 뜻하는 것이며, "머리에 쓰는 것" 또한 성경 속에 해답이 있다. 성경은 반드시 신령한 것은 신령한 것으로 해석해야 하며[고전 2:13~14], 예수 그리스도께서 신령한 몸으로 부활하

히브리서 8:8
저희를 허물하여 일렀으되 주께서 가라사대 볼찌어다 날이 이르리니 내가 이스라엘 집과 유다 집으로 새 언약을 세우리라

셔서 구약 성경을 가지고 자신에 대해서 자세히 풀어 해석하라고 교훈하신 대로 지켜 실행해야 하나님의 뜻을 온전히 알게 된다[눅24장].

"여자가 쓰지 않고 하나님께 기도하는 것이 마땅하냐"라고 하신 "기도" 또한 사람이 본능으로 아는 기도를 뜻하는 것이 아니라, 성경을 성경대로 알고 믿고 전하는 것을 기도라고 한다. 그래서 "말씀과 기도로 거룩해진다"[딤전4:5]고 하신 것이다. 성경은 사람을 통해서 기록되었지만 하나님의 감동으로 기록된 것이므로 하늘나라 말, 곧 하늘나라 방언이라고 하며, 사람 생각으로, 본능으로 아는 것으로 성경을 사용하면 할수록 전부 부패에 돌아간다고 한 것이다[골2:20~23].

> 만일 여자가 긴 머리가 있으면 자기에게 영광이 되나니 긴
> 머리는 쓰는 것을 대신하여 주신 연고니라 [고전11:15]

"여자가 긴 머리가 있으면 자기에게 영광이 되나니"라고 하신 이 말씀도 문자 그대로 사람이 본능적인 눈, 지식으로 보면 실제 머리를 기르면 천주교에서 여자들이 머리에 흰 천을 쓰고 기도하지 않아도 된다는 말이 된다. 그런 말이 아니다. "여자의 머리"는 남자이며 영원한 의이신 하나님이어야 한다는 뜻이다. 한 남편인

누가복음 24:27
이에 모세와 및 모든 선지자의 글로 시작하여 모든 성경에 쓴바 자기에 관한 것을 자세히 설명하시니라

골로새서 2:20~23
20 너희가 세상의 초등학문에서 그리스도와 함께 죽었거든 어찌하여 세상에 사는 것과 같이 의문에 순종하느냐
21 곧 붙잡지도 말고 맛보지도 말고 만지지도 말라 하는 것이니
22 (이 모든 것은 쓰는대로 부패에 돌아 가리라) 사람의 명과 가르침을 좇느냐
23 이런 것들은 자의적 숭배와 겸손과 몸을 괴롭게 하는데 지혜 있는 모양이나 오직 육체 좇는 것을 금하는데는 유익이 조금도 없느니라

예수 그리스도를 믿는 자라야 하며, 믿는 것은 예수님의 계명을 지켜 실행하는 것이다. 이렇게 되면 머리가 그리스도가 되고, 그리스도의 머리는 하나님이시니까 여자의 머리는 영원하신 하나님께서 머리가 되시는 것이다. 그래서 "긴 머리"가 있는 것이라고 한 것이다. 이를 두고 다른 말로 하면 성부 하나님과 아들 예수 그리스도, 진리의 성령이 하나 된 삼위일체가 된 것을 뜻하고, 그래서 여자가 긴 머리가 있으면 자기에게 "영광이 된다"고 하셨으며, 긴 머리는 "쓰는 것"을 대신하여 주신 것이라고 하신 것이다.

"머리에 쓰는 것"이 무엇인지 성경을 성경으로 해석하면, "여호와께 구속된 자들이 돌아와서 노래하며 시온으로 들어와서 그 머리 위에 영영한 기쁨을 쓰고 즐거움과 기쁨을 얻으리니 슬픔과 탄식이 달아나리이다"[사51:11]라고 하신 예언대로 하나님께 구원을 얻은 자들의 영적인 상태를 의미한다. 하나님께서 영원히 머리가 되시니 세상에 있는 모든 사람들이 다 하는 슬픔, 탄식이 영원히 없어진다. 가장 먼저는 반드시 모든 사람이 한 번 죽는 육체의 죽음을 인하여 슬퍼할 이유가 없고, 죄를 지어 병들고 죽게 만드는 귀신이 영원히 떠났으니 이보다 더한 기쁨이 어디에 있는가? 비록 지금은 옥에 갇혀 하나님의 아들들을 해산하는 과정이라 탄식이 있지만, 나 개인은 이미 "영영한 기쁨"을 머리에 쓰고 있다. 또한 새 언약의 말씀[히8장]으로 다시 창조된 성도들은 사람이 보기에 남자도 있고, 여자도 있지만 모두 "여자"에 해당하며, 이들도 이미 영영한 기쁨을 머리에 쓰고 있다. 이를 두고 "여자가 긴 머리가 있으면"이라고 하신 것이고, "머리 위에 영영한 기쁨을 쓴 것"이라고 하신 것이다.

> 여호와께서 그로 상함을 받게 하시기를 원하사 질고를 당케 하셨은즉 그 영혼을 속건제물로 드리기에 이르면 그가 그 씨를 보게 되며 그날은 길 것이요 또 그의 손으로 여호와의 뜻을 성취하리로다 [사53:10]

긴 머리의 "긴"에는 "영원한, 영원히, 영원토록, 세세토록"이라는 의미가 감추어져 있다. "긴, 길다"의 뜻을 성경으로 증명하면 "여호와께서 그로 상함을 받게 하시기를 원하사 질고를 당케 하셨은즉 그 영혼을 속건제물로 드리기에 이르면 그가 그 씨를 보게 되며 그날은 길 것이요 또 그의 손으로 여호와의 뜻을 성취하리로다"[사53:10]라고 하신 말씀 속에 비밀이 감추어져 있으며, 사실이 되는 때가 여호와의 날, 인자의 날인 2021년 지금이 세대다. 그래서 "잉태치 못하며 생산치 못한 너는 노래할찌어다 구로치 못한 너는 외쳐 노래할찌어다 홀로 된 여인의 자식이 남편 있는 자의 자식보다 많음이니라 여호와의 말이니라 네 장막터를 넓히며 네 처소의 휘장을 아끼지 말고 널리 펴되 너의 줄을 길게 하며 너의 말뚝을 견고히 할찌어다 이는 네가 좌우로 퍼지며 네 자손은 열방을 얻으며 황폐한 성읍들로 사람 살 곳이 되게 할 것임이니라"[사54:1~3]고 하신 예언이 사실이 되고 있다. "너의 줄을 길게 하며"라고 하신 말씀은 여자에게 있는 긴 머리를 뜻한다. 사람이 본능적으로 안다고 하는 지식과 하나님의 생각은 완전히 다르다. 그래서 천국은 비밀이다.

선한 행실의 증거가 있는 **"참 과부"**

[9]과부로 명부에 올릴 자는 나이 육십이 덜 되지 아니하고 한 남편의 아내이었던 자로서 [10]선한 행실의 증거가 있어 혹은 자녀를 양육하며 혹은 나그네를 대접하며 혹은 성도들의 발을 씻기며 혹은 환난 당한 자들을 구제하며 혹은 모든 선한 일을 좇은 자라야 할 것이요 [딤전5:9~10]

여자는 다른 모양으로 "홀로 된 여인"이며, "참 과부"를 뜻한다. 왜 "참 과부"라고 하셨을까? 참 과부는 반드시 육으로 한 번 결혼하여 남편이 죽고, 영적으로도 한 남편 예수 그리스도를 아는 중층의 단계도 다 지나고, 온전한 상층의 단계가 되어야 하나님께서 인정하시는 **참 과부**라는 뜻이다. "참 과부"는 나이 육십이 덜 되지 아니하고, 선한 행실의 증거가 있어야 한다[딤전5:3~10]. 선한 분은 하나님 한 분이시니 **여호와의 날**인 지금 이때, 하나님께서 미리 전 성경에 언약해 두신 그대로 인자의 날인 이때, 실상의 사람으로 와서 한 몫의 삶을 살고, 아들 하나를 낳고, 과부가 되어야 하고, 하나님께서 친히 가르치시는 영원한 언약을 대언하는 여자[요6:45]로서, 하나님께서 장가드신 실상인 여자[호2:19~20], 해를 입은 여자[계12:1]이며, 빌라델비아 교회 사자, 곧 "여자 목사"[계3:7~13]라야 한다. "썩는 양식을 위하여 일하지 말고 영생하도록 있는 양식을 위하여 하라 이 양식은 인자가 너희에게 주리니 인자는 아버지 하나님의 인치신 자니라"[요6:27]고 하신 예언대로, 진리인 성경에 미리 기록해 두신 그대로 실상이 된 사람이라야 "인자"라고 하며, 이미 사실이 된 지 14년째다.

중층의 소리로 이 "인자"는 예수 그리스도라고 생각하여 왔다. 그런데 아니라는 증거가 예수 그리스도께 친히 가르치심을 받았던 당시 사도들부터 2021년 지금까지 모든 기독교인들은 육체가 다 죽었다는

디모데전서 5:9~10

9 과부로 명부에 올릴 자는 나이 육십이 덜 되지 아니하고 한 남편의 아내이었던 자로서

10 선한 행실의 증거가 있어 혹은 자녀를 양육하며 혹은 나그네를 대접하며 혹은 성도들의 발을 씻기며 혹은 환난 당한 자들을 구제하며 혹은 모든 선한 일을 좇은 자라야 할것이요

요한복음 6:45

선지자의 글에 저희가 다 하나님의 가르치심을 받으리라 기록되었은즉 아버지께 듣고 배운 사람마다 내게로 오느니라

호세아 2:19~20

19 내가 네게 장가들어 영원히 살되 의와 공변됨과 은총과 긍휼히 여김으로 네게 장가들며

20 진실함으로 네게 장가들리니 네가 여호와를 알리라

요한계시록 12:1

하늘에 큰 이적이 보이니 해를 입은 한 여자가 있는데 그 발 아래는 달이 있고 그 머리에는 열두 별의 면류관을 썼더라

것이다. 이는 썩는 양식을 위하여 일을 했다는 명백한 증거다. 따라서 절대 예수 그리스도에 대한 예언이 아니다. 2천 년 동안도 이 예언의 실상의 주인공인 인자는 아무도 없었다. 이는 하나님의 말씀을 지켜 실행한 사람이 없었고, 따라서 온전히 영생을 한 사람도 없었다는 것이 명백한 증거다. 그러므로 이 예언은 2008년 6월 16일부터 시작하여 14년째 하나님의 가르치심을 대언하는 이 일에 대한 예언이며, 인자는 기독교인들이 본능으로 안다고 하는 예수 그리스도에 대한 예언이 절대 아니고 명백하게 영생하도록 감추어 두신 새 언약을 먹고 실상이 되어 일을 하고 있는 진리의 성령인 나와 새 언약의 말씀으로 다시 창조되는 성도들에 대한 예언이다. 이렇게 실상이 된 여자에게 "긴 머리"가 있다는 뜻이다.

갈라디아서 3:22~23
22 그러나 성경이 모든 것을 죄 아래 가두었으니 이는 예수 그리스도를 믿음으로 말미암은 약속을 믿는 자들에게 주려 함이니라
23 믿음이 오기 전에 우리가 율법 아래 매인바 되고 계시될 믿음의 때까지 갇혔느니라

"여자가 남자에게서 난 것 같이 남자도 여자로 말미암아 났으니"라고 하신 말씀이 온전히 영육간에 실상이 된 여자는 또 다른 보혜사 진리의 성령인 나다. 그러나 성경이 모든 것을 죄 아래 가둔 기간[갈3:22~23], 곧 온 세상이 악한 자 아래 처해 있는 기간에는 여자에 대한 비밀도, 여자에게 긴 머리가 있으면 영광이 된다고 하신 비밀도 알 수 없었던 것이다. 이제 하나님

께서 정하신 때가 되어 천국의 비밀이 열리고 있으며, 예수 그리스도를 진실로 믿어 계명을 지켜 실상이 된 믿음으로 인해 성령에 대해서 상상만 하다가 진리의 성령도 보이고, 하나님이 추상적인 하나님이 아니라 살아 계신 하나님이심이 보이게 되며, 추상적인 믿음이 아니라 "확고한 믿음"이 되는 것이다. 이렇게 셋이 하나 되어 증거를 하면 다음 말씀이 실상이 되어 땅에서 이루어진다.

"나 여호와가 말하노라 너희는 나의 증인, 나의 종으로 택함을 입었나니 이는 너희로 나를 알고 믿으며 내가 그인줄 깨닫게 하려 함이라 나의 전에 지음을 받은 신이 없었느니라 나의 후에도 없으리라"[사43:10] 라고 하신 말씀대로 "전대미문의 새 일"이다. 이 새 일의 시작은 호2:19~20절의 말씀이 실상이 된 진리의 성령이 히브리서 8장의 새 언약으로 다시 택하심을 입어 하나님을 진리대로 알고 깨달아 믿어 하나님만이 참 신이심을 온 세상에 알게 한다. 이때가 되기 전에는 모두 모형이요, 그림자였다. 이때를 위해서 예수 그리스도께서 "새 언약의 중보"로 오신 것이다[히9:15]. 그래서 구원에 대해서도 진리대로 알고 믿어야 한다. 예수 그리스도께서 구원하시는 것이 아니라, 하나님께서 구원하신다.

히브리서 9:15
이를 인하여 그는 새 언약의 중보니 이는 첫 언약 때에 범한 죄를 속하려고 죽으사 부르심을 입은 자로 하여금 영원한 기업의 약속을 얻게 하려 하심이니라

하나님의 구원하심은 육체도 죽지 않는 "온전한 구원"이다. 너무 오랜 세월 귀신들이 가르친 성경과 다른 거짓말을 들어 와서 기록된 진리를 진리대로 보여 주고 들려주어도 안 믿는 것이다. 그러나 전대미문의 새 언약은 모든 이론을 파하는 "강력"이다.

고린도후서 10:5
모든 이론을 파하며 하나
님 아는 것을 대적하여 높
아진 것을 다 파하고 모든
생각을 사로잡아 그리스
도에게 복종케 하니

"내가 고하였으며 구원하였으며 보였고 너희 중에 다른 신이 없었나니 그러므로 너희는 나의 증인이요 나는 하나님이니라 여호와의 말이니라"[사43:12]라고 하신 말씀이 진실로 사실이 되었다. 하나님께서 40여 명의 인간 저자를 통해 1600여 년간 기록해 두셨고, 지금 이 세대가 될 때까지 그 누구도 몰랐던 천국의 비밀을 친히 나로 먼저 알게 하시고, 나를 사용하셔서 하나하나 밝히시고 계신 것이다. 전대미문의 새 언약을 받고 믿는 사람들에게 하나님만이 "영원한 의"이시며, 다른 신이 없다는 것을 증명하여 왔기에 "너희 중에 다른 신이 없었나니"라고 하신 말씀이 14년째 성취되고 있다. 창세 이래 단 한 세대도, 한 교회도, 그 누구도 몰랐던 "전대미문의 새 일"을 행함으로 인해 악한 자들에 의해 이단이라 핍박받고 세상 법에 고소당해 옥에 갇혀 있어도 말씀은 매이지 않아서 실상을 이루고 있는 가장 선한 일이 나를 통한 이 일이다. 진리의 성령인 나뿐만 아니라, "너희는 나의 증인이요"라고 하신 "너희"는 새 언약의 말씀으로 다시 창조되는 성도들이다. 이는 결국 하나님의 증인들인 성도들을 위한 하나님의 선하신 뜻이다. 하나님께서 이미 14년째 당신의 뜻을 다 보이시고, 들려주시고, 구원하셔서 영원히 살게 하고 계신다.

하나님을, 예수 그리스도를 믿는 것은 주신 계명을 지켜 실행하는 것이다. 결코 어렵지 않다. 이제야말로 하나님께서 정하신 때가 되어 보내신 "믿음"으로 말미암아 계시될 "믿음의 때"가 열렸다[갈3:22~23]. 지금 깨닫고 전대미문의 새 언약으로, 진리로 돌아서면 된다. "과연 태초로부터 나는 그니 내 손에서 능히 건질 자가 없도다 내가 행하리니 누가 막으리요"라고 하신 대로 아무도, 그 누구도, 그 어떤 세력도 하나님의 큰일을 막을 자가 없다. 참 과부를 통해 행하시는 하나님의 선한 일을 훼방한 자들은 모두 공개 사과하고 회개하라. 하나님의 선한 일을 행하는 참 과부를 세상 법에 고소하고 송사한 부당한 판결을 속히 무효해야 한다. 성경에 기록된 모든 재앙이 이 땅에 내리기 전에 진리로 돌아서야 한다. 코로나19는 빙산의 일각이다.

출간도서

방언과 방언통역 (증보판)

성경은 문자적으로 기록된 하늘나라 말, 곧 하늘나라 방언이다. 성경은 성경으로, 신령한 것은 신령한 것으로 통역해야 그 뜻을 알 수 있다. 그래서 통역하는 자가 없으면 잠잠하라고 하신다. "랄랄라 따따따"는 성경에서 말하는 방언이 아니라 개구리 같은 세 더러운 영의 입에서 나오는 지옥불의 소리다. 방언이 무엇인지, 방언통역은 어떻게 하는지 성경대로 알아야 하나님을 아는 온전한 지식으로 나아갈 수 있다. 방언과 방언통역에 대해 2천 년 만에 처음으로 성경대로 밝힌, 성도들을 위한 필독 지침서이다.

신옥주 저 | 2012

성경과 다른 거짓말 (증보판)

십자가를 걸고 교회라는 간판을 달았다고 해서 다 교회가 아니다. 교회는 성경과 다른 거짓말을 하지 않고 하나님을 아는 지식으로 교인들을 인도하는 곳이다. 그러나 일생 성경을 사용하면서 입으로 하나님, 예수 그리스도, 성령이라고 말은 하지만 성경과 다른 거짓말로 설교하는 목사나 그 설교를 듣고 아멘 하는 교인들이나 모두 육체가 죽으면 천국 가는 것이 아니라 둘째 사망인 지옥 영벌에 처하게 된다. 육체가 살아서 성경과 다른 거짓말이 어떤 것인지 성경대로 분별하여 진리의 도로 나아가야 한다.

신옥주 저 | 2014

교회 안에 무당

하나님께서 무당은 죽이라고 하셨다. 교회 안에서 거짓 몽사를 말하며 헛된 자만으로 교인들을 미혹하는 무당들이 너무 많다. 이들은 예수 이름 사용하여 사람의 앞길과 길흉화복을 기도해서 받았다고 거룩한 척 가장하며 속이는 자들이며, 천국과 지옥을 보았다고 간증하는 거짓 선지자들이다. 이들은 모두 하나님의 이름을 망령되이 일컫는 자들로서, 하나님께서는 사람에게 장래사를 알게 하지 않으셨다. 장래사는 오직 전 우주적인 일곱째 날, 사람으로 오신 진리의 성령을 통해서만 알게 하신다.

신옥주 저 | 2014

이단 조작자들에 대한 성경적인 판결

성경 한 절 모르면서 돈을 목적으로 "이단" 운운하며 성령을 훼방하는 자들의 실체를 밝힌다. 이들이 바로 적그리스도이며, 다른 복음을 전파하는 자들로 이단이며, 사이비이다. 예수 그리스도를 세상 법에 고소한 자들이 바로 오늘날 자칭 기독교인, 자칭 목사, 사단의 회인 예장합신 총회이며, 이단 조작자들이다. 그들의 실체를 낱낱이 성경대로 판결한다.

신옥주 저 | 2015

그 피고가 와서 밝히느니라 [참 과부의 송사]

"송사에 원고의 말이 바른 것 같으나 그 피고가 와서 밝히느니라" [잠18:17] 진리의 성령을 훼방하는 자들은 이 세상에서도, 오는 세상에서도 영원히 사함을 받지 못한다. 교회 안에 우상들이 일으킨 소송을 성도들이 일어나 변론하며, 우상들의 실체를 밝힌다. "참 과부의 송사"는 여호와의 날, 인자의 날, 심판날인 지금 이때 누가 의인인지, 누가 악인인지 밝히시는 하나님의 모략이며, 온 천하에 진리의 성령께서 오셨음을 알리시는 사건이다.

은혜로교회 성도 일동 | 2019

열매들이 증명한다

"하나님은 모든 사람이 구원을 받으며 진리를 아는데 이르기를 원하시느니라" [딤전2:4] 은혜로교회 성도들이 신옥주 목사님께 올리는 편지글이다. 그 나무가 생명나무인지 아닌지는 열매를 보면 알 수 있다. 영원한 복음인 새 언약의 말씀을 통해 다시 창조함을 받은 성도들이 진리의 성령께서 오셨음을 증거하는 증인이 되어 밝힌다. 죄의 허물을 벗고 성도로 나아가는 과정을 하나님 앞에, 사람 앞에 시인하는 편지들을 모아 책으로 엮었다.

은혜로교회 성도 일동 | 2019

이제 온 천하는 잠잠하라

초판 1쇄 발행 2021년 11월
지은이 성도 다니엘, 성도 진선, 성도 성진
펴낸곳 바른기업

주소 서울특별시 서초구 매헌로 16 하이브랜드 13층 12호(양재동)
전화 02-503-9101
이메일 graceroadchurchfiji@gmail.com
홈페이지 gr-church.org

ISBN 979-11-977187-0-0